Gramática Inglesa

Sem MiSTÉriO

Gramática Inglesa
Sem MiSTÉriO

Phyllis Dutwin

ALTA BOOKS
EDITORA
Rio de Janeiro, 2011

ISBN 978-85-7608-565-2

Produção Editorial:
Starlin Alta Editora e Con. Ltda

Gerência Editorial
Anderson da Silva Vieira

Supervisão de Produção
Angel Cabeza
Augusto Coutinho
Leonardo Portella

Equipe Editorial:
Andréa Bellotti
Carla Romano
Cristiane Santos
Deborah Marques
Heloisa Pereira
Hermann Kyaw Neto
Sérgio Cabral
Sergio Luiz A. de Souza
Taiana Ferreira

Tradução:
Lisandra Coelho

Revisão Gramatical:
Verônica Bareicha
José Mauro

Revisão Técnica:
Patricia Aguiar
Bacharel em comunicação social pela UGF

Diagramação:
Elaine Batista
Mauro Silva

Fechamento:
Hermann Kyaw Neto

Impresso no Brasil

Dados Internacionais de Catalogação na Publicação (CIP)

D981g Dutwin, Phyllis.

Gramática inglesa sem mistério / Phyllis Dutwin ; [tradução Lisandra Coelho]. – Rio de Janeiro, RJ : Alta Books, 2011.
348 p. : il.

Inclui índice e apêndice.

Tradução de: English grammar demystified.

ISBN 978-85-7608-565-2

1. Língua inglesa - Gramática. 2. Língua inglesa - Pontuação. 3. Língua inglesa - Ortografia e soletração. I. Título.

CDU 820-5
CDD 425

Índice para catálogo sistemático:
1. Língua inglesa : Gramática 820-5
(Bibliotecária responsável: Sabrina Leal Araujo – CRB 10/1507)

ALTA BOOKS
EDITORA
Rua Viúva Cláudio, 291 – Bairro Industrial do Jacaré
CEP: 20970-031 – Rio de Janeiro – Tels.: 21 3278-8069/8419 Fax: 21 3277-1253
www.altabooks.com.br – e-mail: altabooks@altabooks.com.br

SUMÁRIO

INTRODUÇÃO

Por que você precisa estudar inglês? Você fala e escreve perfeitamente em inglês? Estes são bons motivos. Ao falar ou escrever você se apresenta aos demais e, se você se importa com o modo como é notado – e quem não se importa? –, também se preocupa em como o uso que faz da língua o representa. Certamente, nem todos os empregos dependem exclusivamente de habilidades de escrita e fala, mas a maioria depende de forma significativa. E, se você ainda estiver na escola, seus professores provavelmente exigem o padrão estabelecido para o inglês escrito e falado.

Ao iniciar a leitura de *Gramática Inglesa Sem Mistério*, prepare-se para uma experiência de aprendizagem diferente. Esta gramática o ajudará a entender e usar melhor os recursos da língua, mas você descobrirá neste livro uma abordagem diferente dos textos corriqueiros de melhoria do inglês. Nas duas primeiras partes, você aprenderá os fundamentos da gramática da língua inglesa com uma visão profunda das classes de palavras, das regras de pontuação e do uso de maiúsculas. A terceira parte do livro desenvolve essas habilidades, dando orientações sólidas sobre domínio de estruturas de frases e refinando sua escrita. A quarta parte aborda importantes habilidades de ortografia e uso de palavras.

Estruturando todos esses conceitos, você também encontrará um substancial conteúdo para o reconhecimento de erros comuns. Em outras palavras, não se trata apenas de um livro de gramática. Ao contrário, este livro identifica onde os erros são cometidos com maior frequência para que possa evitá-los. Você pode, por exemplo, saber a definição de um pronome (ou seja, uma palavra que substitui um substantivo), mas talvez não reconheça um dos erros pronominais mais comuns. Leia a frase seguinte:

Errado: Me and Tom work in the same office.

Você sabe que *me* é um pronome. Ele substitui o nome de alguém. Sendo assim podemos concluir que está fazendo papel de sujeito na frase. Mas então por que seu uso está errado neste contexto? Nos capítulos 2 e 3 você aprenderá o porquê, mas, além disso, verá muitos outros exemplos de erros corriqueiros e terá a oportunidade de corrigi-los.

Certo: Tom and I work in the same office.

Como Usar Este Livro

Cada capítulo contém exercícios que ajudam a reforçar os novos conceitos gramaticais que você quer aprender. Recomendamos enfaticamente que faça cada exercício para ajudá-lo a identificar seus pontos fortes e fracos durante o uso deste livro. Verifique a solução dos exercícios para descobrir quaisquer erros existentes no seu uso do inglês.

Cada capítulo termina com um teste que pode ser feito com consulta contendo dez perguntas que revisam os conceitos apresentados no capítulo. Você deve tentar atingir um total de oito respostas certas, entre dez, antes de prosseguir para o próximo capítulo. Cada uma das quatro partes termina com um teste de 50 questões de múltipla escolha que revisam o conteúdo daquela seção. Estes testes devem ser feitos sem consulta, e você deve tentar atingir uma pontuação de 75% antes de prosseguir para a parte subsequente . O livro termina com um exame final contendo 100 questões de múltipla escolha que testam o conhecimento de todo o conteúdo gramatical e do uso do inglês apresentado pelo livro. Uma boa pontuação neste exame é 75%.

Os capítulos de *Gramática Inglesa Sem Mistério* devem ser estudados consecutivamente. A partir do primeiro capítulo você construirá suas habilidades linguísticas em inglês, uma após a outra. Não pule nada! Os únicos capítulos que podem, e talvez devam, ser estudados em uma ordem diferente são os capítulos 10 e 11. Ortografia e uso das palavras são desafios quase intermináveis para algumas pessoas; consequentemente, uma abordagem segmentada e organizada funciona melhor. Não é possível absorver tudo que estes capítulos ensinam de uma vez só. Então faça de seu estudo uma atividade contínua.

PARTE 1

TUDO SOBRE FRASES EM INGLÊS

CAPÍTULO 1

Elementos Essenciais das Frases em Inglês

Neste capítulo, você aprenderá:

Sujeito e verbo
Fragmentos de frases e texto corrido sem pontuação
Tempo e número: concordância verbal
Tempos verbais perfeitos
Verbos irregulares

Sujeito e Verbo

Embora não seja assim tão interessante, a frase mais simples (equivalente ao nosso "período simples") em inglês pode ser composta apenas por duas palavras e ainda assim estará correta:

I voted.

Tom drove.

Trees fell.

A questão, lógico, é que uma frase completa (*complete sentence*) em inglês é composta por um sujeito (*I*, *Tom*, *Trees*) e um verbo ou ação (*voted*, *drove*, *fell*).

Veja se você consegue identificar os sujeitos (pessoa ou ser) e os verbos (ações) nas seguintes orações:

1. The senator won.
2. Tom crashed the car.
3. His wife screamed.
4. Arctic air froze New England.
5. We huddled together.

Você provavelmente identificou os seguintes elementos: *senator/won*, *Tom/crashed*, *wife/screamed*, *air/froze*, *We/huddled*. Em todas as frases, alguém ou algo realizou a ação.

Agora leia os exemplos a seguir e, durante a leitura, veja o que está faltando: o que mais você precisa saber para compreender o verdadeiro significado de um enunciado incompleto?

1. A wandering child.
2. Driving too slowly and stopping frequently.
3. Stormy, then clear.

Sem dúvida, no primeiro exemplo, você quis saber o que aconteceu com a criança. O que ela fez? No segundo, quem estava dirigindo e parando? No terceiro exemplo, o que estava tempestuoso e, em seguida, claro? Obviamente, em cada exemplo está faltando algo. Você não ficou satisfeito ao ler os exemplos porque todos são pensamentos incompletos aos quais faltam elementos essenciais: o sujeito (ou seja, pessoa, local ou ser) ou um verbo (ou seja, a ação). Por causa das peças faltantes, esse tipo de enunciado incompleto é chamado de *fragmento (fragment)* – um pedaço de pensamento.

Os próximos exemplos trazem possíveis maneiras de completar os fragmentos anteriores. Note que foi acrescentado um sujeito ou um verbo a cada um:

1. A wandering child ran into the street. (O verbo *ran* responde à pergunta "O que a criança fez?")
2. The new driver was driving too slowly and stopping too frequently. (O sujeito, *driver*, responde à pergunta "Quem estava dirigindo?")
3. The skies changed from stormy to clear. (O sujeito, *skies*, responde à pergunta "O que mudou de tempestuoso para claro?")

Fragmentos de Frases e Texto Corrido sem Pontuação

Você acabou de ler exemplos de frases incompletas (*incomplete sentences* – por exemplo, *A wandering child*). Como os exemplos representam apenas partes de pensamentos completos, eles são chamados de *fragmentos*. Se, por outro lado, você houvesse conectado termo após termo – sem pontos ou pontos e vírgulas à vista –, estaria cometendo outro tipo de erro chamado de *texto corrido sem pontuação (run-on)*. Você aprenderá sobre fragmentos e texto corrido sem pontuação nas próximas seções.

FRAGMENTOS DE FRASES

Os fragmentos, às vezes, aparecem quando aquele que escreve começa frases com palavras como *when*, *after*, *because*, *since*, *before* e *as soon as*. Por exemplo, o próximo grupo de palavras tem um sujeito e um verbo? É uma frase completa?

When the new product arrives.

O exemplo tem uma palavra com aspecto de sujeito, *product*, e uma com aspecto de verbo, *arrives*; mesmo assim não se trata de uma frase completa (*complete sentence*). Se você a ler em voz alta, perceberá que ela está incompleta:

When the new product arrives . . .

O que vai acontecer então? Entre as possíveis formas de completá-la estão:

When the new product arrives, we'll call our advertisers.

When the new product arrives, we'll send a special introductory offer to our best customers.

When the new product arrives, we'll have to stay late to pack it for shipping.

Grupos de palavras podem parecer frases por conter vocábulos com aspecto de substantivo e de verbo, mas cuidado com os pensamentos incompletos! No primeiro exemplo (When the new product arrives), *product* parece ser o sujeito e *arrives* o verbo; mesmo assim o exemplo é um pensamento incompleto.

Ao ler os próximos exemplos, verifique se cada um tem o sujeito e o verbo necessários:

1. Looking at the job market from a new perspective. (Dica: cuidado com frases que começam com palavras terminadas em *-ing*).
2. My friend who teaches a wellness course.
3. Heading for the West Coast for a five-day vacation.
4. Your doctor's appointment scheduled for Tuesday.
5. When the man waiting to see you.

Vejamos o que falta. No primeiro exemplo, quem está olhando o mercado de trabalho? Está faltando o sujeito. O segundo exemplo é uma pegadinha. *My friend* é o sujeito. As palavras *who teaches a wellness course* descrevem o amigo. Mesmo assim, não há verbo. O que seu amigo faz? Experimente isso: My friend who teaches a wellness course drives 100 miles a day to get to her class. O verbo é *drives*. No terceiro exemplo, quem estava indo para a Costa Oeste? Está faltando o sujeito. No quarto exemplo, está faltando o verbo. O quinto exemplo precisa de uma ação para completá-lo.

Exercício 1-1

Termine os seguintes fragmentos, transformando-os em frases de sentido completos. Há várias formas possíveis de completá-los. Certifique-se de que cada um tenha um sujeito e um verbo.

1. Before I leave for California ______________________________.
2. As soon as the rain stops ______________________________.

3. Because I'm trying to get a promotion ______________________.
4. When I exercise several times a week ______________________.
5. After I took a nutrition course ______________________.
6. As soon as the rain stops and we have all the information we need about the weather ______________________.
7. Before I started this job and when I was looking for one ______________________.
8. Since you started working here and agreed to take the early shift ______________________
9. After they serve lunch and we've stayed a while ______________________.
10. Tom, whom everyone admires since he was precinct captain ______________________

FRAGMENTOS DE FRASES NO INGLÊS INFORMAL

Quando estamos escrevendo ou falando informalmente com um amigo ou com parentes, usamos fragmentos, e não há problema nisso. No entanto, a palavra mais importante na afirmação anterior é *informalmente*. Obviamente, é preciso saber a diferença entre ocasiões formais e informais.

Informal – Você diz ao seu filho: "Need money?"; ele diz: "Sure". Vocês dois entendem muito bem o significado desses fragmentos.

No local de trabalho, o inglês informal nem sempre funciona, especialmente quando nos comunicamos por escrito. Veja este memorando:

MEMO

From: Claire

To: Gino

Re: Office Supplies

Got enough supplies?

Nesse caso, haverá muitas perguntas na cabeça do destinatário. De quais materiais Claire está falando? Sobre qual período de tempo Claire está perguntando – os próximos três meses, o próximo mês, hoje à tarde? Melhor:

MEMO

From: Claire

To: Gino

Subject: Office Supplies

We are ordering tomorrow for the third quarter. What office supplies will you need? Please include all paper goods as well as computer supplies and printer ink. Please e-mail me or place your order on my desk by 4 P.M.

Thanks,

Claire

TEXTO CORRIDO SEM PONTUAÇÃO

Se fragmentos são pedaços de frases, o texto corrido sem pontuação é feito de muitos pedaços juntos. Você já viu ou já escreveu uma frase como a seguinte?

Our new boss gave us his list of procedures some were already in our schedule.

Os textos corridos sem pontuação são muito confusos de serem lidos, uma vez que não sabemos onde uma frase termina e outra começa. Os dois pensamentos do exemplo acima poderiam funcionar de forma independente:

Our new boss gave us his list of procedures. Some were already in our schedule.

Ou, uma vez que os pensamentos estejam ligados de forma próxima, eles podem ser combinados com o uso de outros sinais de pontuação, como mostraremos nos próximos exemplos (você aprenderá muito mais sobre isto nos capítulos 4 e 5).

Our new boss gave us his list of procedures; some were already in our schedule.

Our new boss gave us his list of procedures, but some were already in our schedule.

Outro tipo de erro em frases é chamado de "culpa da vírgula" (*comma fault*), porque elas são combinadas com o uso de vírgulas. Por exemplo:

We had to register we did, then we stood in line for an hour, then the line didn't move, we went home.

Note que retirar vírgulas não corrige o problema, porque resulta em texto corrido sem pontuação. Podemos, porém, recorrer a uma das ações seguintes para efetuar a correção:

1. Escrever frases separadas.
2. Trocar uma ou mais vírgulas por ponto e vírgula.
3. Inserir uma conjunção coordenada como *and* ou *but* (*e* ou *mas*) após a vírgula.
4. Tornar uma oração dependente da outra.

Todas essas opções serão relevantes em capítulos futuros sobre construção de frases e pontuação.

Exercício 1-2

Corrija as seguintes frases.

1. My hours will be 9 A.M. to 5 P.M. yours will be 8 A.M. to 4 P.M.

   ____

2. Driving 230 difficult miles to our children's home is exhausting we really prefer to fly there.

   ____

3. We dread the Parkway portion of the trip, it's busy even during off-hours.

   ____

4. A medical myth states that we use only 10 percent of our brain, studies using imaging show that no part of the brain is completely inactive, don't believe everything you read or hear.

   ____

   ____

5. Larry says he'll be right on time tomorrow I'll believe it when I see it.

   ____

6. When you've finished unpacking.

   ____

7. Being a first-time homeowner and living on a very tight budget.

8. The menacing figure walking swiftly through the park.

9. The community organized a march for food donations many people joined the march as it progressed we were too tired to do that.

10. I didn't buy enough yarn for my new knitting project, I turned around and went right back to the store.

FRAGMENTOS E TEXTO CORRIDO SEM PONTUAÇÃO EM E-MAIL

Quando devemos nos preocupar com fragmentos e com texto corrido sem pontuação? Sempre. Seja qual for a forma de comunicação que estivermos usando, devemos ser bastante cuidadosos para evitar erros como os encontrados nos exercícios anteriores. O nível de formalidade em sua escrita nem sempre será o mesmo. Você sabe quando pode ser casual e quando usar um tom mais formal. Ainda assim, cuidados com relação a fragmentos e texto corrido, sem pontuação, sempre são adequados. Esses cuidados são particularmente necessários quando usamos o correio eletrônico para nos comunicar.

A comunicação escrita não está mais limitada às cartas. Agora desfrutamos de trocas de informações instantâneas por e-mail. Esse desenvolvimento é bom: ele acelera sua mensagem e permite maior informalidade. Cuidado! Esses aspectos positivos do correio eletrônico também podem servir para sabotá-lo. Como isso é possível? A resposta, claro, é que se você escreve uma carta, um memorando, um fax ou um relatório e seu nome está nele, *você será julgado pelo conteúdo.* Por isso, precisa saber que todos os conceitos deste capítulo e deste livro se aplicam também ao correio eletrônico

Se você mandar o próximo e-mail *para seu melhor amigo*, ninguém irá comentar suas omissões, seus fragmentos nem seus erros de pontuação.

From: Holly Kimball

To: Liz Woods

Subject:

Liz – Lunch? what time?

H.

Entretanto, se você enviar uma mensagem como a próxima para um contato comercial, estará arriscando o bom conceito que essa pessoa possa ter a seu respeito. Novamente, não se esqueça de que seu nome constará na mensagem. Se o destinatário guardar todas as comunicações como registro, sua mensagem se tornará uma garrafa plástica: você a escreve em cinco minutos, mas ela permanece no ambiente para sempre.

From: Joe Hidalgo

To: Harry Malcolm

Subject:

Harry you and i talked about instaling an air conditioning system in your plant are you ready to go ahead with it can you call me tommorow at 11AM to plan the project

Joe

Como melhorar este e-mail? Comece pelo início. A linha de assunto está em branco. Harry, um sujeito muito ocupado, terá que ler toda a mensagem para descobrir o assunto? Que assunto específico você incluiria?

Agora olhe novamente o corpo do texto. Encontre os erros de falta de pontuação. Como você os corrigiria? No próximo exemplo, verá uma forma de corrigi-los. Note que os erros de ortografia também foram eliminados. (Por que Joe nem sequer usou o corretor ortográfico do computador?).

From: Joe Hidalgo

To: Harry Malcolm

Subject: Date for installation of air-conditioner

You and I talked about installing an air-conditioning system in your plant. Are you ready to go ahead with it? Can you call me tomorrow at 11 A.M. to plan the project?

Tempo e Número: Concordância Verbal

Em qualquer lista de erros comuns em inglês, a falta de concordância verbal sempre aparece nas primeiras posições. Por exemplo:

The berries in my cereal tastes so sweet.

Para corrigir um erro de concordância é preciso identificar tanto o sujeito quanto o verbo. Comece identificando o verbo sempre que possível. No exemplo, o verbo é *tastes*. Então você poderá perguntar "o que tem sabor?". As frutas vermelhas (*berries*) têm sabor. Opa! Você acaba de encontrar o erro. *Berries* é um sujeito no plural e o verbo deve concordar com ele. Verifique qual está correto:

Berries tastes.

Berries taste.

Lógico que é a segunda opção. Em seguida neste capítulo, você terá a oportunidade de aprender mais sobre este importante conceito.

Além disso, mais adiante, descobrirá como os tempos verbais precisam ser consistentes e lógicos à medida que os verbos vão se encadeando. O que está errado no seguinte exemplo?

Yesterday, I reprimanded the children when they *run* into the street.

Obviamente, *yesterday* e *reprimanded* indicam passado, mas *run* é presente. Troque *run* pelo passado – *ran*:

Yesterday, I reprimanded the children when they *ran* into the street.

Exercício 1-3

Nos próximos parágrafos, verifique se os tempos de todos os verbos mantêm coerência. Encontre o único verbo que precisa de correção em cada parágrafo.

Parágrafo 1

Children are not always happy to play alone. Does that mean that parents have to devote all their time to playing with their children? No, it didn't. Certain techniques work to encourage children to play on their own.

Parágrafo 2

In 1999, The Academy of Pediatrics provided some guidelines for children and TV. They suggest that children under two years old should not watch TV. They advised that even older children should not watch TV before bedtime. Instead, they said that parents should read to children, or children might read to themselves and with their parents.

Exercício 1-4

Encontre o verbo (palavra que indica ação) em cada uma das próximas frases. Classifique cada verbo como *presente*, *passado* ou *futuro*. A primeira está feita para você.

1. A consumer quickly learns that "living green" is not easy. learns/present
2. I will avoid plastic packaging as much as possible. ____________
3. My family turned off the lights all over the house. ____________
4. Toby decided to cycle to work. ____________
5. Marilyn's child uses much less hand towels than my child does. ____________
6. He eats lunch at the same time every day. ____________
7. Our three children will play together tomorrow. ____________
8. They ate lunch in the park. ____________
9. I collected shells on the beach. ____________
10. I keep a scrapbook for each child. ____________
11. You will ask yourself some important questions before the election. ____________
12. The law student completed his final exam. ____________
13. David played the guitar in the band Neville Blues. ____________
14. Aidan will start school next year. ____________
15. The car stops at every yellow light. ____________

COERÊNCIA DO TEMPO VERBAL EM PARÁGRAFOS

Os tempos verbais da seção anterior de exercícios provavelmente foram determinados com facilidade. Você apenas tomou decisões quanto ao tempo em frases isoladas, mas isso pode ser feito também com verbos em parágrafos. Sendo assim, a pergunta é: o tempo verbal está coerente em todo o parágrafo abaixo? Leia-o e verifique se o escritor foi consistente.

> When I decide to ask for a raise at work, I do some homework first. First, I consult the *Occupational Outlook Handbook* from the U.S. Department of Labor to check recent salaries in my field. Then I gather my recent performance evaluations, and I reread them carefully to recall the list of my accomplishments. However, I still need to list accomplishments that have accrued since that evaluation. I always list higher sales, the number of sales calls, and the number of those calls that result in sales.

Você provavelmente percebeu a coerência dos tempos verbais neste parágrafo. Alguns dos verbos no presente são *decide, do, consult, gather, reread* e *need.* Agora leia o próximo texto tendo em mente a mesma tarefa. Há coerência quanto ao tempo verbal?

> Your company may not be in a position to offer you a raise. If the company was laying people off, it is probably not a good idea to ask for a raise at this time. Asking for a substantial raise can only make you seem unrealistic and untouched by what is going on around you. Instead, ask for something other than money, such as flex time, or a better office, or new equipment.

Aqui estão alguns verbos: *offer, was laying off, ask.* Estão todos no mesmo tempo? Claramente, o escritor quis escrever no presente, mas um dos verbos não está em conformidade: *was laying off* indica passado; deveria ser *is laying off*!

Exercício 1-5

No próximo parágrafo, escolha o verbo correto para cada frase. O primeiro (*opens*) foi fornecido para você e indica que o texto está no presente.

> Every morning Maria opens the office and immediately (checks/checked) the fax machine for messages. It seems that each day more and more unsolicited faxes (will appear/appear). Now Maria (knows/knew) she will have to find a way to unlist the fax number.

CONCORDÂNCIA VERBAL QUANTO AO NÚMERO

Conforme você leu na introdução desta seção, o verbo se modifica se o sujeito da frase estiver no singular ou no plural. Veja os seguintes exemplos:

The new *computer saves* me so much time.

The new *computers save* us so much time.

Na primeira frase, o sujeito é *computer* e está no singular – há um só computador. Na segunda, o sujeito é *computers* e está no plural, indicando que há mais do que um. Um substantivo no singular, como *computer*, não tem *s*; mas um substantivo plural, como *computers*, leva um *s* para indicar que há mais do que um. Observe agora o verbo. One computer *saves* me so much time. O verbo recebe um *s* para concordar com o sujeito no singular. Obviamente, os verbos não funcionam segundo as mesmas regras dos substantivos. Com um verbo, um *s* adicionado indica que ele está no singular, não no plural.

Mais uma complicação: às vezes são usadas duas palavras para formar um sujeito no plural:

A desk and a chair (*plural subject*/sujeito composto) *stand* (verbo no plural *s*) in the corner of the room. Two things *stand* in the room.

A desk *stands* in the corner of the room. One thing *stands* in the room.

Note que um sujeito composto é acompanhado por um verbo sem *s*. Um sujeito simples no singular é acompanhado por um verbo terminado em *s*.

Vejamos mais exemplos:

Food and exercise (sujeito composto) comprise (verbo no plural – sem *s*) an important part in any weight-loss program.

The two candidates (sujeito simples no plural) address (verbo no plural – sem *s*) the crowd.

My son and daughter (sujeito composto) live (verbo no plural – sem *s*) on their own now.

Two cars (sujeito simples no plural) vie (verbo no plural – sem s) for that spot each morning.

Exercício 1-6

Para cada uma das seguintes frases, veja se o sujeito e o verbo concordam quanto ao número. Corrija quaisquer erros de concordância.

1. House prices changes every month.

____

2. The Blake family go camping every summer.

____

3. The painter and his hired men takes time to do a very neat job.

____

4. Interferences such as a phone call or visitor keeps me from finishing my work.

____

5. My friend, with his children in tow, take a one-mile walk each morning.

____

6. An extraordinary new development in manufacturing clothes give us bamboo fiber.

____

7. Bamboo fiber rate very high not only as eco-friendly but for being revolutionary for many reasons.

____

8. Some of the advantages of bamboo fabric includes its strength and softness.

____

9. Bamboo fabric also pay great dividends to the environment.

____

10. As it grows, bamboo plants gives us clean air, consumes carbon dioxide, and returns oxygen to the environment.

____

A falta de concordância verbal (por exemplo, *The contest winners was there to receive their awards*) é um dos erros mais frequentemente cometidos por quem fala e escreve. É comum ouvirmos pessoas falando dessa forma, como também vemos erros na escrita. A *frequência*, porém, não dá livre passagem para ninguém.

Voltemos à história do e-mail de Joe Hidalgo. Ele precisa trabalhar um pouco em relação à concordância verbal.

From: Joe Hidalgo

To: Harry Malcolm

Subject: New office designs

Harry,

I'm attaching the two designs you liked most. Your patience and consideration in waiting for their completion is very much appreciated. Carlos, Mark, and I, who have been assigned to this project, feels honored to have been chosen to work on this inquiry. Please feel free to ask us about any item that is unclear to you.

We look forward to working with you.

Joe Hidalgo

Você viu os erros de concordância verbal no e-mail? Eles ocorrem na segunda e na terceira frases. Entretanto, mudanças simples podem corrigi-los. Correção da segunda frase: Your patience and consideration ... <u>are</u> very much appreciated.

O sujeito (*patience and consideration*) é composto. Não podemos usar o singular *is* com um sujeito composto; usamos a forma plural *are*. Correção da terceira frase: Carlos, Mark, and I, who have been assigned to this project, <u>feel</u> ... inquiry. O sujeito (*Carlos, Mark and I*) é composto. Não podemos usar o singular *feels* com um sujeito composto; usamos a forma plural *feel*.

DETERMINAÇÃO DA CONCORDÂNCIA COM EXPRESSÕES PREPOSICIONADAS

Quando falamos ou escrevemos uma frase simples é fácil combinar o verbo correto com o sujeito:

A bully *threatens* the child.

Na frase anterior, o verbo está claro: *threatens*. Quem fez a ameaça? O *bully*, ou o sujeito, fez a ameaça. Um verbo no singular (*threatens*) concorda com um sujeito no singular (*bully*). O que acontece quando acrescentamos expressões proposicionadas, ou seja, palavras que interrompem a ligação entre o sujeito e o verbo? A frase se torna mais complicada e, a menos que sejamos muito observadores, a concordância se perde com facilidade.

A bully who is in the same classes *threaten* the child.

A bully who is in the same classes *threatens* the child.

Algumas pessoas se confundiriam com a palavra mais próxima do verbo, ou seja, *classes*. *Classes* é plural, portanto o verbo deve estar no plural: *threaten*, certo? Não, precisamos encontrar o sujeito. A palavra *classes* é o sujeito? Elas ameaçam a criança? Não, é o *bully* (sujeito no singular) quem *threatens* a criança.

Encontre o sujeito e o verbo no próximo exemplo. O verbo concorda em número com o sujeito?

A woman in workout clothes *walk* into the gym.

Qual é o verbo? *Walk* é o verbo. Quem anda? A mulher anda? ou As roupas andam? Claro que é a mulher quem anda. *Woman* é o sujeito no singular. Esse fato torna a frase original incorreta. Segue a correta:

A woman in workout clothes *walks* into the gym.

Quando não tiver certeza se o verbo deve estar no singular ou no plural, use a seguinte dica: Esqueça todos os demais elementos da frase, encontre o verbo e se pergunte quem ou o que faz aquilo.

Today, forward-thinking organizations in this country focuses on customer service.

Vamos analisar cuidadosamente este caso usando a dica anterior. Qual é o verbo? *Focuses* é o verbo no singular. O que foca? *Organizations* é o sujeito simples no plural. Temos um problema de concordância? A resposta é sim. O termo *in this country* vem entre o sujeito e o verbo e, uma vez que *country* está no singular, caímos na armadilha da concordância.

Na próxima seção deste livro, você aprenderá muito mais sobre esses acréscimos de termos (*prepositional phases* ou expressões preposicionadas). Até lá, basta se lembrar de encontrar o verbo primeiro e o sujeito se tornará claro.

Tempos Verbais Perfeitos

Você está trabalhando com verbos no presente, no passado e no futuro. É importante acrescentar a esta lista mais uma formação verbal, que é o tempo perfeito. Futuramente, exploraremos isso ainda mais, mas, por enquanto, devemos saber que os três tempos perfeitos (presente perfeito, passado perfeito e futuro perfeito/*present perfect, past perfect e future perfect*) são formados pelo acréscimo de *has*, *had* ou *have* ao passado particípio do verbo. Vamos nos concentrar no presente perfeito – tempo que indica uma situação que começou no passado e prossegue no presente. Veja o verbo *complain*:

I *complain.* (presente)

I *complained.* (passado)

I *will complain.* (futuro)

I *have complained* ever since we moved farther from town. (presente perfeito)

O último exemplo está no presente perfeito, pois a reclamação começou no passado e continua no presente. Observe mais exemplos, usando o verbo *prepare*:

I *prepare* three meals a day. (presente)

I *prepared* three meals a day. (passado)

I *will prepare* three meals a day. (futuro)

I *have prepared* three meals a day since 2001. (presente perfeito)

Exercício 1-7

Circule o verbo em cada frase. Depois, identifique o tempo verbal. Use as frases do exemplo anterior como guia.

1. I expect a raise in October. ______________
2. Last year I received less than the maximum. ______________
3. I have expected a larger raise for the past two years. ______________
4. You think my larger raise will come this year, don't you? ______________
5. I have read every document in the company. ______________
6. My feet slid across the newly polished floors. ______________
7. Next time I will know when the floor is wet. ______________
8. We wrote a list of safety instructions. ______________
9. We will implement the ideas shortly. ______________
10. I avoided a serious injury this time. ______________

Verbos Irregulares

Se você já domina um pouco do inglês, provavelmente maneja a conjunção dos verbos com grande facilidade – quer dizer, no caso dos verbos *regulares*. As pessoas tendem a ter mais problemas com os tempos dos verbos *irregulares*. A ortografia da maioria desses verbos muda completamente conforme o tempo – e o inglês tem vários deles.

Talvez você já tenha ouvido os seguintes erros de flexão verbal no passado:

I *brung* my lunch with me every day last week to save money.

I *hanged* my hat on the hook.

Agora veja esta lista parcial de verbos irregulares e encontre as formas corretas para o passado de *bring* e *hang*:

Verbos Irregulares

Presente	**Passado**	**Futuro**	**Presente Perfeito**
begin	began	will begin	have begun
bend	bent	will bend	have bent
bet	bet	will bet	have bet
bite	bit	will bite	have bitten
bring	brought	will bring	have brought
burst	burst	will burst	have burst
buy	bought	will buy	have bought
choose	chose	will choose	have chosen
cost	cost	will cost	have cost
dig	dug	will dig	have dug
dive	dived *ou* dove	will dive	have dived
drink	drank	will drink	have drunk
drive	drove	will drive	have driven
fling	flung	will fling	have flung
fly	flew	will fly	have flown
forbid	forbade	will forbid	have forbidden
forget	forgot	will forget	have forgotten
freeze	froze	will freeze	have frozen
get	got	will get	have gotten
grind	ground	will grind	have ground
hang	hung	will hang	have hung
have	had	will have	have had

Verbos Irregulares

Presente	Passado	Futuro	Presente Perfeito
know	knew	will know	have known
lay (colocar)	laid	will lay	have laid
lend	lent	will lend	have lent
lie (deitar)	lay	will lie	have lain
mistake	mistook	will mistake	have mistaken
ride	rode	will ride	have ridden
ring	rang	will ring	have rung
run	ran	will run	have run
see	saw	will see	have seen
seek	sought	will seek	have sought
send	sent	will send	have sent
shake	shook	will shake	have shaken
shine	shone	will shine	have shone
shrink	shrank	will shrink	have shrunk
sing	sang	will sing	have sung
sink	sank	will sink	have sunk
slide	slid	will slide	have slid
speak	spoke	will speak	have spoken
spin	spun	will spin	have spun
spring	sprang	will spring	have sprung
steal	stole	will steal	have stolen
sting	stung	will sting	have stung
strike	struck	will strike	have struck
swear	swore	will swear	have sworn
swim	swam	will swim	have swum
swing	swung	will swing	have swung
take	took	will take	have taken
tear	tore	will tear	have taken
think	thought	will think	have thought
throw	threw	will throw	have thrown
wake	woke	will wake	have waken
weep	wept	will weep	have wept
wind	wound	will wind	have wound
wring	wrung	will wring	have wrung

Exercício 1-8

Em cada uma das próximas frases, encontre e corrija o erro na forma do verbo.

1. That dog will lay in the grass all day.

   ____

2. I waked up too late to eat breakfast

   ____

3. Mike swum the entire way.

   ____

4. I layed my keys on the counter and now they're gone.

   ____

5. The child reported that he had runned all the way home.

   ____

Geralmente aprendemos o uso correto dos verbos irregulares com naturalidade conforme aprendemos a falar inglês. Isso é mais difícil para algumas pessoas do que para outras. Precisamos verificar continuamente o uso do verbo flexionado porque é muito fácil esquecer algumas das formas irregulares da lista. A hesitação ao falar ou escrever algum desses verbos é uma indicação de que é preciso revisá-los. Por exemplo, dois dos verbos irregulares mais usados erroneamente são *lay* (colocar) e *lie* (deitar), mas as dicas a seguir podem ajudá-lo. Note que o verbo *lay* tem um *a* no meio, e a palavra-dica, *colocar*, é escrita com um *a*. O verbo *lie* tem um *i* no meio, assim como a palavra-dica *deitar*. Essas duas sugestões vão ajudá-lo a usar o verbo no presente. Agora formule suas próprias dicas para o passado e o presente perfeito.

Exercício 1-9

Escolha a forma verbal correta para cada frase.

1. I have never (laid, lain) in bed all day.
2. Mort has (swim, swum) the canal each spring.
3. The hanger was (raised, rose) twenty feet to accommodate the new planes.
4. I had (payed, paid) that bill long before it was due.
5. The toddler's parents had (forbade, forbidden) him from going into the street alone.
6. I have (swinged, swung) on that gate since I was a child.

7. We have (chosen, chose) a place for our wedding reception.
8. I have (drank, drunk) too much at this party!
9. The child (threw, throwed) a perfect strike.
10. I had (seen, seed) him only one other time.

Exercício 1-10

Em cada parágrafo, encontre o verbo cujo tempo verbal não esteja coerente. Circule esses verbos.

Parágrafo 1
About three days after Christmas, do your children say, "I'm bored. What should I do now?" The answer could be that the children need to play, but in a way that is different from what they've been doing. They may simply need to leave their new indoor toys, their computers, and the TV and went outside into open space.

Parágrafo 2
If it's not dangerously cold outside, children should spend time exercising their muscles in the open atmosphere. Many opportunities existed in the outdoors, from bike and sled riding to building snow forts. All of these activities give children the chance to use both large and small muscles and to focus on totally different tasks.

TESTE

Identifique e corrija os erros em cada uma das frases seguintes, seguindo o exemplo dado.

> Assuming that we make the early train. *fragmento de sentença*
>
> I will be home on time assuming that we make the early train.

1. If you decide on which route to take. ______________________

____

2. Looking back at his childhood. ______________________

____

3. You're ready don't hesitate. ______________________

____

4. Mark and Amy runs a very organized household. ______________________

5. Buying a new piece of clothing. ______________________

6. If you had rode to work with us, you would have been on time. ______________________

7. When my time on the meter ran out. ______________________

8. I'll be there, the children will arrive later, we'll all have lunch. ______________________

9. He complained, "These cars parks in the wrong spaces every day!" ______________________

10. Because I had written, word-processed, corrected, and approved the report. ______________________

CAPÍTULO 2

Introdução às Classes de Palavras

Neste capítulo, você aprenderá:

Classes de palavras
Substantivos
Verbos
Adjetivos
Advérbios
Pronomes
Preposições
Conjunções
Interjeições
Artigos

Classes de Palavras

Use a seguinte tabela para se familiarizar com as classes de palavras.

Classes de Palavras	Função	Exemplos
Noun, pronoun (Substantivo, pronome)	Nomeia uma pessoa, local ou algo que exista	Elliot, President Adams, cat, he, she, them
Verb (Verbo)	Indica uma ação ou um estado	fly, stand, walk, count, is, are, be
Adjective (Adjetivo)	Modifica ou descreve um substantivo	tall, noisy, blue, hot
Adverb (Advérbio)	Modifica ou descreve um verbo, adjetivo ou outro advérbio	noisily, easily, hardly
Preposition (Preposição)	Introduz uma relação entre um substantivo ou pronome e outras palavras em uma frase/expressão	on, in, up, over, to
Conjunction (Conjunção)	Une palavras, locuções e orações	and, but, or, yet
Interjection (Interjeição)	Expressa emoções	ah, oh, wow
Article (Artigo)	Identifica ou indica um substantivo	a, an, the

Uma maneira de entender a gramática da língua inglesa é pensar nas palavras como se tivessem dois nomes: um nome gramatical, a classe de palavra e um nome funcional, que indica sua função na frase. Veja a seguinte frase:

The tennis ball hit the opponent on his head.

Classes de Palavras:	Article	adjective	noun	verb	article	noun	preposition	pronoun	noun
	↓	↓	↓	↓	↓	↓	↓	↓	↓
	The	tennis	ball	hit	the	opponent	on	his	head.
	↑	↑	↑	↑	↑	↑	↑	↑	↑
Função:	Identifies	describes	subject	verb	identifies	object	introduces	describes	object

Por que é importante conhecer e entender este conceito? A resposta é simples: o uso correto do inglês depende dele. Os próximos exemplos vão explicar. Primeiro, pense nos pronomes *he* e *him*. O pronome *he* funciona como sujeito de uma frase. *Him* funciona como um objeto. As diferentes categorias funcionais dos pronomes serão explicadas futuramente neste capítulo.

He hit the opponent on the head. (*He* é o sujeito e *hit* é o verbo.)

He hit *him* on the head. (*He* é o sujeito, *hit* é o verbo e *him* é o objeto aquele que foi atacado.)

Como podemos ver no próximo exemplo, a função é extremamente importante para a escolha do pronome correto.

Him hit he. (O *object pronoun* que equivale em português a um pronome pessoal do caso oblíquo, *him*, não pode ser usado como sujeito. O subject pronoun equivale a um pronome pessoal do caso reto, *he*, não pode ser usado como objeto).

Você terá a oportunidade de estudar toda a lista de pronomes e suas funções futuramente neste capítulo. Por enquanto, basta lembrar que *I*, *he* e *she* são *object pronouns* (pronomes pessoais do caso reto) e que *me*, *her* e *him* são *subject pronouns* (pronomes pessoais do caso oblíquo).

ERROS COMUNS

Um dos erros mais persistentes em inglês é o uso de um *object pronoun* como sujeito ou de um *subject pronoun* como objeto:

Errado: The gift was for Michael and I.
Certo: The gift was for Michael and *me*.

Errado: Me and him are going to the movies.
Certo: *He and I* are going to the movies.

Exercício 2-1

Corrija as frases abaixo:

1. Him and me share a job. ______
2. Tim and him share a job. ______
3. This pizza is for Betsy and I. ______
4. The argument is between Marcus and I. ______
5. Tim and me are happy about the new arrangement. ______

VERSATILIDADE DAS PALAVRAS DA LÍNGUA INGLESA

Você aprendeu no capítulo 1 que uma frase deve ter um sujeito e um verbo para ser completa. Você viu que os sujeitos podem ser substantivos ou pronomes. Veja os próximos exemplos:

James (substantivo) played the comical (adjetivo) part to perfection.

He (pronome) played the comical (adjetivo) part to perfection.

Você pode simplesmente mudar um adjetivo de lugar e colocá-lo no lugar do substantivo ou do pronome?

Comical played the James part to perfection.

É óbvio que não. O adjetivo não realizou a ação; foi *James*.

Curiosamente, porém, as palavras do inglês têm grande versatilidade. Por exemplo, consideremos a palavra *play*. Quantas funções diferentes ela pode ter?

Subject (Sujeito): The play takes two hours to perform. (O substantivo *play* é o sujeito. É aquilo a que se atribui a ação do verbo.

Verb (Verbo): James will play the lead part. (O verbo *will play* diz o que o sujeito fará).

Modifier (normalmente pode ser um adjetivo ou advérbio): The children love the play area. (O adjetivo *play* descreve ou modifica o substantivo *area*).

Object (Objeto): Tom made the best play of the game. (O substantivo *play* é o objeto do verbo *made*).

Agora experimente com a palavra *work*.

Subject (Sujeito): Work starts at 8 A.M. sharp. (O substantivo *work* é do que trata a frase; é o que *starts* (começa), às 8 da manhã).

Verb (Verbo): Karra works fifty hours per week. (O verbo *works* diz o que *Karra* faz).

Object (Objeto): Karra does many hours of work each week. (O substantivo *work* é o objeto da preposição *of*; *of work* modifica *hours*).

Adject (Adjetivo): The plumber's work permit allows him to install all new pipes. (O adjetivo *work* modifica ou descreve o substantivo *permit*).

Você provavelmente concorda que uma palavra em inglês pode ter muitas funções, dependendo do sentido da frase.

Exercício 2-2

Identifique a palavra sublinhada como *subject* (sujeito), *verb* (verbo), *object* (objeto) ou *modifier* (normalmente um adjetivo ou advérbio) nas próximas frases. A primeira já está feita para você.

1. You should paint the room white. verb
2. The paint comes in three shades of red. ______
3. The salesperson gave us a paint chart from which we chose a color. ______
4. Then she mixed the paint. ______
5. Paint is an easy solution to a decorating problem. ______
6. A comment appeared in our local newspaper. ______
7. Then the losing candidate made a comment about the voting equipment. ______
8. I don't comment on other people's parenting skills. ______
9. You can nurse that bird back to health and then release it in the forest. ______
10. A release regarding his decision appeared on his blog. ______

Substantivos

Sabemos que os substantivos são nomes que damos às pessoas, locais e coisas que existem. Pessoas e locais são fáceis de serem reconhecidos: *Philip*, *Marcel*, *Pittsburgh*, o *Rosebowl*, *Radio City Music Hall* – e poderíamos continuar eternamente. As coisas também são fáceis: *table*, *pens*, *candy* e *TV* são apenas algumas. Mais difíceis de serem reconhecidas são as palavras que chamamos de *substantivos abstratos*. Trata-se de ideias ou qualidades como *honor*, *love*, *loyalty* e *determination*. A regra geral para reconhecer um substantivo é esta: se você puder colocar um *a*, *an* ou *the* diante da palavra e ela ainda fizer sentido, trata-se de um substantivo.

Exercício 2-3

Circule todos os substantivos nas frases seguintes.

1. Psychologists now believe that people who get what they want are not necessarily as happy as they thought they would be.
2. Dr. Daniel Gilbert, a Harvard psychologist, thinks that in the future we'll wonder why we made today's choices.
3. We may make perfectly good choices for ourselves today, but we don't know who we'll be in the future.
4. Credit cards are a great convenience until we overspend!
5. Check your credit at least once a year.
6. A lawyer testified on that case.
7. A renowned designer of glass is Dale Chihuly.
8. Carpet covered the entire space.
9. Environmentalists in our area planted clams in local ponds and had great success.
10. Lawmakers held hearings on the growing deficit.

Verbos

Como aprendemos no capítulo 1, as frases em inglês só estão completas quando contêm tanto um sujeito quanto um verbo. O verbo é parte da espinha dorsal de qualquer frase, juntando-se ao substantivo ou sujeito na condição de um dos dois elementos absolutamente necessários para uma frase completa. O verbo vive no que os gramáticos chamam de *predicado*, onde este está contido junto com todas as palavras que se relacionam especificamente a ele. O verbo dá ao sujeito sua ação ou expressa seu estado.

The doctor suggested that I take much more calcium.

The doctor is a believer in vitamin therapy.

Na primeira frase, o sujeito é *doctor* e o verbo ou ação é *suggested*. Na segunda não há verbo de ação; em vez dele, há o verbo *is*, de estado ou de ligação (*linking being verb)*. Muitos preferem chamar *is* de verbo de ligação, porque é isso que ele faz – liga uma palavra do predicado ao sujeito. Nesse caso, liga *believer* a *doctor*. Futuramente, nesta seção, você aprenderá muito mais sobre verbos de *ligação* ou de *estado*.

Exercício 2-4

Circule todos os verbos – tanto os de ação quanto os de ligação – em cada uma das frases seguintes.

1. Time flies.
2. The newly cleaned mirrors glitter and gleam.
3. My house is cold in the winter.
4. The child felt sad.
5. I am the president of our social club.
6. The company's eight stores closed in 2008.
7. My bank will merge with a larger one.
8. Bluefish and bass are abundant in Long Island Sound.
9. September 11, 2001, is a date seared in most memories.
10. A man, arrested for drunk driving, produced his identification.

VERBOS DE LIGAÇÃO/DE ESTADO

Você aprendeu que palavras que indicam ação são verbos, e são fáceis de se reconhecer:

The kite *crashed* into the field.

A car *sped* down the highway.

My cat *caught* a mouse.

The moving truck *lumbered* on its way.

Lendo esta última frase, podemos realmente imaginar a ação indicada pela palavra *lumbered* (mover-se pesadamente).

E se o verbo não sinalizasse uma ação e sim funcionasse ligando o predicado (a metade da frase que contém o verbo) ao sujeito? É isso que esperamos que os verbos de ligação (*linking verb ou being verb*) façam. Podemos ver essa transformação na seguinte frase:

The moving truck *was* huge and lumbering.

O verbo de ligação *was* não indica uma ação, mas liga o sujeito, *truck*, às palavras (adjetivos *huge* e *lumbering*) que o descrevem. Agora veja este exemplo:

"Twinkle, Twinkle Little Star" *was* the first song I learned.

O verbo de ligação é o mesmo – *was*. Mas o que ele liga? Neste caso, o sujeito "*Twinkle, Twinkle Little Star*" está ligado a um substantivo que significa o mesmo que o sujeito. Na verdade, esta frase pode ser invertida e ela manterá o mesmo significado:

The first song I learned was "Twinkle, Twinkle Little Star."

Podemos dizer, então, que os verbos de ligação podem funcionar como igualadores: "*Twinkle, Twinkle Little Star*" é (igual a) uma canção.

Conclusão? Quaisquer substantivos ou adjetivos que estejam apenas ligados ao sujeito vêm logo após aos verbos de ligação.

Também é interessante que alguns verbos de ação possam ser convertidos em verbos de ligação, dependendo de sua função e significado da frase:

Mario *grows* tomatoes.

Each summer, Mario's family *grows* tired of eating tomatoes.

Na primeira frase, *grows* é um verbo de ação. Na segunda frase, *grows* é um verbo de ligação que liga o sujeito *family* ao adjetivo *tired*. *Tired* é um adjetivo que descreve a família.

Lembre-se de que cada verbo de ligação está sujeito às mesmas regras dos verbos de ação: um verbo de ligação deve concordar em número com seu sujeito.

Aqui está uma lista de verbos de ligação comuns:

appear	am	are	be	become
feel	grow	is	look	remain
smell	sound	taste	was	were

Exercício 2-5

Em cada uma das frases seguintes, selecione o verbo de ligação que concorde corretamente com o sujeito.

1. John Adams (was/were) President for one term.
2. The White House of Adams' time (appears/appear) very strange.

3. It (seems/seem) unfinished with no plaster in most of the rooms and no main staircase.
4. People (grows/grew) tired of seeing Mrs. Adams's laundry hung in the East Room.
5. The White House grounds (smell/smells) foul.
6. The grounds (was/were) littered with workers' shanties, stagnant water, and outhouses.
7. Today, the White House flowers (is/are) perfect.
8. The rooms (remain/remains) colorful and neat.
9. Visitors (seem/seems) delighted with their tour.
10. Our group (were/was) silent as the President approached.

Ao trabalhar com verbos de ligação, você perceberá que é mais fácil usá-los no passado do que no presente. No presente, as terminações verbais mudam. Por exemplo:

Presente, Singular e Plural

I *seem* taller than Jan.

You *seem* taller, also.

Jethro (He) *seems* tired after all that yard work.

Betsy (She) *seems* to have less back pain.

Their cat (It) *seems* unable to sleep alone.

Who *seems* the smartest in the group?

Marcel and I (We) *seem* rested after our vacation.

You and David (You) *seem* exhausted from your schedule.

Aidan and Elias (They) *seem* able to go without sleep.

Passado, Singular e Plural

I *seemed* taller than Jan.

You *seemed* taller, also.

Jethro *seemed* tired after all that yard work.

Betsy *seemed* to have less back pain.

Their cat *seemed* unable to sleep alone.

Who *seemed* the smartest in the group?

Marcel and I *seemed* rested after our vacation.

You and David *seemed* exhausted from your schedule.

Aidan and Elias *seemed* able to go without sleep.

BE: UMA VIDA PRÓPRIA

Você viu anteriormente uma lista de verbos de ligação comuns. Na verdade, um deles é o verbo *be*. *Be* é mais complicado do que os demais por dois motivos: primeiro, tem muitas flexões diferentes, dependendo do tempo e do número (*am, is, are, was, were*). Além disso, combina com as palavras auxiliares *to*, *will*, *can*, *could*, *would* ou *should* das seguintes maneiras:

I *would be* grateful to you if you would vote for my candidate.

You *should be* more careful when you walk on the ice-covered streets.

I *can be* ready at 1 P.M.

Bess *could be* your greatest ally.

My children wanted *to be* helpful.

You *will be* expected to win.

Exercício 2-6

Use uma das formas do verbo de ligação *be* para preencher cada espaço nas frases seguintes. Você pode escolher uma ou duas palavras, dependendo do significado da frase.

1. Her dog ______________ a Pomeranian.
2. Her choice ______________ a different one as well.
3. esterday, the gray clouds ______________ thickening just as we left.

4. The picnic ______________ rescheduled for sometime in June.
5. I ______________ so happy that you remembered me.
6. The child expects that chair ______________ hers.
7. As they bake, the cookies ______________ so good!
8. They ______________ delicious, too.
9. Alex and Jenna ______________ always happy to eat dessert.
10. Next year, those two ______________ my best friends.

O verbo de ligação *be* pode ser ainda mais complicado? Sim, pode. Normalmente, um verbo de ligação se combina com outra palavra. Essa combinação, chamada de contração, requer a exclusão de uma letra do verbo e sua substituição por um apóstrofo:

She *is* the strongest runner I know.

She's the strongest runner I know. (The is dropped.)

Exercício 2-7

Nas próximas frases, converta em contrações as palavras que estão em itálico.

1. *We are* more determined than you think. ______________
2. *Here is* your chance to shine. ______________
3. *It is* about time you took charge! ______________
4. Ron said that *you are* his favorite sitter. ______________
5. *You will* find that *it is* an involved community. ______________
6. *I am* your best friend. ______________
7. *He is* in our carpool, too. ______________
8. *They are* driving in front of us. ______________
9. *You are* foolish if you think I'll pay for the gas. ______________
10. *It is* time to go home. ______________

Observação: Não use apóstrofo na palavra its quando ela indicar posse.

The mother cat groomed *its* kitten.

Há mais uma combinação que deve ser conhecida, a do verbo de ligação combinado com *not*. Perceba que, neste caso, a palavra *not* é contraída.

are not = aren't

is not = isn't

was not = wasn't

were not = weren't

ERROS COMUNS

Observe as seguintes combinações incorretas dos verbos de ligação e suas correções:

Errado: The bird built it's nest with twigs.
Certo: The bird built *its* nest with twigs.

Errado: James ain't leaving until the very end.
Certo: James *isn't* leaving until the very end.

Errado: There's two answers to that question.
Certo: *There are* two answers to that question.

Errado: Your one of the final candidates.
Certo: *You're* one of the final candidates.

Adjetivos

Os adjetivos descrevem (indicando qualidade, defeito, estado ou condição) substantivos e pronomes, dando cor e clareza às frases. Na maioria dos casos você encontrará um adjetivo posicionado antes do substantivo por ele modificado ou descrito:

A *playful* beagle won the competition. *Playful* é o adjetivo que descreve o substantivo, *beagle*.

Quando dois adjetivos (*playful*, *tan*) descrevem um substantivo, eles costumam ser separados por uma vírgula:

A *playful*, *tan* beagle won the competition.

Mas os adjetivos também podem vir após um substantivo, como na próxima frase:

A beagle, *playful* and *tan*, won the competition.

Note duas coisas: os dois adjetivos vêm separados por vírgulas, e eles estão unidos por *and*. É válido dizer que que essa forma dá mais ênfase aos adjetivos.

Os adjetivos podem aparecer em uma terceira posição, após um verbo de ligação. Você lerá muito mais a esse respeito na seção sobre verbos de ligação, mas por enquanto lembre-se de que um verbo de ligação indica um estado, qualidade ou condição do sujeito:

The beagle is *playful.*

Playful, o adjetivo, descreve o sujeito, *beagle. Playful* está ligado ao sujeito pelo verbo de ligação *is.*

Exercício 2-8

Circule todos os adjetivos das frases seguintes.

1. The smooth-haired dog is a beagle.
2. Lise is organized.
3. I have a well-informed friend.
4. Richard, tall and tan, returned from a long vacation.
5. A sleek car arrived at the front door.
6. The strapping quarterback fell to the ground.
7. His right knee was injured badly.
8. The loud, pulsing music tore through the small space.
9. An angry landlord rushed upstairs to complain.
10. A friend, gesturing and smiling, left the auction.

USO DOS ADJETIVOS NAS COMPARAÇÕES

Palavras descritivas seguem um padrão quando usadas em comparações. Por exemplo:

One house is *near.*

A second house is *nearer.*

A third house is *nearest.*

O adjetivo *near* vem depois do verbo de ligação, *is*, e descreve o sujeito, *house*. Na segunda frase, duas casas são comparadas e a ortografia do adjetivo se modifica: acrescentamos *-er.* Na terceira, três casas são comparadas. A ortografia se modifica novamente: acrescentamos *-est* para indicar mais que duas.

Então, as mudanças para as comparações são simples. Basta acrescentar *-er* ao comparar dois termos ou *-est* ao comparar mais do que dois. Por exemplo:

Palavra descritiva	Comparação entre dois termos	Comparação entre mais do que dois termos
soon	sooner	soonest
funny	funnier	funniest
loud	louder	loudest
short	shorter	shortest

As transformações precedentes foram bastante simples. A complicação ocorre quando o adjetivo tem mais do que duas sílabas:

wonderful	wonderfuler	wonderfulest

Parece estranho? A maioria das pessoas diria que sim. Por isso usamos as palavras *more* e *most* em vez dos inoportunos sufixos *-fuler* e *-fulest*:

wonderful	more wonderful	most wonderful

Agora compare os adjetivos da tabela que segue.

Palavra descritiva	Comparação entre dois termos	Comparação entre mais do que dois termos
difficult	more difficult	most difficult
valuable	more valuable	most valuable
legible	more legible	most legible
sympathetic	more sympathetic	most sympathetic

Por fim, alguns adjetivos assumem formas completamente diferentes para expressar comparações:

Palavra Descritiva	Comparação entre dois Termos	Comparação entre Mais do que Dois Termos
good	better	best
bad	worse	worst
little (size)	smaller	smallest
little (amount)	less	least
much	more	most
far	further	furthest

Exercício 2-9

Corrija as formas inoportunas em cada uma das próximas frases.

1. My car is valuabler than hers.

   ____

2. This is the efficientest furnace we've ever owned.

   ____

3. Of all the grapes in the bunch, this is the worse.

   ____

4. On the other hand, the green grapes are the goodest.

   ____

5. Once I learned the first piece, my piano teacher gave me a difficulter piece to practice.

   ____

6. This is the enormousest house in the neighborhood.

   ____

7. In my family, I have the legiblist handwriting.

   ____

8. To win, you'll have to be tenaciouser.

   ____

9. Ted is sympatheticer than Juan.

____

10. That dress is the beautifulest in my closet.

____

Advérbios

O uso dos advérbios é mais uma maneira de acrescentar intensidade e cor às suas frases. Os advérbios costumam ser formados pelo acréscimo de *-ly* a um adjetivo. Acrescente *-ly* ao adjetivo *sincere* e você terá formado um advérbio: *sincerely*. No entanto, nem todos os advérbios terminam em *-ly*. *Very*, *almost*, *quite*, *always* e *often* também são advérbios. Assim como um adjetivo, o advérbio modifica ou descreve outra palavra. A diferença entre eles é que o advérbio modifica um verbo, um adjetivo ou outro advérbio. Os advérbios costumam vir após os verbos por eles modificados:

The beam tilted *slightly* to the left.

O advérbio *slightly* modifica o verbo *tilted*.

The *slightly* faded shirt lay on the dresser.

O advérbio *slightly* modifica o adjetivo *faded*.

The very *slightly* faded shirt could still be worn.

O advérbio *very* modifica o advérbio *slightly*.

Estamos acostumados a transformar adjetivos em advérbios simplesmente acrescentando *-ly*: *simple*, *simply*.

That is a *simple* dress.

Simple descreve o substantivo *dress*.

I *simply* want to dress for the occasion.

Simply modifica o verbo *want*.

Infelizmente, alguns advérbios não seguem a regra do *-ly*. e mantêm a mesma ortografia. As palavras que costumam ser usadas erroneamente são *fast* e *hard*:

I run fast.

Fast é um advérbio nessa frase; ele modifica o verbo *run*.

Mel is a fast runner.

Nessa frase, *fast* é um adjetivo que modifica o substantivo *runner*.

Mel runs hard.

Hard é o advérbio que modifica o verbo *runs*.

Mel loves hard tasks.

Hard é o adjetivo que descreve o substantivo *tasks*.

ERROS COMUNS

Um dos erros mais comuns ocorre quando as pessoas precisam escolher entre *good* e *well*. Por ser um adjetivo, a palavra *good* descreve pessoas, locais ou coisas que existem – substantivos. *Good* nunca descreve uma ação. *Well* é a forma adverbial de *good*, e modifica um verbo uma ação. A única exceção ocorre quando nos referimos à saúde de alguém:

Errado: We heard a very well speaker
Certo: We heard a very *good* speaker.

Errado: Chuck plays the guitar so good.
Certo: Chuck plays the guitar so *well*.

Errado: Chuck doesn't feel so good today.
Certo: Chuck doesn't feel *well* today. (*Well* refere-se à saúde de Chuck.)

Exercício 2-10

Circule a palavra correta para completar cada frase.

1. He plays basketball (good/well).
2. The (good/well) weather encouraged us to take a long walk.
3. Nina hasn't been (good/well) since she left the office with a fever.
4. It's a (good/well) thing she went home.
5. Fortunately, everyone in the office has stayed (good/well).
6. Billy cleaned the floor and did such a (good/well) job!
7. He works on his own very (good/well).
8. After having the flu, I didn't feel (good/well) for three weeks.
9. When Jenna was a toddler, she was so (good/well) at playing alone.
10. I saw such a (good/well) movie this weekend.

Pronomes

Pronomes são pequenas palavras que trazem grandes problemas. Os pronomes causam alguns dos erros mais comuns em inglês. Volte à seção Erros Comuns da página 27 para ver mais exemplos:

Me and Tad wait impatiently for summer.

Pelo que aprendeu, você sabe que essa frase contém um sujeito composto: *Me and Tad*. *Wait* é o verbo no plural. O que há de errado? O pronome *me* está incorreto. Lembre-se de que a função do pronome na frase dita a forma como ele será escolhido. No exemplo, *me* é usado como parte do sujeito composto, mas não é um pronome pessoal que possa ser usado como tal. Como podemos saber disso? Veja o próximo quadro e resolva a maioria dos seus problemas pronominais.

Subject Pronouns (pronomes que servem como sujeito)	**Object Pronouns (pronomes que servem como objeto. Eles recebem a ação do verbo)**	**Ownership Pronouns (adjetivos e pronomes possessivos)**
I	me	my, mine
you	you	your, yours
he	him	his
she	her	her, hers
it	it	its
we	us	our, ours
they	them	their, theirs
who	whom	

Agora, voltemos à frase incorreta. Lembre-se de que *função é a resposta*!

Me and Tad wait impatiently for summer.

Qual é o sujeito? *Me and Tad*. Procure o pronome na quadra anterior – ele se encontra na coluna chamada *Object Pronouns*. O pronome *me* está em uma posição na qual recebe a ação do verbo? Não, ele se encontra na função de sujeito. *Object pronouns* não podem desempenhar tal papel. Correção: *Tad and I wait impatiently for summer.* Lembre-se também de se mencionar em segundo lugar.

Exercício 2-11

Corrija os erros pronominais em cada uma das próximas frases.

1. Me and my friends meet one night a month for dinner.

   ____

2. Him and me are best friends.

   ____

3. My boss gave he and I the same raise.

   ____

4. Send the letter to he by express mail.

   ____

5. That gift is from Alex and I.

   ____

Embora possa parecer inacreditável, há muito a se aprender a respeito do uso correto de pronomes; então você encontrará mais instruções e exercícios em um capítulo futuro. No entanto, esta seção serve como uma excelente introdução do que está por vir.

Preposições

As preposições ligam ou relacionam substantivos, pronomes e frases a outras palavras em uma frase. A palavra ou a expressão que a preposição apresenta é chamada de objeto da preposição (*object of the preposition*).

Entre as preposições comuns estão:

about	above	after	along	against
among	around	at	before	beside
between	for	from	in	into
near	like	on	of	over
under	up	with		

Agora dê uma olhada em alguns exemplos:

The child held the toy *over her head.*

A preposição *over* inicia a expressão *over her head. Head* é o objeto da preposição. Podemos ver que a expressão *over her head* diz onde a criança segurou o brinquedo; então ela funciona como um advérbio que modifica o verbo *held.*

The officers in the boardroom prepared for a long meeting.

A preposição *in* introduz a expressão *in the boardroom.* Esta indica os oficiais que são mencionados. A palavra *officers* é um substantivo. Qual classe de palavras descreve um substantivo? Um adjetivo e, portanto, esta expressão preposicionada* (isto é, uma locução adjetiva) atua como um adjetivo que descreve um substantivo.

We met in the boardroom.

A preposição *in* introduz a expressão *in the boardroom. In the boardroom* indica onde nós nos encontramos. A expressão preposicionada (neste caso, uma locução adverbial) atua como advérbio, modificando *met.*

We found termites under the porch.

* N.R.T. Em inglês, *prepositional phrase*. Aqui usaremos o termo "expressão preposicionada", pois uma *prepositional phrase* pode ser classificada de inúmeras maneiras se analisada à luz da classificação brasileira (NGB). Entretanto, por esta ser uma gramática da língua inglesa, preferimos nomear os termos de acordo com a nomenclatura própria da língua.

A preposição *under* introduz a expressão *under the porch*. O que esta expressão preposicionada indica? Ela diz onde os cupins foram encontrados. A frase preposicional (mais uma vez uma locução adverbial) modifica o verbo *found*; portanto, atua como advérbio.

Exercício 2-12

Encontre a expressão preposicionada (*prepositional phrase*) em cada uma das próximas frases. Indica qual palavra a expressão descreve (which word it describes). O primeiro exercício já está feito para você.

1. A new bank opened in town.
   in town describes *opened*
2. Don't position all the furniture against the walls.
   ____
3. One bottle inside the carton was smashed.
   ____
4. Please place the key between the doors.
   ____
5. I opened the car door and left my coffee cup on top.
   ____
6. Please tell me more about Larry.
   ____
7. I'm teaching a class in the adult school.
   ____
8. We heard children laugh at the park.
   ____
9. The new program on TV has a huge audience.
   ____
10. The logs in the fireplace burned brightly.
   ____

Voltaremos as expressões preposicionadas (*prepositional phrase*) em um capítulo futuro. Elas costumam ser fonte de erros comuns em frases porque vêm entre o sujeito e o verbo.

Exercício 2-13

Nas próximas frases, primeiro encontre o sujeito (ele não se encontra na expressão preposicionada); em seguida, verifique se está no singular ou no plural. O verbo concorda em número com o sujeito? Caso não, corrija o verbo. A primeira frase está feita para você. Siga o modelo em inglês.

1. The bottles inside the carton *is* all broken. The word *bottles* is the subject and it is plural. The verb *is* is a singular verb. Change the singular *is* to its plural form, *are*.
2. The newspaper between the doors *are* old.
3. The paint cans against the walls *was* left open.
4. My friend, among all my classmates, *are* the smartest.
5. The most exciting movies in the list *is* adventure movies.

Conjunções

A palavra *conjunção* significa "juntar com", e isso é exatamente o que essa classe de palavras faz. Conjunções comuns como *and*, *or* e *but* unem ou coordenam nossos pensamentos. Elas conectam palavras a outras palavras:

Lise and Gregor came to America a few years ago.

As duas partes do sujeito, ou seja, Lise e Gregor, estão conectadas por *and*.
Quais palavras estão conectadas nas próximas frases?

I couldn't decide whether I should read a book or clean the house.

Os termos *read a book* e *clean the house* estão conectadas por *or*.

Dave had always been short, but he finally grew as a teenager.

As orações antes e depois da vírgula estão conectadas por *but*.

For, *and*, *nor*, *but*, *or*, *yet* e *so* coordenam palavras, termos de mesma função sintática e orações. Você pode usar o acrônimo FANBOYS para se lembrar delas. Graças à sua função, são chamadas de conjunções coordenativas (coordinating conjunctions).

Há outra forma de conectar partes iguais de uma frase (ou período): usando pares correlatos (*correlative conjunctions*). A diferença entre os pares correlatos e as conjunções coordenativas é que as primeiras vêm em pares que se relacionam. Exemplos são *either/or*, *neither/nor*, *both/and*, *not only/but also*:

Either I will pass the test, *or* I won't be driving.

The rain ruined *not only* the flowers, *but also* the grass.

Por fim, as conjunções subordinativas *(subordinating conjunctions)* funcionam conectando ou ligando orações dependentes e independentes (dependent e independent classes). Podemos identificar a oração independente encontrando a parte de cada frase (ou, neste caso, do período) que funciona sozinha. Por exemplo:

Until I leave, I'll be in charge. (oração independente: I'll be in charge)

When you call me, I'll put dinner in the oven. (oração independente: I'll put dinner in the oven)

Zeke died a lonely man because he never tried to make friends. (oração independente: Zeke died a lonely man)

Nos períodos anteriores, as conjunções subordinativas são *until*, *when* e *because*. Aqui está uma lista mais completa de conjunções subordinativas:

after	as	as if	as long as	because
before	but that	even if	except that	ever since
if	if only	in case	just as	since
until	when	whenever	while	

Uma seção futura mostrará a importância de se coordenar ou subordinar pensamentos com o uso das conjunções, uma vez que elas acrescentam interesse, significado e contraste à escrita.

Exercício 2-14

Em cada um dos próximos períodos, circule as conjunções e identifique de que tipo elas são – coordinating, correlative ou subordinating.

1. Abby and Michael are siblings.

____

2. I had to decide between having a big breakfast or saving room for lunch.

____

3. Karra had always loved sewing, but she didn't take sewing lessons until she was in her thirties.

   ___

4. Neither the new computer nor the old one is working now.

   ___

5. Until the clock strikes 5 P.M., we'll work!

   ___

6. Because it is so hot, we've run the air-conditioning for days.

   ___

7. Your comment was neither funny nor helpful.

   ___

8. Our relationship is not only warm, but also encouraging.

   ___

9. You join the group first, and I will follow.

   ___

10. Since the candidate addressed our issues, we voted for her.

    ___

Interjeições

Enfatizamos e exclamamos com interjeições: *Wow! Whew! Oh no! Hey! Great!* Não há muito mais a se dizer sobre elas; não há regras. Apenas não as use em demasia.

Artigos

Os artigos *a, an* e *the* individualizam ou generalizam substantivos:

The movie starts at 8 P.M. (*The* individualiza o substantivo *movie.*)
A fruit drink may or may not be good for your diet. (*A* generaliza o substantivo *drink.*)

An old friend came by to visit. (*An* generaliza o substantivo *friend.*)

Os artigos são classificados como definidos ou indefinidos. No primeiro exemplo, o artigo *the* aponta para um filme específico, ou seja, aquele das 20 horas. Neste caso, *the* é um artigo definido. Por outro lado, *um* suco de fruta pode ser qualquer um em que se pense, por isso leva o artigo indefinido *a* indefinido. O mesmo é verdade com relação a *an old friend*; *an* não aponta para Harry, Lois ou Gabe, mas sim qualquer amigo. *An* atua como artigo indefinido.

Costumamos pensar nos artigos funcionando como adjetivos porque eles fazem o que fazem os adjetivos – descrevem os substantivos que apresentam.

TESTE

Encontre e corrija os erros nas próximas frases.

1. Her and me share a healthful lunch every day.

 ____

2. I run really good in a race.

 ____

3. Mel doesn't feel good today.

 ____

4. Me and Ted shares a locker at the gym.

 ____

5. The gym gave a discount to Ted and I.

 ____

6. This cereal, of all the cereals I've tried, are the best.

 ____

7. Until you call me or I receive your message.

 ____

8. A project w'ere doing now will furnish a shelter.

 ____

9. Wow. Youve broken the all-time record.

 ____

10. Ain't spring your favorite season?

 ____

CAPÍTULO 3

Mais sobre Verbos, Preposições e Pronomes

Neste capítulo, você aprenderá:

Tempos verbais perfeitos
Expressões preposicionadas
Mais sobre pronomes
Pronomes pessoais
Pronomes e adjetivos possessivos
Pronomes reflexivos
Pronomes relativos
Pronomes indefinidos
Who, whom, that ou which?
Pronomes demonstrativos

Perfect tenses - os Tempos Verbais Perfeitos

Cada vez que escrevemos uma frase, usamos um verbo para expressar o tempo:

Presente: My best friend visits us from time to time.

Passado: She visited four times last year.

Futuro: She will visit us again next week.

Estas são as expressões de tempo mais simples; mas, como você leu no capítulo 1, as ideias, ocasionalmente, são mais complicadas e requerem um uso diferente dos verbos.

PRESENT PERFECT TENSE - PRESENTE PERFEITO

Como expressar uma ação que começou no passado, mas continua no presente? No capítulo 1, você aprendeu esta resposta simples: acrescentamos um verbo auxiliar *has* ou *have* ao passado particípio do verbo. Pegue o exemplo anterior:

My best friend *has visited* us from time to time.

O verbo *has visited* indica que as visitas começaram no passado, mas continuam sendo feitas no presente.

Exercício 3-1

Usando a informação anterior, encontre e corrija os erros dos verbos no *past-perfect* das seguintes frases. A primeira está feita para você.

1. Lacey banked at Yardley Trust for four years, but she's considering a change of banks.

   Lacey has banked . . .

2. I banked at Yardley Trust for one year, and I'm planning on staying there.

   ____

3. I am writing business manuals for twenty years. (Pegadinha! Lembre-se de que *am* é uma forma do *be*.)

    ____

4. The Tomkins owned the pharmacy for ten years and are now starting to renovate it.

    ____

5. I watched baseball on TV year after year, but now I'm reserving seats at the stadium.

    ____

PAST PERFECT TENSE - PASSADO PERFEITO

Em certas ocasiões, uma ação no passado ocorre antes de outra ação no passado. Por exemplo:

> My friend had visited us from time to time before he moved to Seattle.

Ambos os verbos estão no passado (*visited, moved*), mas as visitas aconteciam antes da mudança. O desafio é deixar sempre claro qual ação ocorreu primeiro. O verbo auxiliar *had* esclarece. Por exemplo:

> Jackie had eaten alone before I invited him to join us.

ERROS COMUNS

Lembre-se de que *had* demais não é boa coisa!

> After we *had* bought the furniture, we *had* found a better sale.
> Unbelievably, I *had* walked on that foot for days before I *had* realized it was broken.

Apenas um verbo deve conter o auxiliar *had*. Qual ação aconteceu primeiro em cada frase? Esse é o verbo que deverá ser acompanhado por *had*:

> After we *had bought* the furniture, we found a better sale.
> Unbelievably, I *had walked* on that foot for days before I realized it was broken.

O acréscimo do verbo auxiliar *had* mostra que Jackie comeu sozinho antes que alguém o tenha convidado para se unir a um grupo.

Exercício 3-2

Em cada uma das próximas frases, indique o *present perfect* ou *past perfect* inserindo um verbo auxiliar onde necessário. A primeira está feita para você.

1. Before I finished my second dessert, my mother brought the main course.

   Before I had finished . . .

2. I took yoga for three years before I heard about Pilates.

   ____

3. I never saw a vineyard before I went to California.

   ____

4. If you remembered your diet plan, you definitely would not have started with dessert!

   ____

5. I chose the menu, but I still didn't take the blame.

   ____

6. Bill said, "If you screamed, I would have come running."

   ____

7. I owned a small car for years before I actually needed to save on gas.

   ____

8. My niece participated in the Iron Man Competition for several years before she stopped running.

   ____

9. I worked at ABC Management for four years before I received a promotion!

   ____

10. Eli and Eleanor ate at that restaurant many times before it closed.

    ____

FUTURE PERFECT TENSE - FUTURO PERFEITO

E se você quiser expressar uma ação futura antes de outra ação futura? Por exemplo:

I will have visited my grandchildren a number of times before they stay with me in the summer.

As palavras *will have* mostram que as visitas terão sido realizadas antes que a estadia ocorra no verão. Em outras palavras, uma ação futura – *visiting* – estará completa antes que outra ação futura, *staying*, aconteça.

Exercício 3-3

Corrija, nas próximas frases, os erros nos tempos verbais. A primeira está feita para você.

1. I will have planted a hundred bulbs before I will have considered stopping.

   ... before I consider stopping

2. I will have flown one million miles before I will have retired.

   ____

3. I will fly one million miles before I will have retired.

   ____

4. By the time you will have arrived, I will bake the cake.

   ____

5. The exterior house painting will have been done before you will have moved in.

   ____

AÇÕES SIMULTÂNEAS

Considere também: o uso de um tempo em uma frase expressando *ações simultâneas*.

As the baseball hero walked into the stadium, the ecstatic fans cheered.

Duas ações aconteceram ao mesmo tempo: (1) *The baseball hero walked* e (2) *the ecstatic fans cheered*. Quando duas ações ocorrem simultaneamente, *nenhum* verbo de ação é acompanhado por *had*.

Exercício 3-4

Escolha o verbo correto para cada uma das frases seguintes.

1. When the singer appeared to sing the National Anthem, everyone (rose/had/risen).
2. I (will have commuted/commuted) one million miles by air by the time I retire.
3. The music (swelled/has swelled) and the movie began.
4. As I lifted the Sunday newspaper, I (saw/had seen) my missing pen.
5. By the time I leave the house, my bus (will have left/left).
6. The court (decided/had decided) that the driver was wrong.
7. As we (filed/had filed) out of the room, the lights went out.
8. I (picked/had picked) up my personal mail before I arrived at work.
9. When the electric lines fell, our lights (went out/had gone out).
10. Before she goes up to the platform, she (will have prepared/prepared) her talking points.

Exercício 3-5

Esta prática revisa todos os tipos de verbos ensinados no capítulo 3. Encontre uma forma verbal incorreta em cada uma das próximas frases. Escreva sua correção na linha fornecida.

1. Even busy children loves to read a good book.

   ____

2. My son read for at least a year before he went to school.

   ____

3. After he had started school, we had started going to reading hour at the library.

___

4. If we known about story hour, we would have started sooner.

___

5. Manny and I had shopped at Wizardry for many years before we had metthe owner.

___

6. Before Lise has climbed to the diving board, she visualizes her first dive.

___

7. As we had walked to the graduation march, the music started.

___

8. Marian will visit us four times before the year is over.

___

9. After we had watched four hours of baseball, we had learned that a football special was on simultaneously.

___

10. He will have failed before he will have realized his mistake in not working harder.

___

Expressões Preposicionadas

Como vimos no capítulo 2, preposições ligam ou relacionam substantivos, pronomes e palavras a outras palavras de uma oração. A palavra ou a expressão que a preposição apresenta é chamada de prepositional phrase (ou, como definimos previamente, expressões preposicionadas). Nesta, encontramos o objeto da preposição. Você pode encontrar uma lista de preposições comuns no capítulo 2.

Para escrever frases corretamente, é preciso ter em mente um fato muito importante: o sujeito de um verbo nunca fará parte de uma expressão preposicionada. Esta começa com uma preposição, como *in*, *on*, *at*, *between* ou *among*, e termina com um substantivo, pronome ou gerúndio. Veja os seguintes exemplos de expressões preposicionadas:

in the dirty pail	on the smooth highway
at home	between us
among the empty pizza boxes	without crying

Às vezes, uma expressão preposicionada parece ser o próprio sujeito ou parte dele. Veja o exemplo seguinte:

Neither of these boys wants a low-paying job this summer.

Nesta frase, parece que são os garotos que não querem o emprego que paga pouco, mas por serem parte de uma expressão preposicionada, *of these boys*, eles *não* são o sujeito. A palavra *Neither* é o verdadeiro sujeito. Aqui está outro exemplo:

My dog, along with her seven puppies, has chewed all of the stuffing out of the sofa cushions.

Nesta frase, tanto minha cadela *(dog)* quanto seus sete filhotes *(seven puppies)* estão mastigando o enchimento do sofá, mas como os filhotes fazem parte da expressão preposicionada *along with her seven puppies*, a única palavra que conta como sujeito é *dog*.

Expressões preposicionadas são fonte de erros comuns em frases porque vêm entre o sujeito e o verbo, causando erros de concordância. Por exemplo:

The bottles inside the carton (is/are) all broken.

Como escolhemos o verbo correto nesta frase? Começamos colocando a frase preposicional *inside the carton* entre parênteses:

The bottles (inside the carton) is/are all broken.

A expressão preposicionada não determina o número – singular ou plural – do verbo. Em vez disso, identifica o sujeito da frase, que é *bottles*. O sujeito *bottles* precisa de um verbo no singular ou no plural? A resposta é, óbvio, no plural. Agora podemos escolher a forma verbal *are*.

Exercício 3-6

Em cada uma das próximas frases, coloque a expressão preposicionada entre parênteses. Em seguida, encontre o sujeito e corrija a forma verbal.

1. The bottles inside the carton is all broken.

____

2. The newspaper between the doors are old.

____

3. The paint cans against the walls was left open.

____

4. My friend among all my classmates are the smartest.

____

5. The most exciting movies in the list is adventure movies.

____

Outro erro comum tem a ver com a colocação de uma expressão preposicionada em uma frase. Qual das duas frases seguintes é a mais precisa?

The boy ran down the stairs *in the yellow boots.*

The boy *in the yellow boots* ran down the stairs.

A resposta, é claro, depende. As escadas estavam realmente usando botas amarelas. Se não, a segunda é a frase correta. Qual regra geral podemos definir a partir deste erro? Coloque uma expressão preposicionada o mais próximo possível da palavra que ela descreve. Por exemplo:

The man was late for his train *on the cell phone.*

A lógica nos diz que o trem não estava falando ao celular, mas a frase não está tão clara. Como deixar claro que quem estava usando o celular era o homem? Basta colocar a expressão preposicionada ao local ao qual ela pertence:

The man *on the cell phone* was late for his train.

EXERCÍCIO 3-7

Em cada uma das próximas frases, coloque a expressão preposicionada no local correto.

1. I did not see down the road a huge crash.

 ___

2. The hamster belongs to Tommy with the shortest legs.

 ___

3. That antique roadster is in the garage with 50,000 miles on it.

 ___

4. The prospective voters on the table completed their registration for the election.

 ___

5. You should hang on the wall some of your new artwork.

 ___

6. The banana-nut bread smells wonderful in the oven.

 ___

7. Ned, under the deck, lined up furniture and boxes.

 ___

8. You probably received a letter about the dangers of contaminated water in the mail.

 ___

9. We drove along the endless highway toward the setting sun in a red convertible.

 ___

10. Remove the filter from the furnace with the pliers.

 ___

Mais sobre Pronomes

Há diferentes tipos de pronomes que devemos conhecer. O quadro do capítulo 2 é expandido, incluindo outros pronomes. Este capítulo mostra seis tipos de pronomes. Revise a nova lista a seguir, antes de continuar:

Personal (subject)/Pessoais do caso reto: I, you, he, she, it, we, they, who
Personal (object)/Pessoais do caso oblíquo: me, you, him, her, it, us, them, whom
Mirror/Reflexivos: myself, yourself, himself, herself, itself, ourselves, yourselves, themselves
Relative/Relativos: which, that, who, whom, what, whatever, whomever
Painting/Demonstrativos: this, these
Indefinite/Indefinidos: all, any, anybody, anything, both, each, either, enough, everybody, few, less, many, more, much, neither, none, nothing, one, plenty, several, some, someone
Ownership/Pronomes e adjetivos possessivos: my, mine, your, yours, his, hers, its, our, ours, their, theirs

Pronomes Pessoais

No capítulo anterior, você aprendeu a escolher o pronome correto de acordo com sua função. Os pronomes pessoais são usados tanto como sujeitos quanto como objetos. Veja o próximo exemplo incorreto:

Errado: *Me* walks a mile every morning.

Me não pode ser usado como sujeito; trata-se de um *object pronoun* (pronome pessoal do caso oblíquo). *I* é um *subject pronoun* (pronome pessoal do caso reto).

Certo: *I* walk a mile every morning.

Dê uma olhada no uso correto de *me*:

You should give your phone number to me for emergencies.

Nesta frase, o pronome *me* é o objeto da preposição *to*.

Em determinadas ocasiões, você pode ter problemas para decidir qual pronome pessoal deve usar (com função de sujeito ou objeto). Aqui está um truque para que saiba escolher entre dois pronomes: experimente um pronome de cada vez. Por exemplo, o que você faria se não pudesse decidir entre esses dois pronomes?

I ran into Jack and (he/him) at the mall.

Usando a dica anterior, você eliminaria um pronome e leria a frase, de preferência em voz alta.

I ran into *he* at the mall.

I ran into *him* at the mall.

Qual delas soa melhor? Sem dúvida, diríamos que a segunda soa correta, e é. O quadro de pronomes do início desta seção diz que *he* é um pronome pessoal com função de sujeito e não pode ser usado na posição de objeto. Aliás, *Jack* e *him* são objetos da preposição *into.*

Considere este problema de outra forma:

Jack and (he/him) ran into Mel at the mall.

Qual pronome é o correto? Primeiro, verifique sua função na frase. Você provavelmente percebeu que precisa escolher um pronome pessoal com função de sujeito. Para confirmar sua escolha, observe o quadro de pronomes ou elimine novamente uma palavra do sujeito a fim de descobrir a resposta.

Him ran into Mel at the mall.

He ran into Mel at the mall.

Leia em voz alta e seu ouvido dirá qual é a afirmação correta.

Pronomes pessoais com função de sujeito e objeto também podem causar confusão em comparações. É muito fácil cometer um erro pronominal quando dizemos ou escrevemos uma comparação. Por exemplo:

Cindy liked the movie more than (she/her).

A primeira coisa que devemos saber é que se trata de uma *comparação incompleta.* A frase indica que Cindy gostou do filme mais do que outra pessoa. Na verdade, o verbo *did* está subentendido, embora não tenha sido declarado. Por consequência, se acrescentarmos *did* ao fim da frase, qual você escolheria, *she* ou *her*?

Cindy liked the movie more than (she/her) did.

A resposta agora é óbvia:

Cindy liked the movie more than *she* did.

Tenha em mente: terminar a frase também evita qualquer confusão causada pela ambiguidade. O que mais essa frase poderia indicar? Cindy liked the movie more than her, querendo dizer "her friend Lee"? Cindy gostou mais do filmes do que sua amiga Lee? Não, não era essa a intenção. Na dúvida, termine a frase.

Exercício 3-8

Corrija os erros pronominais em cada uma das próximas frases.

1. Mac and me, and our families, share a camper.

   ____

2. I sent a letter of complaint to the salesperson and she.

   ____

3. I ate much more at dinner than her.

   ____

4. Give the results to Bonnie and she.

   ____

5. You and them play cards every weekend, don't you?

   ____

6. Shelley has voted in more elections than him.

   ____

7. You could give he your house key.

   ____

8. The cat and him are under the bed.

   ____

9. Blame it on him and I.

____

10. She takes the children to the playground more than him.

____

Pronomes e Adjetivos Possessivos

Quando os pronomes parecem tomar a função dos adjetivos, ou seja, modificam ou descrevem outra palavra, eles podem causar confusão. Vamos esclarecer isso agora. O fato é que um pronome pessoal, às vezes, demonstra posse:

Our choosing a car became a difficult issue.

De quem era a escolha dos carros? Era nossa (*ours*).

Your losing weight is the only thing we talk about!

De quem foi a perda de peso? Foi sua (*yours*).

I know that you oppose *my* leaving the meeting early.

De quem era a partida? Era minha (*my leaving*).

O que as expressões *our choosing*, *your losing* e *my leaving* têm em comum? Todas elas são introduzidas por um pronome que, então, é acompanhado de um verbo terminado em *–ing*, conhecido pelos gramáticos como gerúndio. O que é muito interessante a respeito do inglês é que é possível pegar um verbo terminado em *–ing* e fazer com que ele funcione como substantivo. Por exemplo:

Our choosing a car became a difficult issue.

Na frase precedente, qual é o sujeito? Se você disse *Our choosing*, ganhou o prêmio de gramática! A expressão no gerúndio age como substantivo e funciona como sujeito. O pronome *Our* faz o papel de um adjetivo e modifica *choosing*. Leia novamente o resto da frase. Qual é o verbo? É *became*.

Exercício 3-9

Verifique a lista no alto da página 61 para encontrar os pronomes e adjetivos possessivos. Em seguida, corrija os erros pronominais em cada uma das próximas frases.

1. Me buying a car without consulting you was a mistake.

   ____

2. Them charging me too much was also a mistake.

   ____

3. Jorge was thrilled about she choosing me to lead the discussion.

   ____

4. She staying one extra day was no problem to the Santos family.

   ____

5. Them fighting all the time gave all of us a headache.

   ____

Pronomes Reflexivos

Os pronomes reflexivos são usados para dar ênfase. Eles refletem a ação para o sujeito. Por exemplo:

Melania *herself* caused the problem.

Esta frase esclarece que o problema foi causado exclusivamente pelo sujeito, Melania. É preciso lembrar apenas de duas coisas: não use esse tipo de pronome com exagero e, quando usar um, escolha a forma correta. Você pode revisar os pronomes reflexivos no quadro dado anteriormente. O seguinte uso está correto:

You *yourself* asked me to take on this project.

Yourself reflete a ênfase dada ao sujeito, *you.*

O seguinte exemplo está incorreto:

My boss suggested the project to Harry and *myself.*

Esta frase é um exemplo do uso excessivo do pronome reflexivo. O que está errado com o emprego de *myself*? Localize sujeito e verbo: *boss* (sujeito), *suggested* (verbo). *Project* é o objeto do verbo *suggested.* Há alguma palavra que *myself* possa refletir logicamente? Não. Além disso, se você se lembrar, a palavra *to* é uma preposição e pode ser usada para introduzir uma expressão preposicionada (*to Harry and myself*). Se escrita corretamente, uma expressão preposicionada termina com um objeto ou pronome pessoal do caso oblíquo. Como indica o quadro de pronomes, *me* é o pronome pessoal do caso oblíquo necessário nesta frase. A frase deveria ser:

My boss suggested the project to Harry and me.

ERROS COMUNS

Nunca use as palavras *hisself* ou *theirselves.* Elas são exemplos de inglês fora do padrão.

Errado: He hisself answered the door.
Certo: He *himself* answered the door.

Errado: They moved the couch theirselves.
Certo: They moved the couch *themselves.*

Exercício 3-10

Exclua o pronome incorreto e insira o correto em cada uma das frases seguintes.

1. They took their cat and theirselves to the beach.

____

2. Larry and myself eat lunch together every day.

____

3. Marty asked hisself an important question.

____

4. All of you yourself have to make that decision.

____

5. Ken sent an email to the team leader and ourself.

____

Pronomes Relativos

Os pronomes relativos permitem mostrar o relacionamento entre uma oração subordinada e a oração principal. A oração principal é sempre aquela que pode ficar sozinha, enquanto a oração subordinada não pode. Um pronome relativo liga as duas. É claro que, uma vez que essas palavras sejam pronomes, elas – assim como todos os demais pronomes – podem indicar substantivos. Por exemplo:

Willie left the office to visit Mike, who was recovering in the hospital.

O pronome relativo *who* liga a oração principal, *Willie left the office to visit Mike*, à oração subordinada, *who was recovering in the hospital.*

Relembrando o capítulo 1, você percebe que a oração subordinada é um fragmento se ficar sozinha:

Pode ficar sozinha: Willie left the office to visit Mike.

Não pode ficar sozinha: who was recovering in the hospital.

Entre os pronomes relativos há os *definidos* e *indefinidos.* Os pronomes definidos são *which, that* e *who* ou *whom.* Entre os pronomes indefinidos estão *what, which, who, whatever, whoever* e *whomever.* A principal diferença entre definidos e indefinidos é que, novamente, a escolha é definida pela função da palavra. Os pronomes definidos podem indicar um substantivo na frase:

Jorge married Marielle, who had a child from her first marriage.

Nesta frase, *who* significa *Marielle.* Além disso, é preciso saber que o nome Marielle é o antecedente, que é a palavra que vem antes e se relaciona com o pronome – neste caso, *who.*

Who, Whom, That ou *Which*?

Lembre-se de algumas regras simples com relação aos pronomes *who, whom, that* e *which*. Novamente, alguns pronomes podem ser usados como sujeitos, enquanto outros são objetos. Lembre-se disso quando estiver tentando escolher entre *who* e *whom*:

Who is the CEO of the company? (*Who* é sujeito da frase.)

Whom did you vote for in the election? (Inverta a pergunta: You did vote for whom in the election? *You* é o sujeito, *did vote* é o verbo e *whom* é o objeto da preposição *for*).

Pode não ser um consolo, mas inúmeras pessoas confundem o uso das palavras *who* e *whom*. Seu objetivo deve ser usá-las corretamente, mas não se surpreenda se frequentemente ouvir ou ver esses pronomes sendo usados de forma incorreta.

Aqui estão outras regras importantes:

1. Use *who* and *whom* para se referir a pessoas: I didn't know *who* you were until yesterday.
2. Use *that* para se referir a pessoas, animais e objetos: The trip *that* I loved took us to Italy.

Se quiser fazer uma pergunta, em algum momento você precisará usar um pronome interrogativo – *what, which, who* ou *whom*. Por exemplo:

Who took my pen?

What is today, Saturday or Sunday?

Who knows?

Whom do you ask for advice? (Note a forma de objeto, *whom*. Inverta a frase para distinguir entre sujeito e objeto: You do ask *whom* for advice? *You* é o sujeito e *whom* é o objeto).

Verifique qual pronome interrogativo é o correto em cada uma das frases seguintes:

(Who/Whom) left early?

Who é o correto porque é o sujeito da frase.

ERROS COMUNS

Nunca use *which* para se referir a pessoas. Por exemplo:

Errado: The person which is in charge is my least favorite woman in the group.
Certo: The person who (or that) is in charge is my least favorite woman in the group.

About (who/whom) were you speaking?

Whom é correto, pois se trata do objeto da preposição *about.*

Saiba o uso de *that* e *which* – erro frequente – de acordo com o tipo de oração empregada. Uma é crítica e necessária para a frase e a outra não é. Orações com *which* exigem vírgulas para mostrar que essa é uma parte que pode ser omitida:

Her dog, which barks every morning at 5 A.M., should live on a farm.

Na frase, a oração *which barks every morning* não é absolutamente necessária para seu significado. A parte principal pode ficar sozinha:

Her dog should live on a farm.

O pronome *which* é chamado de adicional: como podemos ver, é secundário e pode ser omitido sem afetar o significado da frase. Outros exemplos:

The coat, *which is Robert's*, was found in the theater.

O casaco – *independente de pertencer ou não a Robert* – foi encontrado no teatro.

The house, *which my brother designed*, will be ready for spring occupancy.

A casa – independente de ter sido planejada ou não pelo meu irmão – ficará pronta para ser ocupada na primavera.

Por outro lado, orações com *that* são críticas para o significado de uma frase:

The dress *that* Avi designed sold the most.

A palavra *that* diz quem desenhou o vestido mais vendido.

The computer *that* is on Inga's desk is the next to be updated.

A palavra *that* indica qual computador dentre todos no escritório é o próximo a ser atualizado.

Pronomes Demonstrativos

That, those, these e *this* são pronomes que apontam para aquilo sobre o que se está falando. Novamente, o pronome demonstrativo deve ser capaz de substituir um substantivo, assim como todos os pronomes. Em alguns contextos, porém, o pronome demonstrativo faz o trabalho de um adjetivo, acompanhando o substantivo. Por exemplo:

Those are my choices for the dinner menu. (*Those* significa o mesmo que a palavra *choices*: e pode substituí-la).

Outros exemplos:

Pronome: *This* is my new computer. (*This* significa o mesmo que a palavra computer e pode substituí-la).

Adjetivo: *This* computer has so much more memory. (*This* acompanha computer e atua como um adjetivo).

Exercício 3-11

Em cada uma das próximas frases, verifique se o pronome demonstrativo funciona como um pronome ou como um adjetivo.

1. These are the CDs I just bought. ______________________

2. Those CDs were not my first choice. ______________________

3. I gave this same schedule to everyone. ______________________________

4. That is a very big job! ______________________________

5. This is my first project for the company. ______________________________

Pronomes Indefinidos

Pronomes indefinidos são exatamente isso – não são claros. Eles substituem substantivos sem especificar quais. Em outras palavras, não substituem um substantivo em particular.

Pronomes indefinidos no singular: another, anybody, anyone, anything, each, either, everybody, everyone, everything, little, much, neither, nobody, no one, nothing, one, other, somebody, someone, something

Pronomes indefinidos no plural: both, few, many, others, several

Pronomes indefinidos no plural ou no singular: all, any, more, most, none, some

A confusão em relação aos pronomes indefinidos tem a ver com seu número e gênero. Pronomes indefinidos no singular exigem verbos no singular ou pronomes pessoais no singular. Por exemplo:

Errado: Each of the members have one vote.

Certo: Each of the members has one vote.

Como o sujeito *each* é singular, *has* é correto.

Errado: One of the girls gave up their seat.

Certo: One of the girls gave up her seat.

Como *her* se refere a *one*, é singular.

Como é de se esperar, pronomes indefinidos no plural precisam de verbos no plural ou de pronomes pessoais no plural:

Certo: A few of the teenagers were voicing their disapproval.

Como o sujeito *few* é plural, os verbos *were* e *their* também devem ser.

Como alguns pronomes indefinidos podem estar no singular ou no plural, sua escolha depende daquilo a que se refere o pronome indefinido:

Certo: All of the people clapped their hands.

Como *all* se refere a *people*, que é plural, use *their*, um pronome no plural.

Certo: All of the delivery was soaked.

Como *all* se refere a *delivery*, que é singular, use um verbo no singular, *was*.

Os pronomes que terminam em *–body* ou *–one,* como *anybody*, *somebody*, *no one* ou *anyone*, são singulares. *Each* e *every* são o singular, enquanto palavras como *all* ou *some* podem estar no singular. Isso significa que um pronome possessivo que se refira a essas palavras no singular também deve estar no singular:

Each boy received *his* gift as he left the party.

Antigamente, o inglês padrão, escrito, permitia o uso do pronome *his* para nos referirmos a um pronome indefinido no singular, estando os gêneros claros ou não:

Each received *his* gift as *he* left the party.

Hoje, quando não soubermos se todos (no caso, os participantes da festa) são do sexo masculino, será preciso escrever *his* or *hers*:

Each received *his or her* gift as *he or she* left the party.

O que cria uma frase esquisita. Uma alternativa melhor é reescrevê-la:

Upon leaving, *each* guest received a gift. (Cada convidado pode ser do sexo masculino ou feminino).

Upon leaving, guests received *their* gifts.

Convidados, plural, podem ser do sexo masculino ou feminino. Pronomes pessoais no plural, como *their*, em inglês, não são nem do sexo masculino nem do feminino.

Certifique-se de usar pronomes indefinidos no singular com verbos no singular ou pronomes pessoais no singular.

Exercício 3-12

Corrija o pronome em cada uma das próximas frases. Revise as explicações anteriores ao fazer suas escolhas.

1. Whom is your brother?

 ____

2. The food which I eat every night must contain protein.

 ____

3. This is her brother Timothy who I have known for years.

 ____

4. The medicines which arrived in the mail are not the ones I need.

 ____

5. Whom is the new president of the board?

 ____

6. One of the men lift 200 lbs.

 ____

7. All of the groceries which arrive every afternoon are from ACE Market.

 ____

8. The puppy whom we chose was four months old.

 ____

9. Everybody in the community receive free coupons from that company.

 ____

10. At the end of the meeting each participant received his certificate.

 ____

Exercício 3-13

Em cada uma das próximas frases, circule o pronome incorreto. Escreva sua correção na linha fornecida.

1. Jose and me have a lot in common.

 ____

2. Every morning, Jamie brings coffee for Samantha and I.

 ____

3. Please don't give me nothing for Christmas!

 ____

4. Me and Cari can't return the favor.

 ____

5. We ran into Jesse and she at the elementary school.

 ____

6. Abby bakes better than her.

 ____

7. The police were very upset about me leaving the scene.

 ____

8. My friend Marilyn suggested a menu to myself.

 ____

9. One of the club members had to give up their membership.

 ____

10. Whom is in charge here?

 ____

TESTE

Escolha o verbo ou frase correta em cada uma das seguintes frases.

1. Antonio (had driven/drove) for us before we hired someone new.
2. I (will have word processed/had word processed) for twenty-six hours by the time I finish for the week.

3. Lightning struck and we (had smelled/smelled) smoke immediately.
4. We think our dog of all the dogs we know (is/are) the smartest.
5. (We/Us) are in charge of the Halloween party this year.
6. (Him/He) and (me/I) do this every October.
7. You shouldn't make a decision dependent upon (me/my) going.
8. Kenny (hisself/himself) is responsible for our downfall.
9. Lawrence left the studio (which/that) is to the left of the gym to conduct a Pilates class.
10. (Whom/Who) is talented enough to direct the play?

TESTE - PARTE 1

Circule a opção que melhor complete ou corrige cada frase.

1. It looks as if we will be working together on this soon, they asked me about it the other day.
   (a) soon. they
   (b) soon. They
   (c) soon? They
   (d) soon? they

2. The deer run in our yard with the longest antlers.
   (a) The deer in the yard with the longest antlers run.
   (b) The deer ran in our yard with the longest antlers.
   (c) The deer with the longest antlers run in our yard.
   (d) Many deer was running in our yard with the longest antlers.

3. You have all the measurements now I'm going to call John to hear what he has to say.
   (a) measurements; now
   (b) measurements, now
   (c) measurements. Now
   (d) both a and c

4. Your house, in this group of seven houses, look the best.
   (a) is looking the best.
   (b) looks the best
   (c) has been looking the best.
   (d) had been looking the best.

5. Looking at our new furniture when it arrived.
   (a) Looking at our new furniture; when it arrived!
   (b) Looking at our new furniture when it arrived made me happy!
   (c) Looking at our new furniture when it arrived and making me doubt my choice.
   (d) Looking at our new furniture. When it arrived!

6. The children in our family rides bikes.
   (a) ride's
   (b) ride
   (c) riding
   (d) ridding

7. Yesterday we went to the local market and shop for fresh vegetables.
   (a) shoped
   (b) shops
   (c) shopped
   (d) shopping

8. Gas in our cars disappear very quickly.
   (a) disappears
   (b) will be disappeared
   (c) was disappeared
   (d) should be disappeared

9. Each day I consult my horoscope, and if I liked it, I carry it with me.
   (a) liking it
   (b) have been liking it
   (c) have liked it
   (d) like it

10. Me arriving late threw the schedule off completely.
   (a) Me arriving late cleared the schedule completely.
   (b) Me having arrived late threw the schedule off completely.
   (c) Me and him having arrived late threw the schedule off completely.
   (d) My arriving late threw the schedule off completely.

11. The guests lingers at the door.
   (a) lingering
   (b) are lingered

(c) is lingering
(d) linger

12. We have chose chocolate ice cream for the last time.
(a) has chose
(b) have chosen
(c) has chosen
(d) have choosing

13. All ten candidates for the office presents their positions today.
(a) has presents
(b) have presents
(c) present
(d) presenting

14. Her collection of stamps include many from around the world.
(a) was including
(b) am included
(c) is including
(d) includes

15. The last book on the shelves fall to the floor every day.
(a) falls
(b) falled
(c) felled
(d) was falled

16. She walked on the treadmill for thirty minutes every day for a month.
(a) have walked
(b) has walked
(c) have been walking
(d) walks

17. They should have came out to meet us.
    (a) comes
    (b) have come
    (c) have coming
    (d) have comes

18. The money was returned to her and myself.
    (a) to her and himself
    (b) to her and hisself
    (c) to her and mine
    (d) to her and me

19. She should have went home.
    (a) should've went
    (b) should have been
    (c) should have gone
    (d) should have came

20. If you wanted to save money, you should have rode the bus.
    (a) having ridden
    (b) have ridden
    (c) have always rode
    (d) have rided

21. Him and me bought a motorcycle together.
    (a) Me and him
    (b) He and I
    (c) He and me
    (d) I and him

22. This is the worse meal I've ever had.
    (a) better
    (b) worser
    (c) worst
    (d) baddest

23. Admit that his is the beautifulest car you've ever seen!
    (a) beautifuler
    (b) most beautifulest
    (c) more beautifuler
    (d) most beautiful

24. I haven't felt good since the weather changed.
    (a) felt as good
    (b) haven't been good
    (c) felt well
    (d) felt so good

25. Daniella plays golf so good.
    (a) so well
    (b) really good
    (c) real good
    (d) really goodly

26. The puppies in the doghouse is adorable.
    (a) has been adorable
    (b) are adorable
    (c) is being adorable
    (d) was adorable

27. The guests in the living room seems uncomfortable.
    (a) do seems
    (b) are seeming
    (c) they seems
    (d) seem

28. Its about time we went home.
    (a) Its'
    (b) It's
    (c) Its almost
    (d) I'ts

29. It ain't ever late enough to go home!
    (a) is'nt
    (b) aint'
    (c) isn't
    (d) ain't never

30. The dog moved it's puppies every time we came near.
    (a) its'
    (b) it's own
    (c) its
    (d) I'ts

31. I dieted for six months, and I'm still waging the battle.
    (a) have dieted
    (b) was dieted
    (c) was dieting
    (d) having

32. Before I concluded the first page of my report, I knew it was inadequate.
    (a) am concluding
    (b) had concluded
    (c) I having concluded
    (d) are concluding

33. When the popular singer came on stage, the audience had roared.
    (a) audience be roaring
    (b) had been roaring
    (c) audience roared
    (d) will be roaring

34. Our group of eight people were waiting for the train.
    (a) are waiting
    (b) weren't waiting
    (c) was waiting
    (d) aren't waiting

35. The puppy belongs to Anton with the brown and white spots.
    (a) The puppy with the brown and white spots belongs to Anton.
    (b) The puppy and the white spots belong to Anton.
    (c) The puppy with the brown and white spots belong to Anton.
    (d) The puppy with the brown and white spots belonging to Anton.

36. Us and our neighbors share the driving.
    (a) Us and them share the driving.
    (b) Our neighbors and us share the driving.
    (c) Them neighbors share the driving with us.
    (d) Our neighbors and we share the driving.

37. I like classical music much more than her.
    (a) I like classical music more than she.
    (b) I like classical music much more than her, don't I.
    (c) I like classical music much more than she does.
    (d) I like classical music much more than her does.

38. Them and you go bowling once a week, don't you?
    (a) You and them go bowling once a week, don't you?
    (b) Them and you go bowling once a week, don't you?
    (c) They and you go bowling once a week, don't you?
    (d) Them and you go bowling once a week, don't they?

39. Him working late every night became a problem for the family.
    (a) Him working late every night becomed a problem for the family.
    (b) Him working late every night becomes a problem for the family.
    (c) Him working late every night became a problem for him and the family.
    (d) His working late every night became a problem for the family.

40. Them lighting the Christmas tree was fine with us.
    (a) Them lighted the Christmas tree was fine with us.
    (b) His lighting the Christmas tree was fine with us.
    (c) Him and her lighting the Christmas tree was fine with us.
    (d) Them and their family lighting the Christmas tree was fine with us.

41. John took the whole problem on hisself.
    (a) John took the whole problem on himself.
    (b) John and Dina took the whole problem on theirselves.
    (c) John took the whole problem on hiself.
    (d) On hisself, John took the whole problem.

42. Jamie and myself usually solve the problems easily.
    (a) Jamie and me usually solve the problems easily.
    (b) Jamie and myself usually solve the problems easy.
    (c) Jamie and theirselves usually solve the problems easily.
    (d) Jamie and I usually solve the problems easily.

43. Each of your choices were the right ones.
   (a) Each of your choices was the right ones.
   (b) Each and every of your choices were the right ones.
   (c) Each of your choices was the right one.
   (d) All of your choices was the right ones.

44. Whom left the lid off the jar?
   (a) Whom was it who left the lid off with you?
   (b) Who left the lid off the jar?
   (c) Whom lifted the lid off the jar?
   (d) Whom used the jar last?

45. Living in the mountains has been invigorating so we've decided to build a cabin here.
   (a) . . . invigorating? so we've decided . . .
   (b) . . . invigorating; so we've decided . . .
   (c) . . . invigorating. so we've decided . . .
   (d) . . . invigorating, so we've decided . . .

46. The weather both wet and gray for a week.
   (a) The weather wet, gray, and dismal for a week.
   (b) The weather, wet, gray, and dismal, wearing us down.
   (c) The weather, wet, gray and dismal, has worn us down.
   (d) The weather wet and dismal wearing us down.

47. I want to take a class at the adult school getting out of the house at night is frequently a problem my young children don't always cooperate.
   (a) I want to take a class at the adult school getting out of the house at night is frequently a problem. My young children don't always cooperate.
   (b) I want to take a class at the adult school. Getting out of the house at night is frequently a problem. My young children don't always cooperate.
   (c) I want to take a class at the adult school. Getting out of the house at night is frequently a problem my young children don't always cooperate.
   (d) I want to take a class at the adult school, getting out of the house at night is frequently a problem, my young children don't always cooperate.

48. The child ran into the classroom shouting, "I brung my lunch today! I choosed a peanut butter and jelly sandwich."

(a) The child ran into the classroom shouting, "I bringed my lunch today! I choosed a peanut butter and jelly sandwich."

(b) The child ran into the classroom shouting, "I brung my lunch today! I chose a peanut butter and jelly sandwich."

(c) The child ran into the classroom shouting, "I packed my lunch today! I choosed a peanut butter and jelly sandwich."

(d) The child ran into the classroom shouting, "I brought my lunch today! I chose a peanut butter and jelly sandwich."

49. Every day this week I lay my car keys on the kitchen counter when I came home.

(a) Every day this week, I laid my car keys on the kitchen counter when I came home.

(b) Every day this week, I lied my car keys on the kitchen counter when I came home.

(c) Every day this week, I lain my car keys on the kitchen counter when I came home.

(d) Every day this week, I have lain my car keys on the kitchen counter when I have come home.

50. Elliot had to remind hisself to set his alarm each night.

(a) Elliot had to say to hisself to set his alarm each night.

(b) Elliot had to say to hisself, "set this alarm each night."

(c) Elliot had to remind himself to set his alarm each night.

(d) Elliot had to remind hisself and it was to set his alarm each night.

PARTE 2

TUDO SOBRE PONTUAÇÃO E USO DE MAIÚSCULAS

CAPÍTULO 4

Pontuação: Pontos e Vírgulas

Neste capítulo, você aprenderá:

Breve história da pontuação

Ponto

Ponto de interrogação

Ponto de exclamação

Vírgula

Breve História da Pontuação

Voltemuitosanosatéosgregoseosromanoseissoéoquevocêterialido

Após ler a frase anterior, você está convencido e se certificou de que a pontuação e o espaçamento são necessidades absolutas, não foi? Mas saiba que se passaram muitos, muitos anos, até que se chegasse a essa conclusão. Na verdade, antes do século IX, os escritos iniciais sequer requeriam espaços entre as palavras. Alguns creditam aos romanos o uso de pontos entre as palavras, mas escribas medievais usavam imagens de pássaros, flores, punhais e outros marcadores para indicar uma pausa. Uma vez que a retórica, o estudo da oratória ou fala em público eram um importante ramo de conhecimento; a pontuação primitiva não se baseava na estrutura de uma frase, mas; sim em como um manuscrito poderia se tornar legível.

A invenção da prensa, por Johannes Gutenberg, em 1436, foi o estímulo para um novo sistema de pontuação. Para atingir públicos cada vez maiores, os livros precisavam ser legíveis. Embora os primeiros escritores medievais usassem marcas para mostrar onde o leitor deveria fazer uma pausa, tal pontuação era diferente da de hoje. Uma barra indicava uma pausa curta e três, uma pausa longa. Aldus Manutius (1449-1515), tipógrafo renascentista, usava um ponto indicando uma parada completa ao término de uma frase e uma barra diagonal representando uma pausa. Durante mais de duzentos anos, os tipógrafos experimentaram vários símbolos, mas a pontuação não se tornaria consistente até o fim dos anos 1600 e o início dos anos 1700. O Dr. Ben Jonson, dramaturgo, escreveu a obra *English Grammar* em 1617 (publicada em 1640, após sua morte), na qual a pontuação foi usada de forma sintática ou de acordo com a estrutura da frase. Embora a maneira como o Dr. Jonson tenha explicado a necessidade de pontuação não seja muito clara nos dias de hoje, ela é instrutiva:

> Pois, enquanto nosso fôlego é muito curto por natureza, de forma que não possamos continuar sem uma pausa para falar longamente, foi considerado necessário, assim como para facilitar para o falante, para uma entrega mais clara das coisas ditas, inventar esse meio; forma pela qual, os homens pausando por um momento, todo o discurso jamais possa ser entendido da pior forma.

Tradução: A pontuação facilita a compreensão da frase.

Isso nos remete a um problema atual e específico. É aceitável enviar uma mensagem eletrônica sem pontuação adequada e uso de maiúsculas? Isso depende do quanto você se preocupa com o que o destinatário pensará a seu respeito ao ler a mensagem. Falta de pontuação e de maiúsculas pode indicar falta de formação acadêmica, inteligência e profissionalismo. Você precisa decidir se isso é importante para você. Certamente, qualquer mensagem eletrônica comercial enviada deve ter os mesmos padrões mantidos em qualquer outro texto que você escreva e assine. Então, comecemos por onde os antigos começaram – pelo ponto.

Ponto

O ponto é usado para indicar uma pausa completa no pensamento.

REGRAS PARA USO DO PONTO

1. Termine o período com um ponto.
   A pontuação correta promove a compreensão.

2. Coloque um ponto após abreviaturas.
   Jan. 1st, Mr. Letterman, A.M., 97 Main St., por exemplo.

3. Coloque um ponto dentro das aspas.
   Mack said, "I'll be back at 9 P.M. to pick you up."

4. Não termine o período com um ponto se ele já terminar com outra marca de fim, como um ponto de exclamação ou de interrogação.
   Will you leave for training soon?

5. Não use ponto no fim de uma oração que esteja entre parênteses e embutida em outra.
   When the trainee heard that she was accepted into the program (she had harbored no hope at all), she was very excited.

6. Use um ponto no fim do do período que esteja entre parênteses, mas que possa ficar sozinho.
   When the trainee heard that she was accepted into the program, she was very excited. (She had harbored no hope at all.)

7. Use apenas um ponto no fim do período quando ele terminar em uma abreviatura.
   After school, I'm going to work for All Things Computer, Inc.

Observação: *Alguns acrônimos (formas curtas de nomes e organizações) largamente conhecidos não requerem pontos:*

NBC, UNICEF, NFL, YWCA, CIA, FBI

Isso também se aplica às siglas com duas letras dos nomes dos estados no código postal:

NY, NJ, CA, MA

No exercício que segue, aplique o que você acabou de estudar nas sete regras anteriores. Se estiver em dúvida sobre alguma questão, volte às regras.

Exercício 4-1

Em cada uma das frases seguintes, insira pontos sempre que necessário.

1. When I exercise, I want to see results
2. Ted and Amy enjoy the new bike path in their state
3. Music is an important part of my life (as I'm sure you know)
4. Finally, add 1 tbsp of butter and 1 tsp of salt
5. According to my coach, I need more confidence in order to pitch a good game
6. She said, "Don't run over the bike" (She was thinking of her shrinking budget)
7. I'm going to the YWCA after school, but I'll be home by 6 PM
8. Mr and Mrs Levitt met us for lunch
9. Mike and Mary are known as Capt and Mrs Murphy
10. Go to 77 Long Rd and wait for me

Exercício 4-2

Lógico, é preciso usar a pontuação correta nos parágrafos. Observe atentamente o fim de um pensamento completo e o início de outro e ficará claro onde as marcas de fim são necessárias. Leia os próximos parágrafos e insira pontos sempre que necessário.

Parágrafo 1
Scientists have reached important conclusions regarding the connection between children's social disadvantages and their health risks Doctors considered three main social disadvantages: poverty, low parental education, and single parent household According to Dr Ruth S Stein, children with all three risk factors were twice as likely as children with none to have a chronic health condition such as diabetes, asthma, or mental retardation.

Parágrafo 2

Where does chocolate come from? Actually, it *does* grow on trees It all starts with a small tropical tree, the Theobroma cacao, usually simply called "cacao" (It is pronounced ka-KOW *Theobroma* is Greek for "food of the gods") Cacao is native to Central America and South America, but it is grown commercially throughout the tropics About 70 percent of the world's cacao is grown in Africa

A cacao tree can produce close to two thousand pods per year The ridged, football-shaped pod, or fruit, of the cacao grows from the branches and, oddly, straight out of the trunk The pods, which mature throughout the year, encase a sticky, white pulp and about thirty or forty seeds The pulp is both sweet and tart; it is eaten and used in making drinks The seeds, were you to bite into one straight out of the pod, are incredibly bitter Not at all like the chocolate that comes from them

It's actually a perfect design The fruit attracts forest animals, like monkeys, who eat the fruit but cast the seeds aside, dispersing them and allowing new trees to sprout up (One of my favorite memories of a recent trip to Costa Rica was watching monkeys eating in a "chocolate" tree) It's hard to imagine why humans ever thought to do anything with the seeds.*

Ponto de Interrogação

O ponto de interrogação, outra marca de fim/pausa, tem um uso óbvio – é usado para fazer uma pergunta:

Are you coming?

Did Jack say you were coming?

Novamente, quando usar um ponto de interrogação, não empregue nenhum outro sinal gráfico. A exceção, é claro, se dá quando uma abreviatura preceder o ponto de interrogação. Por exemplo:

Did you say that Jack is starting his job at All Things Computer, Inc.?

---

*Adaptação permitida por facts-about-chocolate.com.

Quando pontos de interrogação são usados com citações, seu uso é um pouco mais complicado, mas muito lógico. Veja os próximos exemplos:

Did you know that Gwen said, "I'm a totally different person than the one I was as a teen"?

Gwen said, "Did you know that I'm a totally different person than the one I was as a teen?"

No primeiro exemplo, a pergunta engloba toda a frase, não apenas a citação; então o ponto de interrogação é colocado do lado de fora das aspas. No segundo, a parte citada é a pergunta; então o ponto de interrogação é colocado dentro das aspas.

Nos próximos exercícios, revise os exemplos e informações anteriores para confirmar o uso correto de um ponto de interrogação.

Exercício 4-3

Em cada uma das próximas frases, encontre e corrija os erros no uso de pontos de interrogação.

1. Was it Marco who said, "Our train leaves at 10 P.M.?"
2. "Do you think the weather is warm enough to plant flowers," Elsa asked?
3. The doctor's assistant asked, "May I have your insurance card."?
4. The patient wondered if the secretary would require some form of ID as well?
5. I asked my daughter, "When will you ever be on time for our appointments"?

Exercício 4-4

Nos próximos parágrafos, insira ou exclua pontos de interrogação sempre que necessário.

Parágrafo 1

My friend asked, "Have you heard about the link of lead exposure to Alzheimer's disease" She had just read the study from the University of Rhode Island that found a link between early exposure to lead in the environment and the onset of Alzheimer's disease much later in life? The scientists cautioned lead poisoning patients not to fear that their lead exposure would definitely lead to Alzheimer's disease. They said, "There are, after all, many other things that can affect a person between youth and old age, aren't there"?

Parágrafo 2

Do you see the world around you going green Has your supermarket started charging for bags—either plastic or paper. Will you finally decide to ride your bicycle to the office to help reduce carbon emissions (not even considering the cost of gas.) Did you remember to turn off the lights before you left home (And if you didn't, will it bother you all day) Surely, you have switched to energy-efficient lightbulbs, or have you I guess we can agree that going green is not an easy thing to do, or can we There's a popular children's song that says it all: It's not easy being green!

Ponto de Exclamação

O emprego do ponto de exclamação é provavelmente o mais simples de todas as marcas de fim/pausa. O único desafio é *não usá-lo em excesso.*

The detective cried, "This was definitely murder!"

Don't bother me!

I will never forget seeing the movie *The Great Houdini*!

The company had the nerve to say, "We won't cover that loss"!

Novamente, tome cuidado com o uso da marca de fim/pausa dentro de aspas (veja o primeiro exemplo) ou fora das aspas (veja o quarto exemplo) dependendo do sentido da frase.

Exercício 4-5

Em cada uma das frases seguintes, insira um ponto de exclamação ou um ponto de interrogação sempre que forem necessários.

1. "Are you absolutely certain that the food has no nuts in it" Rosa asked.
2. "You know that I would never give you anything that would harm you" her sister shouted.
3. Where's the nearest restaurant I'm starving.
4. Will you check the windshield wiper fluid before we leave.
5. "She infuriated me with all her requests" the teacher yelled.

6. Did you really mean to leave your purse in the car.
7. I'm going back for mine, are you.
8. My doctor asked me if I was taking vitamin D?
9. I lost the game Isn't that sad
10. You have finally learned to use question marks correctly Yeah

Exercício 4-6

Em cada uma das próximas frases, insira ou exclua um ponto, um ponto de interrogação ou de exclamação sempre que necessário.

1. All national elections bring change; the 2008 presidential election was historic in bringing an African-American into the White House Oval Office
2. We kept hearing people ask, "Did you vote"
3. Don't you think that this was one of the most important statements uttered by President-Elect Obama: "I will always be honest with you about the challenges we face?"
4. When we went camping last summer, we saw a bear. We wanted to scream, "Run"!
5. When we finally agreed to go (remember my reservations.), it was too late in the day.
6. "Wait" he cried, "There's contamination in there."
7. Chef Antonia said, "I'll be back at 6 PM to serve the main course Don't disappoint me"!
8. If you're really late, you'll find us at 100 Linden St
9. Address that letter to Newark, N.J.
10. We left a note on the door regarding suspending deliveries (Anyone would understand not to leave packages while we were away)

Vírgula

A vírgula é o sinal de pontuação mais mal utilizado. Uma vez que há tantas regras para seu uso, é compreensível que as pessoas se confundam ao empregá-la. As vírgulas tornam as frases mais claras e marcam as pausas lógicas. Falando em tornar claro, como você interpretaria a próxima frase?

She stole money from me and Ralph who lived in the other room complained.

De quem ela roubou o dinheiro? Se o escritor quisesse dizer que ele teve seu dinheiro roubado, então o período ficaria mais claro se uma vírgula fosse inserida após *me*. Assim entenderíamos que Ralph não teve seu dinheiro roubado. Ele só reclamou.

Seguem algumas regras que precisam ser conhecidas para uso correto da vírgula.

REGRAS PARA USO DA VÍRGULA

1. Para garantir a clareza, use vírgulas para separar itens em uma série.

   Clear the bushes, pull the weeds, and plant the spring flowers.

2. Use vírgula para separar palavras ou grupos de palavras que interrompam o fluxo da frase.

   Hubert Humphrey, presidential hopeful, lost the election to Richard Nixon.

   Humphrey lost the election, if you recall, by only 1 percent of the popular vote.

3. Use vírgulas para separar mais de um adjetivo que descreva a mesma palavra.

   The flourishing, bright, and imaginative summer garden lasts only a short while.

Observação: *Se a palavra* and *for usada entre os adjetivos, é preciso usar vírgulas.*

He wore a heavyweight business suit.

Neste exemplo, não usamos a palavra *and* entre os adjetivos *heavyweight* e *business*. Por consequência, uma vírgula não deve ser inserida entre as duas palavras.

4. Use vírgula para separar palavras introdutórias da parte principal da frase, ou seja, da parte que pode ficar sozinha.

   Before Michael Jordan retired from basketball, he was my favorite player.

5. Insira uma vírgula quando as palavras *nevertheless, however, inasmuch as* e *therefore* interromperem um pensamento completo.

   Unfortunately for Hubert Humphrey, however, his views on Vietnam alienated him from his former supporters.

   Will we ever, therefore, find a way to rationalize that war?

Exercício 4-7

Em cada uma das próximas frases, insira vírgulas onde for necessário.

1. Having a new sleek sports car is still just a dream.
2. This summer I'm going to paint the house get estimates for a fence and lose ten pounds.
3. While I waited for the estimator to arrive I looked at many paint colors.
4. A friend of mine a recent graduate is working hard to write an excellent résumé.
5. Your job however will be to finish cleaning the basement.

MAIS REGRAS DE USO DA VÍRGULA

6. Insira uma vírgula separando dois pensamentos completos (orações independentes) que estejam conectados por uma palavra como *and, but, nor, yet, for* e *or.*

   The sun rises in the morning, and it sets in the evening.

   We had an invitation to an elegant party, but we cancelled when we both got the flu.

Observação: *Quando as orações dos dois lados da vírgula forem pensamentos completos, cada uma poderá ficar sozinha.*

7. Use uma vírgula para separar uma citação direta do resto da frase.

   "When it started raining, did you offer your friends a ride home?" she asked.

   He replied, "No, but I waited with them until their bus arrived."
   "I can understand why you didn't want to insist," she said, "but next time, see if you can convince them to go with you."

8. Use vírgula para separar o dia do mês e o ano do resto da frase.

   Do you expect to graduate on June 23, 2009?

   I graduated on June 23, 2009, and went directly into the Air Force.

9. Use vírgula para separar o nome da cidade do nome de um estado ou país.

   We grew up in Austin, Texas.

   My favorite trip was to London, England.

10. Uma vírgula é usada tanto na saudação quanto no encerramento de uma carta pessoal.

    Dear Elizabeth,

    Sincerely,

    Rebecca

11. Quando uma frase *começa* com um pensamento completo seguido de um pensamento incompleto, a vírgula *não* é necessária.

    Errado: I always eat a hearty breakfast, before any activity.

    Certo: I always eat a hearty breakfast before any activity.

12. Quando a frase tem um sujeito, a vírgula não é necessária para separar dois verbos.

    Errado: Harry returned to the polling place, and picked up the car keys he had left in the booth.

    Certo: Harry returned to the polling place and picked up the car keys he had left in the booth.

    Note: Harry é o sujeito. Ele fez duas coisas, ou seja, ele voltou (*returned*) e pegou (*picked up*).

Retorne às regras anteriores se tiver alguma dúvida sobre uso da vírgula nos dois próximos exercícios. Ao chegar ao exercício final, porém, tente fazer sozinho todas as mudanças e acréscimos e, claro, consulte a solução dos exercícios para verificar o seu desempenho.

Exercício 4-8

Em cada uma das próximas frases, insira vírgulas onde for necessário.

1. I will finish this course on August 15 2010.
2. My best friend lives in Bend Oregon.
3. "I'm telling you to clean your room" Mother insisted.
4. Dear Eileen

   I know that you are eager to hear about my job search so I'll call you on Saturday.

   My best

   Pat
5. When I talked to Tom and Andy I asked them to be in charge of the flashlight batteries barbecue and tent.
6. A detailed lengthy letter explained his options.
7. March a month just before real spring is usually quite cold in New England.
8. Max was nevertheless our best choice for the job.
9. Unfortunately for W. H. Auden however his poems have been misquoted in modern novels.
10. Before our next book club meeting let's read all of his poems.

Exercício 4-9

Nos próximos parágrafos, insira ou exclua as vírgulas sempre que necessário.

Parágrafo 1
Founded in 1981 as Students Against Driving Drunk SADD's focus initially was to combat teen deaths due to drinking and driving. SADD has expanded its mission and name and now sponsors chapters called Students Against Destructive Decisions.

SADD now focuses on prevention of all destructive behaviors and attitudes that are harmful to young people, including underage drinking substance abuse violence reckless driving depression and suicide. SADD's unique approach involves young people delivering education and prevention programming to their peers through school- and community-wide activities and campaigns responsive to the needs of their particular locations. Since its formation SADD has spread to all fifty states Canada New Zealand and many other international locations.*

Parágrafo 2
Are you ready for a substitute for the mind-bending compelling puzzle Sudoku? Psychologists now assure us that ten minutes of talking visiting and establishing social contacts boost intellectual performance as much as doing crossword puzzles. A team of researchers asked more than 3,500 people between 24 and 96 years old about their social interactions and tested their memories. One researcher offered "We found the more the social contacts the higher the level of mental functioning."

Parágrafo 3
You've heard the 30-minutes-of-exercise-per-day recommendation for some time but you can't seem to fit that into your schedule. Is all hope lost? No say the experts. Will short, spurts of moderate exercise help your fitness level? If you're doing nothing and you decide to walk briskly five days a week or even three days a week for 30 minutes, you will experience positive results. In addition you can do the 30 minutes all at once or in shorter segments of at least 10 minutes each. After three months you'll probably experience lower blood pressure and a smaller waistline.

Exercício 4-10

Em cada uma das próximas frases, insira ou exclua vírgulas onde necessário.

1. Jim Hanfry a weekly player finally won the office lottery.
2. My summer garden always includes squash tomatoes and cucumbers.
3. Can we therefore consider the matter closed?
4. The oldest theater in town was torn down and a parking lot was built in its place.
5. Before the cold weather arrives I turn off the outdoor water spout.
6. You will have driven 1,500 miles by the time you reach Detroit Michigan.

---

*Adaptado de healthfinder.gov/orgs/HR2094.htm.

7. "I understand how you feel about homework" Miss Emry said "but I still have to assign it."
8. When Lenny arrived the party became lively.
9. We had accepted the invitation a week earlier but we cancelled when two of our children became ill.
10. Send us a current skill-related résumé and we will schedule an interview for you.

TESTE

Encontre e corrija os erros de pontuação em cada uma das frases seguintes.

1. John my friend will march at the wedding
2. "I would like to pay for everyone's expenses but I can't" Mona said
3. Callie will be stationed in Seoul South Korea
4. We first met however in Nashville Tennessee
5. That was on November 25 2008
6. Are you my friend or not
7. "Run for your lives" he screamed as we raced out of the building
8. Our itinerary included a long walk in the Muir Woods a kayak ride and a mountain-climbing expedition Whew That was a long day
9. After our two-week vacation we needed a rest
10. After all the investigation of global warming can we therefore call this Arctic melting a nonexistent problem

CAPÍTULO 5

Mais sobre Pontuação

Neste capítulo, você aprenderá:

Ponto e vírgula
Aspas
Dois pontos
Apóstrofo
Travessão e hífen
Parênteses e colchetes

Ponto e vírgula

Ben Jonson (1572–1637), dramaturgo e poeta inglês, concorrente de William Shakespeare, foi o primeiro escritor notável da Inglaterra a usar ponto e vírgula sistematicamente. O ponto e vírgula é uma marca forte de pontuação – mais forte do que a vírgula, porém mais fraca do que o ponto. O ponto e vírgula pode ser usado para unir pensamentos completos que estejam relacionados de maneira próxima. O relacionamento entre os dois pensamentos deve ser tão claro que o leitor imediatamente compreenda por que as orações estão ligadas.

COMO USAR PONTO E VÍRGULA

1. Use ponto e vírgula entre orações independentes proximamente relacionadas não unidas por uma conjunção coordenativa.

   We've had extremely cold and wet weather this spring; my annual flowers are a month behind in growth.

   The new position makes weekend work mandatory; no one applied for the job.

2. Use ponto e vírgula para conectar orações independentes ligadas por uma *conjunctive adverb* (conectivo).

   I can't finish preparing the feast in one day; indeed, I may not be done in three days.

   I won't be able to take any time off; however, that doesn't mean you can't.

3. O ponto e vírgula também é usado para conectar outros elementos de igual valor. Por exemplo, use ponto e vírgula entre itens de uma série quando esta contiver pontuação interna.

   My territory includes Detroit, Michigan; San Jose, California; and Jacksonville, Florida.

   Among the conferees were John Litton, president of the Sun Awning Corporation; Leslie Martin, president of Paragon Computer; and Sue Daley, CEO of Environmental Sciences.

4. Pela clareza, use ponto e vírgula para separar orações independentes que estejam unidas por conjunções coordenadas quando as orações tiverem pontuação interna que possa causar confusão.

   In most cases, the counselor in charge will communicate with the parents; but on weekends, however, if the counselor in charge is not available, Dr. Alper will take that responsibility.

Lembre-se de que o ponto e vírgula é sempre acompanhado de uma letra minúscula, a menos que esta letra seja a inicial de um nome próprio.

JUNÇÃO DE PENSAMENTOS COMPLETOS COM PONTO E VÍRGULA

O ponto e vírgula é uma marca forte de pontuação que, ao contrário do ponto, pode ser usado no meio de um período para unir dois pensamentos completos. O ponto e vírgula une orações independentes. Você deve se lembrar de que uma oração independente é um grupo de palavras que contém um sujeito e um verbo e que expressa um pensamento completo.

Talvez você se recorde da citação do discurso de posse de John Kennedy (visto no capítulo 7):

> Ask not what your country can do for you; ask what you can do for your country.

Obviamente, o Presidente Kennedy queria que o ouvinte (leitor) percebesse a ligação próxima entre os dois pensamentos, os dois pedidos que existiam simultaneamente. Neste caso, o ponto e vírgula consegue fazer isso melhor do que um ponto.

Voltemos bem mais atrás, à versão do rei James da Bíblia (1611), em Gênesis. Leia a primeira parte do segundo versículo de Gênesis:

> "And the earth was without form, and void; and darkness was upon the face of the deep . . ."

Nesse versículo, o ponto e vírgula faz com que o leitor examine e atribua um significado mais profundo à primeira oração. A ideia básica aqui é que "... the earth was without form, and void." A próxima oração, "and darkness was upon the face of the deep", dá ao leitor detalhes maiores, uma ideia mais clara de como era a aparência da Terra sem forma.

Outros exemplos:

> Two people started this project; only one person remains.

> Bindu has a four-year-old daughter; the child is being raised according to her Indian heritage.

Qualquer das duas partes da frase de Kennedy, assim como das anteriores, poderia funcionar independentemente. Às vezes, porém, por uma questão de variedade, queremos unir pensamentos que estão relacionados de forma próxima; para fazer isso, usamos ponto e vírgula. Do contrário, poderíamos ter uma longa série de frases curtas e não muito interessantes.

Note que a vírgula não funcionaria no lugar do ponto e vírgula no próximo exemplo. Na verdade, isso geraria um erro sério e comum, já abordado no capítulo 1: o texto corrido sem marcação adequada de pausas. Não podemos separar dois pensamentos completos com uma vírgula:

Errado: Two people started this project, only one person remains.

Podemos, porém, separar dois pensamentos com uma vírgula e uma conjunção no lugar do ponto e vírgula. (Você se lembra das conjunções *for, and, but, or, yet* e *so* apresentadas no capítulo 2?)

Certo: Two people started this project, *but* only one person remains.

Resumindo, podemos escrever uma frase de três formas, todas elas corretas:

I don't like the terms of the contract. I will not sign it.

I don't like the terms of the contract; I will not sign it.

I don't like the terms of the contract, so I will not sign it.

Lembre-se de que é preciso uma frase completa em ambos os lados de um ponto e vírgula:

Errado: While I've read through the complaint once; I'm not ready to sign it.

Certo: I've read through the complaint once; I'm not ready to sign it.

Qual palavra no primeiro exemplo torna incorreta a pontuação? A palavra *while* transforma a primeira metade da frase em um pensamento incompleto. Quando a lemos em voz alta, dá vontade de perguntar "E depois?". Por consequência, não é possível usar ponto e vírgula. Uma vírgula estaria correta.

While I've read through the complaint once, I'm not ready to sign it.

O que há de errado com as frases seguintes?

Since I'm late already; I won't stop for coffee.

When the car stopped suddenly; my son was restrained by a seat belt.

If the seller accepts our offer; we'll be in our new house by June 1st.

A resposta é que a primeira metade de cada frase é introduzida por uma palavra (ou seja, *since*, *when*, *if*), que deixa semanticamente incompleta a oração introdutória; ela não pode ficar só, então o ponto e vírgula está incorreto. Em vez dele, use vírgulas.

Since I'm late already, I won't stop for coffee.

When the car stopped suddenly, my son was restrained by a seat belt.

If the seller accepts our offer, we'll be in our new house by June 1st.

Exercício 5-1

Usando as informações anteriores, verifique se cada uma das frases seguintes está corretamente pontuada. Insira ponto e vírgula onde for necessário.

1. No one will ever forget those Olympics, so many records were shattered.
2. My heart was set on the American winning, my dream was shattered.
3. Although I was so disappointed that we had lost; I watched the award ceremony anyway.
4. Kate accepted our earlier invitation to stay for the weekend a week later she cancelled because of illness.
5. The purchase of Alaska in 1867 helped America take its first steps to power in the Asia-Pacific region meanwhile Russian efforts ceased to expand trade and settlements on the Pacific coast of North America.

EVITANDO CONFUSÕES ENTRE VÍRGULA E PONTO E VÍRGULA

O uso do ponto e vírgula parece bastante fácil: basta unir dois pensamentos completos com ponto e vírgula em vez do ponto final. Ou una dois pensamentos completos com a vírgula e uma conjunção como *and*, *but* ou *or*. Entretanto, se você fizer isso, há risco de problemas. Em certas ocasiões, dois pensamentos completos e relacionados *já contêm vírgulas*. O que fazer para evitar confusões?

I usually buy organic blueberries, strawberries, and grapes; but I don't buy them as often when the prices go up in the winter.

Normalmente, como já visto, dois pensamentos relacionados podem ser conectados por uma vírgula quando se usa a palavra *but*:

I usually buy organic strawberries, but I don't buy them as often when the prices go up in the winter.

No entanto, com todas as vírgulas da primeira oração original (*blueberries, strawberries, and grapes*), é preciso evitar a confusão que seu excesso pode causar. Quando isso acontecer, use ponto e vírgula antes da palavrinha conectiva:

Candy, my calico cat, is not very large; but even though she never wins, she tries to fight the local dogs.

Finalmente, use ponto e vírgula entre itens de uma série que contenha pontuação interna. Por exemplo:

There are beautiful historic mansions in Newport, Rhode Island; Lake Geneva, Wisconsin; and Hudson Valley, New York.

Minna scored 2,837,770 points; Marcia, 2,312,760; and Joie, 1,714,450.

Isso, às vezes, é chamado de (*série de pontos e vírgulas)* – por motivos óbvios.

Exercício 5-2

Corrija os erros de pontuação nas frases seguintes.

1. We packed lunch, put suitcases in the car, and filled the gas tank, so we ended up leaving late.
2. Our to-do list included addressing Christmas cards, taking clothes and shirts to the cleaners, and buying several last-minute gifts, but when our dog became ill, there was no time to do any of it.
3. Trucks, vans, and recreational vehicles are required to use the right lane, but cars can use three left lanes.

4. Early settlers prepared as carefully as possible for the journey, drove across the country, and used natural resources as they needed them, but they didn't practice renewal or replacement.
5. The secretary took our health insurance information, the nurse led us upstairs, and the laboratory technician drew blood, yet we were just getting started in what had to be accomplished.

USO DE PONTO E VÍRGULA COM *CONJUNCTIVE ADVERBS*

Todas as palavras conectivas das frases anteriores eram curtas – *but, yet, so.* E se o conectivo necessário for uma palavra longa? As palavras a seguir são conectivos longos (*conjunctive adverbs*). Eles são sempre precedidos de ponto e vírgula e seguidos de vírgula quando usados para juntar dois pensamentos completos.

however	therefore	nevertheless	inasmuch as
moreover	consequently	otherwise	

Por exemplo:

The realtor, an old friend of mine, prepared the sales agreement; however, we held up the signing until our financing was approved.

Marcello, my Italian friend, is a chef in Florence; nevertheless, he is currently in Boston taking classes and demonstrating his amazing skills.

Exercício 5-3

Use os dois exemplos anteriores para ajudá-lo a corrigir os erros de pontuação nas próximas frases.

1. Supposedly, we've been on a low-carbohydrate diet for a long time nevertheless we continue to eat bread at lunchtime and cookies at night.
2. Remove your shoes at the door otherwise you'll have to take the responsibility of cleaning the floor again.
3. The country has made its decision therefore we must move through the future with confidence and determination.
4. You may not have received exactly the position you expected however you still have to offer your best work.

5. Before you buy an expensive houseplant ask the grower how much light the plant needs moreover ask questions about watering and feeding the plant.

Exercício 5-4

Pontue as próximas frases corretamente de acordo com as regras que você aprendeu.

1. David and I went home after work; while Chico went to the game.
2. In 1772, Lord Mansfield's decision outlawed slavery only in England it did not apply to British colonies.
3. The painters plan to repaint the entire house however we will not be able to replace the roof at the same time.
4. The day is cloudy, we cannot take pictures.
5. When you are ready for dinner, please call me and I although still at work will meet you.
6. Although all the dress stores have sales now I can't go shopping.
7. If you have ever overspent your budget you know how I feel therefore no one will convince me to shop.
8. We brought an umbrella for each of us because it was raining heavily when we left home
9. The new school year is about to begin consequently we're busier than ever preparing for it.
10. For the longest time Julia worked at the counter in the kitchen or in a corner of her bedroom finally she had an attached porch finished and heated for her workspace.

Exercício 5-5

Este exercício é uma revisão de muitas regras de pontuação. Você deve conseguir corrigir os erros de pontuação com facilidade. Se achar difícil, revise o capítulo 4 e este capítulo antes de prosseguir. Leia os próximos parágrafos e insira ou exclua a pontuação sempre que necessário.

Parágrafo 1
I'm not a big eater however chocolate is my downfall. I know that dark chocolate is actually good for me but how much do I really need "for my health?" Each meal ends with an immediate desire for the dark chocolate that I love, (add almonds and it's even better.). Now I'm feeling the results of all that pleasure my waistline shows the results. I'm now willing to forget how good it is for me moreover I want to lose the new inches I've gained!

Parágrafo 2
People who are concerned about the health of our planet go beyond warnings about plastic bottles and efficient lightbulbs they want us to become vegetarians. They believe that the growing, and killing of more than 60 billion animals worldwide each year is a large part of the devastation brought on by the farming industry. Experts say that while it takes 25 gallons of water to grow a pound of wheat; it takes 2,500 gallons of water to produce a pound of beef.

Aspas

Aspas são usadas para chamar a atenção para as palavras exatas usadas por alguém. Note a diferença entre uma citação direta e uma indireta:

Citação direta: My doctor said, "You should worry more about taking antibiotics you don't need than about not taking one at all."

Citação indireta: My doctor said that I should worry more about taking an antibiotic I don't need than about not taking one at all.

Na segunda frase, qual palavrinha indica que se trata de uma citação indireta, na qual as aspas não são necessárias? A palavra é *that. That* introduz o relato de algo que foi dito.

Veja os próximos exemplos:

Errado: My doctor continued many upper respiratory infections are viral, so antibiotics won't help.

Certo: My doctor continued, "Many upper respiratory infections are viral, so antibiotics won't help."

Errado: She explained that "bacteria almost immediately learn how to override our prescription."

Certo: She explained that bacteria almost immediately learn how to override our prescription.

Não são necessárias aspas. A palavra *that* transforma essa frase em um relato do que o médico disse, não em uma citação direta.

Errado: She advised, always ask three questions before you accept the prescription: Is it necessary, is there a less powerful drug, and can I wait a few days to see if I get better?

Certo: She advised, "Always ask three questions before you accept the prescription: Is it necessary, is there a less powerful drug, and can I wait a few days to see if I get better?"

Lembre-se de colocar letra maiúscula na primeira palavra da citação direta.

COMO USAR ASPAS

1. Use aspas para destacar as palavras exatas de um falante. Coloque uma vírgula entre o falante e as palavras citadas. O ponto é colocado dentro dos parênteses. O ponto e vírgula é colocado do lado de fora das aspas que fecham a citação.

   Alex said, "I can design a desk that will be large enough for the two of you to work at."

   You said, "Plan a partner's desk for me"; so I planned one.

2. Quando uma citação for quebrada, use aspas para destacar as duas partes. Use inicial maiúscula na primeira palavra da segunda parte da citação apenas se for o início de uma nova frase.

   "Well, how could we have been on time," she asked, "when the traffic was bumper-to-bumper the entire way?"

   "Well, how could we have been on time?" he complained. "The traffic was bumper-to-bumper the entire way!"

3. Nunca use duas formas de pontuação no fim de uma citação. Quando toda a frase for uma pergunta, mas não a citação, coloque o ponto de interrogação após fechar as aspas.

Did you hear Henry say, "Give your time to the charity if you don't have any money to spare"?

Was Mark's request, "Be in early tomorrow, people," the last thing you heard before you left?

Quando a porção citada for uma pergunta, coloque o ponto de interrogação dentro das aspas.

Henry said, "Can you give some of your time to the charity instead of giving cash?"

Alicia responded, "Can you give me time off so that I can give that time to charity?"

Exercício 5-6

Muitos erros ocorrem quando pontuamos as citações. Encontre-os nas seguintes frases.

1. Did the delivery person say, "Please leave the garage door open for the delivery?"
2. The toddlers' parent said, "The children are already bored with their Christmas presents and added "we'll reintroduce them in a month or so."
3. The store associate said, "Please give me your credit card number".
4. "Is this your correct card number," the associate asked?
5. "Did you tell me you'd arrive home with a dinner guest tonight." my wife often asked?

AINDA SOBRE O USO DE ASPAS

4. A regra 3 da seção anterior se aplica também ao ponto de exclamação: coloque-o do lado de fora das aspas quando se referir à frase toda e entre aspas quando se referir apenas à citação.

"Please give! We're desperate for cash to carry on our important work!" the director pleaded.

I'm sure you heard how furious I was when he said, "We'll meet again tomorrow and the next day as well"!

5. Use aspas em títulos de poemas, artigos, capítulos ou qualquer parte de um livro ou revista.

   The third chapter of *The ABC's of Evaluation* is entitled, "Decision Making: Whom to Involve, How, and Why."

6. Use aspas simples (') para uma citação dentro de outra citação.

   Jason asked, "Can you tell me if Marc said, 'I've already paid off the cost of the repairs' when you discussed his financial situation?"

Exercício 5-7

Corrija os erros de pontuação nas próximas frases.

1. My friend asked are you having trouble staying on your budget
2. Do you have a computer he asked. There are websites that can help you keep track of where your money is going he continued.
3. My banker, Meg Leary, said websites have been used more and more since people started banking online
4. If you're going to use your computer for shopping please check the site's security measures my wife cautioned
5. May I help you set up an account the teller asked
6. First, I want to read all the cautions about online banking I told him.
7. He said "that was a really good idea."
8. Let me first try this on my own I told my instructor then you can tell what I did wrong.
9. That's an excellent idea she said because that way we can skip the skills that you have already acquired.
10. "Did you know that Kathy entered the room laughing hysterically" Fred asked?

Dois pontos

Tanto os dois pontos quanto o ponto e vírgula podem ser usados na construção de frases melhores e mais interessantes. Bons escritores usam esses sinais de pontuação para estruturar pensamentos memoráveis. Você já sabe que pode usar o ponto e vírgula para juntar duas frases (ou orações) e formar uma construção composta na qual dois pensamentos estão relacionados de forma próxima. Por outro lado, podemos usar dois pontos quando a primeira frase criar para o leitor uma expectativa ou ideia que é explicada, ilustrada ou preenchida pela segunda.

Nós já havíamos citado John F. Kennedy. Agora vamos adiantar o filme até a linha principal do discurso de Barack Obama na Convenção Democrata em agosto de 2008.

> *That's the true genius of America: America can change.* Our union can be perfected. What we've already achieved gives us hope for what we can and must achieve tomorrow.

O que fazem os dois pontos na primeira parte da frase? Eles ajudam claramente a preencher a expectativa criada pela primeira sentença. Qual o verdadeiro potencial da América? A resposta vem após os dois pontos.

Aqui está outro exemplo da construção de ideias com pontuação, extraído do discurso de aceitação da vitória de Barack Obama em Chicago:

> And for the sake of our economy, our security, and the future of our planet, I will set a clear goal as President: In ten years, we will finally end our dependence on oil from the Middle East.

Qual é o objetivo claro? A resposta vem após os dois pontos.

Após todas essas regras sobre os vários sinais de pontuação, você descobrirá que os dois pontos têm bem poucas convenções. No entanto, eles oferecem ao escritor uma oportunidade de variar a estrutura da frase. Por isso, são um acréscimo valioso ao seu poder de escrita.

COMO USAR OS DOIS PONTOS

1. Use dois pontos para apresentar uma lista, como no próximo exemplo:

   Assemble these ingredients for the cake: flour, sugar, baking powder, eggs, and vanilla.

2. Use dois pontos para apresentar uma explicação.

   I have a motto about getting distasteful chores done fast: Make a list of the chores, put a limit on the time you will devote to the work, and start with the one you dislike the most.

Quando os dois pontos são usados corretamente, a informação que vem antes deles deve poder ficar sozinha como um pensamento completo. Do contrário, os dois pontos não poderão ser usados.

Errado: I ordered: potatoes, sugar, flour, eggs, and coffee.

Além disso, se a informação que vier após os dois pontos for uma frase de sentido completo (como no primeiro exemplo da regra 2), use uma letra maiúscula, como faríamos normalmente no início de uma frase.

Veja outro exemplo:

Children will take up activities if you supply some good ideas for play: Color and paint in an art center that you create, cut up used holiday cards and paste them as stickers, choose a costume from a costume box and create a play or dance routine.

Observação: *No exemplo anterior, as palavras antes dos dois pontos poderiam funcionar sozinhas como um período simples. O que aconteceria se acrescentássemos as palavras* which are *após* good ideas for play*?*

Children will take up activities if you supply some good ideas for play which are: color and paint in an art center that you create, cut up used holiday cards to paste as stickers, choose a costume from a costume box and create a play or dance routine.

Agora vemos um erro comum na colocação dos dois pontos. Para evitá-lo, não use um verbo antes dos dois pontos – neste caso, o verbo é a palavra are.

Exercício 5-8

Corrija os erros de uso dos dois pontos nas próximas frases.

1. Expect to do the following as a part of your job open the office at 8:30 A.M., take messages from the answering machine, and distribute the mail.
2. Find these files before you leave Premium Plumbers, Apex Office Furniture, and ABC Business Management.
3. The board members' places at the table were covered with these pages of information, an agenda for the meeting, a schedule of meetings for the year, and the bylaws.
4. Although we had never met before, the young man gave me much-too-much information he was asking his girlfriend to marry him, he had just received a raise, and he was going to shop for a new car.

5. If you go to the store, buy these, hammer, nails, and bathroom tiles.

OUTROS USOS DOS DOIS PONTOS

Use dois pontos após a saudação em uma carta comercial:

Dear Dr. Murphy:

Dear Mrs. Light:

Use dois pontos entre números que mostrem horas:

1:45 P.M.

Exercício 5-9

Corrija os erros de uso e/ou insira os dois pontos nas próximas frases.

1. You should also take the following warm clothes, boots, and raincoat.
2. Kindergarten dismisses at 1145 A.M.
3. We know you'll need the following for our camping trip a tent, bug spray, a flashlight, and easily prepared foods.
4. Dear Professor Keene,
5. Dear Ms. Boxer,

   I'm applying for the job you advertised in the *Times Weekly*.
6. Dear Mom and Dad:
7. Call me anytime after 900 A.M. on the weekends.
8. We'll meet at 12: Noon.
9. Take my advice on the following prepare your home for Christmas early, shop all year for small gifts, and learn to relax with your family.
10. We gave everyone a choice we could eat out, order in, or let everyone just choose something for themselves.

Exercício 5-10

Leia os seguintes parágrafos. Use tudo o que você aprendeu sobre pontuação para corrigir as frases. Elas estão numeradas para maior clareza.

Parágrafo 1

1. High school students know all about the Hubble Space Telescope in fact they can't even remember a time when it wasn't there. 2. The Hubble was launched in 1990 and it has already outlived its expected 15-year life span in addition it has seen its fifth and final repair mission.

Parágrafo 2

1. Hubble entered our lives in the 1990s its advent paralleled the enormous growth in access to the Internet as a result everyone's computer was capable of bringing the magnificent images of the universe up close. 2. However Hubble is much more than pretty pictures interestingly it has generated more research papers than any other scientific instrument. 3. Before Hubble astrophysicists could never agree on the age of the universe some had said it was 10 billion years old while others had said 20 billion. 4. Hubble did the correct calculations our universe was born 14 billion years ago. 5. Hubble accomplishments include the following measuring the age of the universe, discovering that the Milky Way has a massive black hole in its center, and uncovering the role of "dark energy" in an expanding universe.

Apóstrofo

Para o pequeno sinal de pontuação que é, o apóstrofo pode causar um problemão. É preciso usá-lo corretamente para manter a clareza e há regras que precisam ser conhecidas.

COMO USAR O APÓSTROFO

Use o apóstrofo para mostrar a omissão de uma letra. Nos próximos três exemplos, as letras *o* foram omitidas.

You weren't (were not) expected until noon.

My other friend isn't (is not) coming.

There aren't (are not) enough days in a New England summer.

Observação: *Ain't* não é uma palavra e não é aceitável em inglês escrito ou falado.

Use o apóstrofo para mostrar posse. O apóstrofo é colocado de forma diferente em uma palavra no singular e uma no plural. Essa colocação também depende da maneira como uma palavra em particular forma seu plural.

Singular: The *printer's* door is jammed. (*Printer* singular: coloque o apóstrofo antes do *s*).

Plural: The three *executives'* offices face the parking lot. (*Executives* plural: coloque o apóstrofo após o *s*).

Singular: That *deer's* temperament is so tame it eats from my hand. (*Deer* singular: coloque o apóstrofo antes do *s*).

Plural: The two adult *deer's* eating habits don't change with the seasons. (*Deer* plural: a palavra *deer* é escrita da mesma forma seja no singular ou no plural; portanto, o apóstrofo é colocado da mesma maneira).

Singular: A *man's* car was found at the scene of the crime. (*Man* singular: coloque o apóstrofo antes do *s*).

Plural: All the *men's* cars were brought to the car wash. (Plural: o plural de *man* [*men*] requer uma mudança interna na ortografia, de *a* para *e*. O apóstrofo continua sendo colocado antes do *s*).

Singular: The *lady's* hat was huge. (*Lady* singular: coloque o apóstrofo antes do *s*).

Plural: The *ladies'* monthly book club meeting was rescheduled. (*Ladies* plural: o plural de *lady* requer uma mudança na terminação, de *y* para *ies*. Coloque o apóstrofo após o *s*).

Exceções: *Its* é a forma possessiva de *it*. Porém, *it's* significa *it is*. *His* e *hers* são as formas possessivas de *he* e *she*.

The dog puts *its* ears back when it is angry. (Forma possessiva de *it*.)

It's a perfect day for a picnic. (*It's* significa *it is*.)

Hers is the new Apple computer. (*Hers* é a forma possessiva de *she*.)

He picked up *his* daughter. (*His* é a forma possessiva de *he*.)

Use um apóstrofo para indicar o plural das letras e evitar confusão.

A's, *B*'s, *I*'s, *L*'s, *v*'s, *c*'s, *W*'s, *Z*'s

Exercício 5-11

Em cada uma das próximas frases, insira ou exclua apóstrofos onde necessário.

1. Our homes front yard needs new plantings.
2. Deb wasnt expected for hours.
3. The dog vigorously shook it's wet coat when it went for its walk.
4. Did anyone ever instruct you to dot your *i* s and cross your *t* s?
5. Its a long journey, isnt it?

Travessão e Hífen

Dê uma olhada nas pequenas, mas importantes diferenças de comprimento entre o hífen (*hyphen*), a meia-risca (*en-dash*) e o travessão (*em-dash*). Os três traços levemente diferentes e usados com propósitos distintos:

hífen-meia-risca – (comprimento de um *n* maiúsculo)/travessão — (comprimento de um *m* maiúsculo)

TRAVESSÃO

Use travessão — um de cada lado da interrupção do pensamento — para enfatizar uma interrupção dentro de uma frase. Lembre-se de ter cuidado: não utilize em excesso.

Segue um exemplo:

Call me if you're going to be late—even 15 minutes—or I will worry about you.

A frase anterior mostra um exemplo de emprego do travessão. Como você viu, o travessão assinalou uma quebra repentina e enfática na frase. Se seu processador de texto não tiver este caracter, basta digitar dois hifens sem nenhum espaço.

O travessão também pode ser usado para simplificar um pensamento ou indicar uma quebra repentina:

Her painting was reminiscent of the great painters—Monet, Manet, Bonnard—who preceded her.

That car—that is, my first car—was my favorite.

Will she—can she possibly—be here on time?

Além disso, o travessão pode ser usado com outra forma de pontuação, um ponto de interrogação ou de exclamação:

Suddenly, my son—was he out of his mind?—yelled at the police officer.

MEIA-RISCA

A meia-risca é usada principalmente para conectar números e, às vezes, palavras.

They lived in Italy from 1989–1993. (a meia-risca significa *to*).

For tomorrow's class, read chapters 1–5.

The Boston–New York train leaves at 9 A.M.

The Boston Red Sox beat the NY Yankees 7–2.

Quando uma meia-risca é usada com o ano de nascimento, significa que a pessoa ainda está viva.

Professor Sandford Jamison (1978–) coauthored the book.

O professor nasceu em 1978 e ainda está vivo.

HÍFEN

Você pode pensar no hífen como um recurso ortográfico. Seu uso mais comum é unir palavras compostas. Veja os seguintes exemplos:

brother-in-law

weight-bearing

Use um hífen para unir duas ou mais palavras que sirvam como um único adjetivo antes de um substantivo:

able-bodied men and women

one-way streets

out-of-date equipment

chocolate-covered cake

Por outro lado, se os modificadores compostos vierem após o substantivo, não use hífen:

The cake was chocolate covered.

Use hífen com números compostos:

fifty-three

seventy-two

Use hífen com os prefixos *ex-, all-, self-*; entre um prefixo e uma palavra iniciada por letra maiúscula; com o sufixo *-elect* e com números ou letras:

ex-wife

all-included

self-proclaimed

all-American

governor-elect

mid-1960s

Use hífen para evitar confusões com relação ao significado ou para evitar uma combinação esquisita de letras:

re-sign your name (não *resign* [demitir-se])

semi-independent (vs. *semicircular*)

Use hífen quando precisar separar uma palavra no fim de uma linha. Separe sempre entre as sílabas:

un-til

re-fer-ral

com-pre-hen-sive

Separe a palavra entre consoantes duplas naquelas que terminarem em *-ing*. Se não for possível, hifenize o sufixo:

run-ning

sun-ning

driv-ing

fall-ing

No fim de uma linha, separe palavras já hifenizadas no hífen:

self-induced

mass-produced

Parênteses e Colchetes

Use parênteses para termos não estritamente necessários ao pensamento principal da frase. A regra geral é: ao ler a frase, você deve conseguir pular as palavras entre parênteses e ainda assim fazer sentido. Do contrário, os parênteses estarão sendo usados de forma incorreta.

Use heavy-weight (bright white) printing paper

Nessa frase, o significado e a intenção são claros sem a informação adicional entre parênteses.

Não use letra maiúscula ou pontuação de fim (exceto o ponto de interrogação) dentro dos parênteses. Por exemplo:

I left for Arizona on a Friday (or was it Saturday?) last year.

I completed (somehow or other) five forms in 20 minutes.

Use letras ou números que marquem os itens de uma lista entre parênteses:

The chapters include (1) Birth to Six Months Old, (2) Six to 18 Months Old, (3) etc.

Note que os parênteses não mudam a pontuação final de uma frase:

The movie was written by Harvey Allen (1934–1998).

É claro que, quando os parênteses contêm uma frase de sentido completo, a pontuação é feita dentro deles:

The movie was written by Harvey Allen. (He was born in 1934.)

Use colchetes dentro dos parênteses ou dentro de uma citação para manter a clareza. Por exemplo:

We traveled in Europe (Italy [Florence and Rome], Belgium, and England).

Arben said, "We read famous short stories aloud [Poe and O. Henry] just for the fun of it."

Exercício 5-12

Em cada uma das próximas frases, insira ou exclua o travessão, os parênteses ou os colchetes, conforme necessário.

1. Winter has arrived can you feel it in your mood? and we really need to find a sunny place for our vacation.
2. We bought new clothes slacks, shirts, underwear, shoes when the airline lost our clothes.
3. Tracy told me, "Toby is on a buying trip for her store California, Washington, and Arizona and won't return until Monday."
4. Toby is on a buying trip for her store California, wines, Washington, apples, and Arizona, jicama and won't return until Monday.
5. Choose a restaurant you know what she likes and we'll take her out for dinner.

Exercício 5-13

Em cada uma das frases seguintes, insira ou exclua a pontuação conforme necessário.

1. Did the firemen shout, "Sound the alarm?"!
2. Her mother said I agree to finish your work however youll have to pay me for my time.
3. Its not too late to change your mind.
4. I spoke to him your dad and he agreed with me.
5. Its warmer than 32 degrees we can take the scouts camping in the woods.
6. Although Ive read through todays newspaper, Im not ready to throw it away.
7. Your term paper the one you just handed in shows great effort.
8. Three dates in history stick out in most peoples minds: December 7, 1941, April 30, 1975, and September 11, 2001.
9. The train stopped in Atlanta, Georgia, Newark, New Jersey, and New Paltz, New York.
10. We dreamed of buying shoes that were made in Europe (Italy Milan, France Paris, and Denmark Copenhagen).

TESTE

Encontre e corrija os erros de pontuação nas frases seguintes.

1. Recent surveys of teens show some unexpected results teens feel positive about themselves.
2. The mechanic at the garage said you need to leave this car for two to three days.
3. These two sentences are closely related thoughts use a semicolon to combine them.
4. James Monroe, John Quincy Adams, Andrew Jackson, and Martin Van Buren are the faces on the newest $1 coins and they will join George Washington in the collection.
5. A spokesman for the mint said, we want these coins to be used in all transactions and he added they will be given out as change as well.

6. I couldn't believe that a cardboard sun shield had this printed on it do not drive with sun shield in place.
7. John McKee, author of *Career Wisdom — 101 Proven Strategies to Ensure Career Success*, says that "really successful ople are clear about what they want."
8. There are some surprising ways you can boost your mental functioning socializing helps, exercising is also beneficial.
9. By the time I read the second chapter, entitled, exercise and the mind, I was bored.
10. You will not believe the activity level of American adults just three of every ten get enough physical activity.

CAPÍTULO 6

Uso de Maiúsculas

Neste capítulo, você aprenderá:

Breve história do alfabeto e do uso de maiúsculas

Regras modernas do uso de maiúsculas

Breve História do Alfabeto e do Uso de Maiúsculas

No capítulo 4, você experimentou como teria sido a leitura de uma frase há muitos, muitos anos, sem nenhum espaçamento ou pontuação e com letras maiúsculas ou minúsculas sendo usadas à vontade. Os romanos também podem ter escrito da seguinte maneira, usando maiúsculas como a primeira letra de cada palavra. Nenhuma das duas formas, entretanto, faz com que fique claro para o leitor o significado da frase.

VolteMuitosAnosAtéOsGregosERomanosIssoÉOQueVocêPoderiaTerLido

Agora veremos a importância das letras maiúsculas para a clareza textual.

Mas, antes, aqui vai um pouco da história do alfabeto. Milhares de anos atrás, o homem usava desenhos para contar suas histórias de vida. Por exemplo, os primeiros desenhos, os hieróglifos, eram feitos para mostrar que as pessoas lutavam e eram valentes em combate. Outras figuras ilustravam suas caçadas. Mas os desenhos não podiam expressar tudo.

Por exemplo, esses primeiros comunicadores conseguiam desenhar facilmente a imagem de um animal, uma lança, um peixe ou uma caverna. Mas não podiam traçar imagens de conceitos como o amor, o ódio ou a lealdade. Por fim, não se lembrariam de todas as imagens. Elas eram inúmeras.

Então, cerca de 3.500 anos atrás, a raiz do alfabeto foi concebida pela primeira vez pelos semitas, que inventaram vinte e dois símbolos para os sons de sua língua, ancestral tanto do hebraico quanto do árabe. Não muito depois, os fenícios também começaram a usar os mesmos símbolos. Como eram comerciantes marítimos que velejavam para muitas partes do mundo, os fenícios espalharam esse sistema de escrita para povos de outras nações. Os gregos acrescentaram outras duas letras e os romanos usavam o alfabeto de vinte e quatro letras.

Quando o Império Romano atingiu seu auge, o alfabeto estava estabelecido da seguinte maneira. Perceba as letras que faltam:

ABCDEFGHIKLMNOPQRSTVXYZ

Os romanos dominavam a Europa, portanto era lógico que o alfabeto romano se transformasse no alfabeto padrão por toda a Europa Ocidental e, por fim, por todo o Ocidente.

Os romanos também modificaram um pouco o alfabeto e o levaram à Inglaterra. Desde então, pessoas de muitos países têm usado o alfabeto inglês de vinte e seis letras. Na verdade, desde o século XVII, o alfabeto inglês tem as mesmas vinte e seis letras que usamos hoje. Esse foi um feito tão grande que muitos consideram o alfabeto uma das invenções mais importantes da história do mundo.

As letras minúsculas foram introduzidas em manuscritos na Idade Média.A mudança de maiúsculas para minúsculas foi influenciada pela natureza do material para escrita – a dificuldade de escrever letras grandes e angulares com haste de bomba ou pena em papiros caros, pergaminhos e, mais tarde, papel. Os escribas preferiam as minúsculas porque estas lhes permitiam escrever mais rápido. Do ponto de vista do leitor, era muito mais fácil para ler.

Hoje, as línguas que usam o alfabeto latino costumam usar maiúsculas para começar períodos e para indicar nomes próprios. As regras de uso das maiúsculas mudaram significativamente ao longo dos tempos e diferentes línguas variam suas regras de uso. O inglês antigo, por exemplo, raramente nomes próprios eram escritos com iniciais maiúsculas, ao passo que no inglês moderno do século XVIII costumava-se iniciar todos os substantivos com maiúsculas:

Inglês antigo: my aunt jane takes the kids by bus to toy outlet to choose some treats.

Inglês moderno do século XVIII: My Aunt Jane takes the Kids by Bus to Toy Outlet to choose some Treats.

Inglês do século XXI: My Aunt Jane takes the kids by bus to Toy Outlet to choose some treats.

Regras Modernas do Uso de Maiúsculas

O uso de maiúsculas varia entre as línguas. As regras completas de sua utilização no inglês são complicadas e se modificaram ao longo do tempo, passando a ser usadas em menos termos. Para o leitor moderno, um documento do século XVIII parece usar iniciais maiúsculas em excesso. Em comparação com o inglês antigo e o inglês do século XVIII, o atual emprego de maiúsculas se estrutura para dar clareza ao texto. Por exemplo, uma letra maiúscula sinaliza o início de um novo pensamento. As maiúsculas também esclarecem a distinção entre substantivos comuns e nomes próprios. E essas são apenas duas entre muitas regras! Vamos, então, às regras de uso de maiúsculas que precisam ser dominadas.

REGRAS DE USO DE INICIAIS MAIÚSCULAS

1. Use letra inicial maiúscula no começo de períodos:

   Books make a great gift.

2. Use letra maiúscula para o pronome *I* e para a interjeição *O* ou *Oh*.

   I decided to stay home for dinner.

   And Oh! that even now the gust were swelling ("Dejection," poema de Samuel Taylor Coleridge)

3. Use letra inicial maiúscula no início de versos, se o poeta o tiver feito.

   What is so rare as a day in June?

4. Use letra inicial maiúscula para divindades, nomes de lugares, nomes e iniciais de ruas, nomes de pessoas e nomes de empresas, línguas e nomes de cursos específicos.

   God in His Universe, Allah, Columbia River, New York City, New York, Main Street, John T. McMasters, American Red Cross, Spanish I, Algebra, Modern European History

5. Use letra inicial maiúscula nos substantivos *Mother*, *Dad* quando estiverem no lugar do nome próprio. Títulos como *Grandma* e *Major* também precisam vir com iniciais maiúsculas quando acompanhadas do nome da pessoa. Se você conseguir substituir "*mother/mom*" ou "*father/dad*" pelo nome próprio, estes devem ser iniciados por maiúsculas.

   Mother is really my best friend.

   Donna is really my best friend.

Se você não conseguir substituir "*mother/mom*" ou "*father/dad*" pelo nome próprio, então estes não devem ser iniciados por maiúsculas.

My father is really tall.

Fred is really tall.

Exercício 6-1

Em cada uma das próximas frases, insira letras iniciais maiúsculas sempre que necessário.

1. When we arrived in chicago, we quickly found out why it was named the windy city.
2. My friend, a 5′1″ girl, yelled, "oh, wait! I can't walk any faster in this wind!"

3. I received a call from mother the minute we landed in chicago.
4. I'm taking french and world history 101 at the university.
5. i'm volunteering for four hours a week at a local grammar school.

MAIS REGRAS DE USO DAS INICIAIS MAIÚSCULAS

6. Use letras iniciais maiúsculas para dias, meses, feriados e datas especiais.
   Monday, May, Christmas, New Year's Day, Martin Luther King Day

7. Use letras iniciais maiúsculas para eventos, documentos, períodos ou movimentos históricos, mas não para as pequenas palavras em torno deles.

   World War II (não In World War II); Declaration of Independence (não Declaration Of Independence); Magna Carta, Middle Ages, Romantic Movement

8. Use letras iniciais maiúsculas nos nomes de organizações, empresas e instituições.
   The American Red Cross, American Airlines, Providence County Mental Health

9. Use letras iniciais maiúsculas nos nomes de lugares, estruturas ou áreas geográficas específicas. Considere cuidadosamente os nomes dos locais. Use iniciais maiúsculas para os pontos cardeais que sejam *nomes* (North, South, East e West quando usados como regiões de um país, não como direções da bússola). Usamos letra maiúscula em *Middle East* e *Southeast Asia,* pois essas regiões têm identidade própria distinta. No entanto, escrevemos *central Europe* e *southeast Rome,* porque tais nomes indicam limite geográfico. Note a diferença entre South Africa (nome de um país) e southern Africa (uma região definida de forma vaga).

   The Ku's have moved to the Southwest.

   Mac's house is two miles north of Providence.

   Turn south at the next corner.

   Outros exemplos são:

   the Lake District; Newport, RI; Radio City Music Hall; the Northeast; the Midwest

10. Use letras iniciais maiúsculas nos nomes de línguas, raças e nacionalidades.
    English, Native American, Portuguese

11. Use letras iniciais maiúsculas para religiões e seus seguidores.
    Christianity, Christian; Islam, Muslim; Judaism, Orthodox Jew

12. Use letras iniciais maiúsculas nos nomes religiosos e coisas sagradas.
    Christ, Allah, Buddha, the Bible, and the Koran

13. Use letras maiúsculas para os numerais romanos e tópicos principais em uma lista de itens.

    I, II, III, A, B, C

Exercício 6-2

Em cada uma das próximas frases, insira letras iniciais maiúsculas sempre que necessário.

1. I would like to travel to seattle in the northwest on my next vacation.
2. My friend just visited the eiffel tower in paris.
3. Not too many people can tell you about the war of the roses, a civil war that took place in england from 1455–1487.
4. I asked if he, a baptist, was really considering studying buddhism as i had heard.
5. He said he didn't think it mattered by which name he referred to the supreme deity — christ, allah, or buddha.

MAIS REGRAS DE USO DAS MAIÚSCULAS

14. Use letra inicial maiúscula na primeira palavra de uma citação direta.

    My son asked, "Will you buy me a guitar for my birthday?"

15. Em uma citação quebrada, use letra inicial maiúscula na primeira palavra da segunda parte da citação apenas se ela iniciar uma nova frase.

    "I'll start the meeting," she said, "if you will finish it after lunch."

    "I'll start the meeting," she said. "You can finish it after lunch." (*You* inicia uma nova oração).

16. Não use letra maiúscula para relatar algo que foi dito.

    My son asked if I would buy him a guitar for his birthday.

Exercício 6-3

Em cada uma das próximas frases, insira letras maiúsculas onde elas forem necessárias.

1. We think that representative stephanie brown will hold a very high office in the administration.
2. i heard the policeman say, "may I see your license, please?"
3. As he started to say, "where is your registration," I interrupted with, "you'll want this too, officer."
4. I knew that officer kent would say that he needed to see my registration.
5. i didn't hear him say, "you may drive on now" and add, "but don't speed anymore."

MAIS ALGUMAS REGRAS DE USO DE INICIAIS MAIÚSCULAS

17. Use letras iniciais maiúsculas nos nomes de marcas, mas não em produtos.

    Dodge, Xerox, Kleenex tissue

18. Use letras iniciais maiúsculas nos títulos que precedam nomes próprios, mas não quando vierem depois destes ou forem usados sozinhos.

    Principal Walters, Superintendent Konner

    Exemplo: Mr. Walters, principal; Mr. Konner, superintendent

19. Use letras maiúsculas nos títulos de livros, peças e filmes. Não use iniciais maiúsculas nas partículas contidas nesses títulos.

    Exemplo: *The Secret Life of Bees*, *Romeo and Juliet*

Exercício 6-4

Nas próximas frases, insira iniciais maiúsculas onde forem necessárias.

1. corporal marylou ryan said, "i bought a ford convertible, and i'm so excited about driving it!"
2. captain and mrs. talbott led the parade on memorial day.

3. be sure to see *gone with the wind* if the movie returns to your town.
4. we took jack's principal to Mama Mia, an italian restaurant, saturday night for dinner.
5. he came from the southwest, but he lives in maine now.

Exercício 6-5

Em cada uma das próximas frases, insira ou exclua iniciais maiúsculas sempre que necessário.

1. each year our community celebrates the fourth of july with a parade and fireworks. we hire a Professional Fireworks Company, and they never disappoint us. the displays are brilliant and loud! my son, matt, cried through the first performance we took him to.
2. this year, matt is driving in from Chicago for the holiday with his son, alex. we're curious to see if alex stays for the whole performance. His father didn't.
3. we've decided to go to new york for a long weekend in september. Believe it or not, i've never been to the top of the empire state building. that is first on my Agenda. we'll stay at a Hotel, but I don't know which one yet.
4. i subscribe to thc *reader's digest.* if I had my wish, the Publisher would serialize one of the Harry Potter books.
5. in modern american history II, we'll study world war II and the atomic age.
6. jeff worked for ford motor company until the plant in our town was closed.
7. Our town has launched a refurbishing effort in center city.
8. americans have always been proud of the declaration of independence.
9. my children — as young as they are — are already learning chinese and spanish in school.
10. "i don't take you for granted," he yelled. "you're just not forceful enough in our discussions!"
11. we saw claire mcCaskill, senator from missouri, on the steps of the Senate Building.

12. mr. reed, senator from ri, has worked hard on behalf of his state and the nation.
13. "oh, you scared me!" she cried.
14. the american red cross has been challenged to meet many disasters in recent years.
15. the jamestown bridge was totally replaced.

Exercício 6-6

Em cada uma das próximas frases, escolha a palavra entre parênteses que esteja escrita corretamente.

1. We're moving our company to Las Vegas, Nevada in the (spring/Spring) of 2010.
2. Send our proposal to the (department/Department) of Transportation in Washington.
3. We'll leave San Francisco and then travel in the (orient/Orient) for three weeks.
4. I just finished an inspiring book of poems by Linda Eve Diamond called *The Human (experience/Experience)*.
5. You're expected for dinner on (friday/Friday).

Exercício 6-7

Insira ou exclua as iniciais maiúsculas conforme necessário no próximo parágrafo. As frases estão numeradas para maior clareza.

Parágrafo 1

1. the terms *greenhouse effect* and *global warming* have been used in scientific history for many, many years. 2. discussions of global warming first appeared when a swedish scientist, svante arrhenius (1859–1927), claimed in 1896 that burning Fossil fuel might eventually increase global warming. 3. he further proposed that a relationship existed between carbon dioxide in the atmosphere and Temperature gains. 4. arrhenius noted that because of the absorption of water and carbon dioxide, the Average Surface Temperature of the earth is about 15 degrees Celsius. 5. this is what we call the natural greenhouse effect. 6. however, arrhenius then suggested that doubling carbon dioxide would result in a 5 degrees Celsius temperature increase.

Parágrafo 2

1. arrhenius and his colleague, thomas chamberlin, made another calculation: human activities could warm the earth by adding carbon dioxide to the atmosphere. 2. years passed before this was actually verified in 1987. 3. then the topic was forgotten because scientists thought that human influences were minute compared to Natural Forces such as solar activity and ocean circulation. 4. in fact, a popular theory was that the oceans acted as huge carbon sinks that automatically cancelled out pollution.

Parágrafo 3

1. this is a new one. 2. eco-anxiety is taking hold of many, many well-meaning consumers. 3. "what is it?" you ask.

TESTE

Corrija o(s) erro(s) de uso de inicial maiúscula em cada uma das próximas frases.

1. My dentist's office is on elmgrove avenue, East of wayland avenue.
2. Did you hear him say, "all lights should be turned off"?
3. to catch up on weekly events, I buy *time magazine* and a sunday newspaper.
4. I love the paintings of john singer sargent.
5. My friend's aunt polly met us at the train.
6. We bought all our supplies at forest camping supplies, inc., in boston.
7. Leave your car in the garage; i'll drive.
8. Robert t. Masters, President of the division, gave a welcoming speech.
9. She cried, "oh no! I was supposed to turn at that corner."
10. In 2008, many people read and were inspired by Randy Paush's book, *the last lecture*.

TESTE - PARTE 2

Circule a opção que melhor completa ou corrige cada frase.

1. Although we live in Akron, ohio, we frequently travel to new york city.
   (a) Although we live in Akron ohio, we frequently travel to new York city.
   (b) Although we live in Akron, Ohio, we frequently travel to new york city.
   (c) Although we live in Akron, ohio, we frequently travel to New York city.
   (d) Although we live in Akron, Ohio, we frequently travel to New York City.

2. They gave us good advice, don't always insert yourselves into your children's arguments.
   (a) They gave us good advice. don't always insert yourselves into your children's arguments.
   (b) They gave us good advice, Don't always insert yourselves into your children's arguments.
   (c) They gave us good advice; don't always insert yourselves into your children's arguments.
   (d) They gave us good advice don't always insert yourselves into your children's arguments.

3. The American red cross is an organization that has been represented at many major tragedies.
   (a) The American red cross is an Organization that has been represented at many major tragedies.
   (b) The american Red cross is an organization that has been represented at many major tragedies.
   (c) The American red Cross is an organization that has been represented at many Major Tragedies.
   (d) The American Red Cross is an organization that has been represented at many major tragedies.

4. I told mother that I had decided not to take that job.
   (a) I told Mother that I had decided not to take that job.
   (b) I told mother that i had decided not to take that job.
   (c) I told Mother that i had decided not to take that job.
   (d) I told mother that i had decided not to take that job.

5. This is the year that I've decided to study great historical documents, from the Magna Carta to the U.S. constitution.
   (a) This is the year that I've decided to study great historical documents: from the Magna Carta to the U.S. constitution.
   (b) This is the year that I've decided to study great historical documents, from the Magna Carta to the U.S. Constitution.
   (c) This is the year that I've decided to study Great Historical Documents, from the Magna Carta to the U.S. constitution.
   (d) This is the year that i've decided to study great historical documents, from the Magna Carta to the U.S. constitution.

6. Did you hear me say, "dinner is at 7 P.M."?
   (a) Did you hear me say, "Dinner is at 7 P.M."?
   (b) Did you hear me say, "Dinner is at 7 P.M."
   (c) Did you hear me say, "dinner is at 7 P.M.?"
   (d) Did you hear me say; "dinner is at 7 P.M."?

7. You always tell me that you're not hungry, then you ask what time we're having dinner.
   (a) You always tell me that you're not hungry. then you ask what time we're having dinner.
   (b) You always tell me that you're not hungry, Then you ask what time we're having dinner.
   (c) You always tell me that you're not hungry; then you ask what time we're having dinner.
   (d) You always tell me that you'r not hungry, then you ask what time we're having dinner.

8. While I'm eager to work with you; you understand that we have to be on the same schedule.
   (a) While I'm eager to work with you, you understand that we have to be on the same schedule.
   (b) While I'm eager to work with you: you understand that we have to be on the same schedule.
   (c) (While I'm eager to work with you); you understand that we have to be on the same schedule.
   (d) While I'm eager to work with you. You understand that we have to be on the same schedule.

9. I'll never forget that Broadway show, I've wanted to repeat that experience each year.
   (a) I'll never forget that Broadway show, I've wanted to repeat that experience each year.
   (b) I'll never forget that Broadway show I've wanted to repeat that experience each year.
   (c) I'll never forget that Broadway show? I've wanted to repeat that experience each year.
   (d) I'll never forget that Broadway show; I've wanted to repeat that experience each year.

10. I usually play softball, bowl with a team, and swim competitively, but I don't have that much time this year.
   (a) I usually play softball bowl with a team and swim competitively, but I don't have that much time this year.
   (b) I usually play soft-ball, bowl with a team, and swim competitively, but I don't have that much time this year.
   (c) I usually play softball, bowl, with a team, and swim competitively, but I don't have that much time this year.
   (d) I usually play softball, bowl with a team, and swim competitively; but I don't have that much time this year.

11. Narragansett, Rhode Island, Cape Cod, Massachusetts, and Stowe, Vermont are well-known vacation areas.
    (a) Narragansett Rhode Island, Cape Cod Massachusetts, and Stowe Vermont are well-known vacation areas.
    (b) Narragansett, RI, Cape Cod, MA, and Stowe, VT are well-known vacation areas.
    (c) Narragansett, ri, Cape Cod, ma, and Stowe, vt are well-known vacation areas.
    (d) Narragansett, Rhode Island; Cape Cod, Massachusetts; and Stowe, Vermont are well-known vacation areas.

12. Semicolons are very useful in building sentences, moreover, they help writers to bring variety to their writing.
    (a) Semicolons are very useful in building sentences; Moreover, they help writers to bring variety to their writing.
    (b) Semicolons are very useful in building sentences; moreover, they help writers to bring variety to their writing.
    (c) Semicolons are very useful in building sentences. moreover, they help writers to bring variety to their writing.
    (d) Semicolons are very useful in building. sentences, moreover, they help writers to bring variety to their writing.

13. Emanuelle said, "If I join that club, please come with me".
    (a) Emanuelle said, "If I join that club, please come with me."
    (b) Emanuelle said, "If I join that club, please come with me"!
    (c) Emanuelle said, "If I join that club, please come with me"?
    (d) Emanuelle said, "If I join that club: please come with me".

14. Sgt and Mrs Alvarez are stationed in Texas.
    (a) Sgt and Mrs. Alvarez are stationed in Texas.
    (b) Sargeant and Mrs Alvarez are stationed in Texas
    (c) Sgt. and Mrs. Alvarez are stationed in Texas.
    (d) Sgt. and Mrs Alvarez are stationed, in Texas.

15. Did you hear Leon say, "I'm leaving for vacation at the end of work today?"
    (a) Did you hear Leon, say, "I'm leaving for vacation at the end of work today?"
    (b) Did you hear Leon say, "I'm leaving for vacation at the end of work today"?
    (c) Did you hear Leon say, "I'm leaving for vacation at the end of work today!"
    (d) Did you hear Leon say, "I'm leaving for vacation at the end, of work today?"

16. My great aunt wondered if I would ever have children?
    (a) My great aunt wondered, "if I would ever have children."
    (b) My great aunt wondered if I would ever have children.
    (c) My great aunt wondered: if I would ever have children?
    (d) My great aunt wondered; if I would ever have children.

17. Have you started carrying cloth bags to the supermarket yet.
    (a) Have you started carrying cloth bags to the supermarket yet?
    (b) Have you started carrying cloth bags to the supermarket, yet.
    (c) Have you started carrying cloth, bags to the supermarket yet.
    (d) Have you started carrying? Cloth bags to the supermarket yet.

18. The inspector in charge yelled, "Don't touch the crime scene"!
    (a) The inspector in charge, yelled, "Don't touch the crime scene"
    (b) The inspector in charge yelled! "Don't touch the crime scene"!
    (c) The inspector in charge yelled, "Don't touch the crime scene!"
    (d) The inspector in charge yelled; "Don't touch the crime scene"!

19. Oh, You scared me.
    (a) Oh; You scared me.
    (b) Oh? You scared me.
    (c) Oh: . . . You scared me.
    (d) Oh! You scared me.

20. If we don't meet at the Copley St entrance, I'll see you at home.
    (a) If we don't meet at the Copley St entrance; I'll see you at home.
    (b) If we don't meet at the Copley St. entrance, I'll see you at home.
    (c) If we don't meet at the Copley St entrance: I'll see you at home.
    (d) If we don't meet at the Copley St entrance. I'll see you at home.

21. Plant the bulbs, rake the leaves and paint the railing by the time I get home.
    (a) Plant the bulbs, rake the leaves. and paint the railing by the time I get home.
    (b) Plant the bulbs; rake the leaves and paint the railing by the time I get home.
    (c) Plant the bulbs, rake the leaves, and paint the railing by the time I get home.
    (d) Plant the bulbs, (rake the leaves) and paint the railing by the time I get home.

22. In the meantime however we'll use the only available room.
    (a) In the meantime, however, we'll use the only available room.
    (b) In the meantime however; we'll use the only available room.
    (c) In the meantime, however we'll use the only available room.
    (d) In the meantime however we'll, use the only available room.

23. Roderigo wore a new stylish sport coat for his date.
    (a) Roderigo wore a new stylish sport coat, for his date.
    (b) Roderigo wore a new, stylish sport coat for his date.
    (c) Roderigo wore, a new stylish sport coat for his date.
    (d) Roderigo, wore a new stylish sport coat for his date.

24. After all we prepared for our guests they cancelled.
    (a) After all we prepared for our guests they cancelled?
    (b) "After all we prepared for our guests they cancelled."
    (c) After all we prepared; for our guests they cancelled.
    (d) After all we prepared for our guests, they cancelled.

25. I had done all the baking yet Kim took the credit for it.

(a) I had done all the baking yet, Kim took the credit for it.

(b) I had done all the baking! yet Kim took the credit for it.

(c) I had done all the baking: yet Kim took the credit for it.

(d) I had done all the baking, yet Kim took the credit for it.

26. "Had you asked her for help" Martha inquired.

(a) "Had you asked her for help!" Martha inquired.

(b) "Had you asked her for help" Martha inquired!

(c) "Had you asked her for help" Martha inquired?

(d) "Had you asked her for help?" Martha inquired.

27. I never ask for help, unless I really need it.

(a) I never ask for help! unless I really need it.

(b) I never ask for help; unless I really need it.

(c) I never ask for help unless I really need it.

(d) I never, ask for help unless, I really need it.

28. I will become a citizen on July 4 2010.

(a) I will become a citizen on July 4! 2010.

(b) I will become a citizen on July 4, 2010.

(c) I will become a citizen on July 4. 2010.

(d) I will become a citizen on July 4; 2010.

29. Dear Dr Issacs

I will be happy to report for work on Monday December 16th as you asked

(a) Dear Dr. Issacs:

I will be happy to report for work on Monday, December 16, as you asked.

(b) Dear Dr Issacs

I will be happy to report for work on Monday December 16th as you asked

(c) Dear Dr Issacs—

I will be happy to report for work on Monday. December 16th as you asked?

(d) Dear Dr Issacs

I will be happy to report for work on Monday, December 16th as you asked!

30. My indoor plants always include a Christmas cactus, an amaryllis, and an orchid indoor conditions however are not always perfect for these plants.

(a) and an orchid, indoor conditions however are not always perfect for these plants.

(b) and an orchid. indoor conditions however are not always perfect for these plants.

(c) and an orchid; Indoor conditions however are not always perfect for these plants.

(d) and an orchid; indoor conditions, however, are not always perfect for these plants.

31. Coronary heart disease doesn't discriminate against women, it's the number one killer of women over twenty-five years old.

(a) women, it's the number

(b) women. it's the number

(c) women; it's the number

(d) women! it's the number

32. Even those women who exercise regularly and eat exceptionally well need to be checked for heart disease otherwise a fatal event may take them by surprise.

(a) disease, otherwise a fatal event

(b) disease; otherwise, a fatal event

(c) disease: otherwise a fatal event

(d) disease otherwise; a fatal event

33. A woman dies of heart disease every minute in the United States. but only 13 percent of women consider the statistic a threat.

(a) in the United States, but only 13 percent

(b) in the United States! but only 13 percent

(c) in the United States? but only 13 percent

(d) in the United States: but only 13 percent

34. We arrived in phoenix, az, on February 26th and quickly decided it was a good place for a winter vacation.

(a) We arrived in Phoenix, AZ, on February 26th

(b) We arrived in phoenix, Az, on February 26th

(c) We arrived in Phoenix, az, on February 26th

(d) We arrived in Phoenix, AZ, on february 26th

35. On December 24th, I'm still not finished shopping for christmas!

(a) On December twenty-fourth, I'm still not finished shopping for christmas!

(b) On December 24th, I'm still not finished shopping for the christmas holiday!

(c) On december 24th, I'm still not finished shopping for Christmas!

(d) On December 24th, I'm still not finished shopping for Christmas!

36. Her husband speaks french, portuguese, german, and his native english.

(a) Her husband speaks French, portuguese, german, as well as his native English.

(b) Her husband speaks French, Portuguese, German, and his native English.

(c) Her husband speaks French, Portuguese, German, and his native english.

(d) Her husband speaks french, and portuguese, and german, and his native english.

37. I would like to travel to Boston in the northeast for a week.

(a) I would like to travel to Boston; it's in the northeast for a week.

(b) I would like to travel to Boston in the Northeast for a week.

(c) I would like to travel to Boston which is in the northeast for a week.

(d) I would like to travel north to Boston in the northeast for a week.

38. The ad said, "We don't inflate our prices we simply offer a great product."
    (a) The ad said, "We don't inflate our prices! we simply offer a great product."
    (b) The ad said, "We don't inflate our prices we simply offer a great product."!
    (c) The ad said, "We don't inflate our prices. We simply offer a great product."
    (d) The ad said, "We don't inflate our prices we simply offer a great Product."

39. My son insists that I see the movie, *The matrix*.
    (a) My son insists that I see the movie, *The Matrix*.
    (b) My son insists that I see the Movie, *The matrix*.
    (c) My son insists that I see the movie, *the matrix*.
    (d) My son insists that I see the movie? *The matrix*.

40. dr. henry ryan says we parents should be stricter with four-year-old tyrants.
    (a) Dr. Henry Ryan says we parents should be stricter with four-year-old tyrants.
    (b) dr. henry Ryan says we parents should "be stricter with four-year-old tyrants."
    (c) Dr. henry Ryan says we Parents should be stricter with four-year-old tyrants.
    (d) dr. henry ryan says we parents' should be stricter with four-year-old tyrants.

41. His theory—though never published is that parents simply talk too much to misbehaving children.
    (a) His theory—though never published—is that parents simply talk too much to misbehaving children.
    (b) His theory—though never published is that, parents, simply talk too much to misbehaving children.
    (c) His theory—though never published; is that parents simply talk too much to misbehaving children.
    (d) His theory—though never published are that parents simply talk too much to misbehaving children.

42. My personal to do list includes learning to give my children directions without giving a lengthy speech.
    (a) My personal to do list includes learning to give my children direction's without giving a lengthy speech.
    (b) My personal to do list include's learning to give my children directions without giving a lengthy speech.
    (c) My personal to-do list includes learning to give my children directions without giving a lengthy speech.
    (d) My personal, to do list includes learning to give my children directions without giving a lengthy speech.

43. A very important concept in todays world is that you learn new skills and polish the old ones before youre unemployed!
    (a) A very important concept in todays world is that you learn new skills and then you should polish the old ones before you're unemployed!
    (b) A very important concept in todays world is: that you learn new skills and polish the old ones before youre unemployed?
    (c) A very important concept in today's world is that you learn new skills and polish the old ones before you're unemployed!
    (d) A very important concept, really, in todays world is that you learn new skills and polish the old ones before youre unemployed!

44. While I was shoveling the snow, I saw three deer a field mouse, and a rabbit they were all looking for food.
    (a) While I was shoveling the snow, I saw three, deer a field mouse, and a rabbit they were all looking for food.
    (b) While I was shoveling the snow, I saw three deer, a field mouse, and then I saw rabbit they were all looking for food.
    (c) While I was shoveling the snow, I saw three deer a field mouse, and a rabbit they were all looking for food.
    (d) While I was shoveling the snow, I saw three deer, a field mouse, and a rabbit; they were all looking for food.

45. Although I think it's wrong for a five-year-old to carry a blanket outside of the house; I'm unwilling to set that rule.

    (a) Although, I think it's wrong for a five-year-old to carry a blanket outside of the house; I'm unwilling to set that rule.

    (b) Although I think it's wrong for a five-year-old to carry a blanket outside of the house, I'm unwilling to set that rule.

    (c) Although I think it's wrong—for a five-year-old to carry a blanket outside of the house; I'm unwilling to set that rule.

    (d) Although I think it's wrong for a five-year-old to carry a blanket outside of the house: I'm unwilling to set that rule.

46. In addition to creating your own budget, there are many new websites—Mint.com, Geezeo.com, Quicken Online, Mvelopes.com—that will help track your money, but always protect yourself with antispyware programs.

    (a) In addition to creating your own budget, there are many new websites—Mint.com, Geezeo.com, Quicken Online, Mvelopes.com—that will help track your money; but always protect yourself with antispyware programs.

    (b) In addition to creating your own budget, there are many new websites—Mint.com; Geezeo.com; Quicken Online; Mvelopes.com—that will help track your money, but always protect yourself with antispyware programs.

    (c) In addition to creating your own budget: there are many new websites—Mint.com, Geezeo.com, Quicken Online, Mvelopes.com—that will help track your money, but always protect yourself with antispyware programs.

    (d) In addition to creating your own budget, there are many new websites—Mint.com, Geezeo.com, Quicken Online, Mvelopes.com—that will help track your money, But always protect yourself with antispyware programs.

47. How late do you wait to shop for Christmas?" she asked. "do you still wait until the last day"?

    (a) How late do you wait to shop for Christmas" she asked?. "do you still wait until the last day"?

    (b) How late do you wait to shop for christmas?" she asked. "do you still wait until the last day"?

    (c) "How late do you wait to shop for Christmas?" she asked. "Do you still wait until the last day?"

    (d) How late do you wait to shop for Christmas"! she asked. "do you still wait until the last day"?

48. An intelligent well-behaved curious child is such a pleasure to teach.
    (a) An intelligent, well-behaved curious child is such a pleasure to teach.
    (b) An intelligent well-behaved curious child; is such a pleasure to teach.
    (c) An intelligent, well-behaved, curious child is such a pleasure to teach.
    (d) An intelligent; well-behaved; curious child is such a pleasure to teach.

49. I returned to the store, before it was even open.
    (a) I returned to the store; before it was even open.
    (b) I returned to the store! before it was even open.
    (c) I returned to the store. before it was even open.
    (d) I returned to the store before it was even open.

50. A long complicated contract arrived in the mail.
    (a) A long complicated contract, arrived in the mail.
    (b) A long complicated contract; arrived in the mail.
    (c) A long complicated contract arrived, in the mail.
    (d) A long, complicated contract arrived in the mail.

PARTE 3

CONSTRUINDO FRASES BEM ESTRUTURADAS

CAPÍTULO 7

Construindo Frases Melhores

Neste capítulo, você aprenderá:

Construção de frases harmoniosas
Criação de frases bem conectadas
Exclusão de palavras desnecessárias

Construção de Frases Harmoniosas

Até aqui, você estudou os fundamentos da gramática e sabe identificar as classes de palavras e suas funções. Também já é capaz de reconhecer erros gramaticais comuns. Agora, está pronto para avaliar se as palavras que usa funcionam corretamente nas frases. Por exemplo, você sabe reconhecer palavras e termos descritivos. No entanto, sabe como usá-los para criar frases harmoniosas?

Frases harmoniosas são aquelas nas quais as descrições, ações ou ideias relacionadas são expressas da mesma forma. Os gramáticos chamam isso de *paralelismo.* Há poder no paralelismo. Na verdade, existem na história alguns exemplos muito famosos de paralelismo:

Júlio César: I came; I saw; I conquered.

Como esta frase exemplifica o paralelismo? Há três verbos – *came, saw e conquered* –, todos no passado e precedidos pelo pronome *I.*

Abraham Lincoln: But in a larger sense, we cannot dedicate – we cannot consecrate – we cannot hallow – this ground.

Novamente, vemos três verbos, *dedicate, consecrate* e *hallow*, todos no presente e precedidos por *we cannot.*

Sir Winston Churchill: I have nothing to offer but blood, toil, tears, and sweat.

Na frase de Churchill, o paralelismo é estabelecido usando quatro palavras, todas da mesma classe, ou seja, substantivos.

John F. Kennedy: Ask not what your country can do for you; ask what you can do for your country.

Esta, na verdade, é uma citação de Marco Túlio Cícero, estadista romano do século I. O presidente Kennedy a considerou suficientemente memorável para ser usada em seu discurso de posse, em 1961. Nela, a repetição de *ask not what* e *can do* cria uma estrutura paralela para a declaração. As duas orações começam com a forma imperativa do verbo, *ask.*

Seguem exemplos de frases dissonantes não tão famosas. Onde o escritor errou? Qual classe de palavras ou ideia relacionada não foi utilizada de forma coerente?

Errado: Cari is attractive and has good sense.

Se você disser esta frase em voz alta, provavelmente concordará que ela soa desarmônica. Por quê? Ao analisá-la minuciosamente, verá que Cari é o sujeito e *is* é o verbo de ligação. Lembre-se de que um verbo de ligação une ou liga o sujeito a uma qualidade, condição ou estado. Nesta frase, Cari está sendo descrita. Quais dois elementos a descrevem? *Attractive* e *has good sense.* Como podemos mudar o segundo elemento, *has good sense*, de forma que combine com o primeiro, *attractive*? *Attractive* é um adjetivo. Devemos, então, transformar *has good sense* em um adjetivo, uma única palavra, para combinar com *attractive.* Este é o resultado:

Certo: Cari is *attractive* and *sensible.*

Agora a frase está em harmonia.

Experimente esta:

Errado: Chess is mentally challenging and makes me tired.

A frase descreve o jogo de xadrez. Quais termos seguem o verbo de ligação e descrevem *chess*? *Mentally challenging* e *makes me tired.* O segundo termo contém um verbo, *makes.* O primeiro não tem verbo. Imediatamente, você percebe que a descrição está desarmônica. Qual mudança simples é necessária para equilibrar a frase? A dica é a terminação *-ing* de *challenging.* Coloque a mesma terminação *na última* palavra da segunda expressão – *tiring* – e poderá eliminar *makes me.* Criou-se uma frase harmoniosa:

Certo: Chess is mentally challenging and tiring.

Perceba que uma frase harmoniosa tende a eliminar palavras desnecessárias e isso é bom. No exemplo anterior, a correção eliminou a expressão estranha, *makes me.*

Como poderíamos reduzir e harmonizar a próxima frase?

Errado: The deer we saw was tall, alert, and he was obviously hungry.

Por não apresentar paralelismo, a frase, na verdade, carrega em sua estrutura outra frase. Descreve-se o veado no exemplo. O verbo de ligação *was* é seguido dos adjetivos *tall* e *alert*, mas não termina com outro adjetivo, e sim com um pensamento completo – *he was obviously hungry.* Como corrigir este desequilíbrio?

Certo: The deer we saw was tall, alert, and obviously hungry.

O pensamento completo foi modificado por um adjetivo simples, *hungry.* O advérbio *obviously* enfatiza a descrição *hungry.*

Exercício 7-1

Corrija cada uma das frases seguintes de forma que apresentem estruturas paralelas.

1. The coffee here is delicious, hot, and it's also inexpensive.

 ____

2. The lawyer asked his client to tell the truth and if he could provide evidence.

 ____

3. The rain splashes on the roof and always is soaking the porch.

 ____

4. Soda is filling, full of calories, and eventually it's fattening.

 ____

5. My cooking skills are new, limited to simple dishes, and I think sometimes my choices are boring.

 ____

6. Teaching physicians have several jobs, including doing research, reducing pain and suffering, and they teach other physicians.

 ____

7. Their decision was to expand the space, buy all new equipment, and then they would install a new security system.

 ____

8. Add the dry ingredients, the eggs should be whipped, and preheat the oven.

 ____

9. Whoever leaves the house last should lower the heat, turning off the lights, and check the stove.

 ____

10. David played classical guitar, jazz guitar, and then he tried rhythm and blues.

 ____

ESTRUTURAS PARALELAS COM FORMAS VERBAIS

Veja um tipo diferente de falta de harmonia:

Errado: For exercise, I like dancing and to in-line skate.

Nesta frase, há um verbo de ação, *like*, seguido de palavras que expressam os exercícios dos quais a pessoa gosta. Eles são expressos da mesma forma? Não. O primeiro, *dancing*, termina em *-ing*, enquanto o segundo, *in-line skate*, é introduzido por *to*. Use sempre estruturas gramaticais idênticas:

Certo: I like *to dance* and *to in-line skate.*

Certo: I like *dancing* and in-line skating.

Como você corrigiria a próxima frase?

Errado: I gave my old car to my nephew, my water skis to my father, and my tennis racket I gave away to a charity.

No início, vemos dois paralelismos: *my old car to my nephew* e *my water skis to my father.* Como mudar a última expressão – *the tennis racket* – para o mesmo formato? Basta converter para a forma já usada: *car to my nephew, skis to my father, and tennis racket to a charity.*

Certo: I gave my old car to my nephew, my water skis to my father, and my tennis racket to a charity.

Geralmente, falta de simetria acontece quando os verbos são expressos de formas diferentes:

Errado: I enjoy writing poetry, reading biographies, and stamp collection is a favorite of mine.

Há três ações na frase: *writing, reading* e *collecting.* Elas precisam ser expressas da mesma forma. Se você começar com *writing*, um verbo terminado em *-ing*, mantenha esse formato. Note que *collection* é um substantivo, mas, como você sabe, as palavras em inglês podem ter mais de uma função. Nesse caso, troque o substantivo, *collection*, por uma palavra de ação:

Certo: I enjoy writing poetry, reading biographies, and collecting stamps.

Exercício 7-2

Corrija as próximas frases de forma que apresentem estruturas paralelas.

1. Every day, I walk the trails with my dog, cleaning the car, and go to work.

____

2. Jim loves painting the house, planting shrubs, and he loves to plan to add another room.

____

3. Elias looked for a toy, grabbed it, and he was throwing it across the room.

____

4. My friend eats dinner first, lunch second, and then he is eating breakfast last.

____

5. Spring is warm, flower-filled, and it rains a lot.

____

6. At the Center, Betsy did the accounting, made sure the preschoolers were safe, and then she also would take care of her own household as well.

____

7. My new printer is quieter, faster, and prints with higher resolution.

____

8. I'll know my son's work habits are improving when he arrives at school on time, corrects his own homework, and staying out of fights.

____

9. The chairman thanked everyone for their dedication, loyalty, and because they attended every meeting.

____

10. The only way we can leave on time is if I prepare the snacks, you fill up the gas tank, and if the children will get up on time.

____

ESTRUTURAS PARALELAS COM PARES CORRELATOS

Outra forma de harmonizar uma frase envolve pares correlatos (*correlative conjuntions*). No capítulo 2, você aprendeu que essas conjunções vêm em pares que se relacionam.

Alguns exemplos são *either/or, neither/nor, both/and, not only/but also:* Esses pares de conjunções precisam ser usados corretamente para que as frases fiquem equilibradas:

Errado: Nadia is *not only* a *fine doctor* but an *accomplished artist also.*

Nessa frase, Nadia é duas coisas – *a fine doctor* e *an accomplished artist.* Duas expressões ligam *doctor* a *artist.* Quais são? Elas são *not only* e *but.* No entanto, é preciso acrescentar a palavra *also*, que está fora do lugar. Segue a correção:

Certo: Nadia is not only a fine doctor but also an accomplished artist.

Da mesma forma que *not only* vem antes de *a fine doctor, but also* deve anteceder *an accomplished artist.*

Exercício 7-3

As próximas frases não apresentam paralelismo. Encontre e corrija os erros para restaurar o equilíbrio.

1. The longtime employee was not only energetic and liked to be punctual also.

   ____

2. We insisted that our son write his application truthfully and he should show some humility.

   ____

3. My two-year-old not only likes to walk in the puddles and is always jumping in the leaves.

   ____

4. Your new outfit is neither colorful and it isn't well fitting either.

   ____

5. This summer I will either plant a bed of flowers, or maybe I'll build a deck.

   ____

6. Debbie is neither prepared for parenthood nor is her career willing to be sacrificed.

   ____

7. Chocolate is not only delicious but it is energizing also.

8. Either you take the late shift and then I'll be leaving the house before you return.

9. Last summer, my vacation was not only busy but full of bad weather also.

10. We'll know we've succeeded when we see the children following our family's rules and then they should do well in school, too.

Criando Frases bem Conectadas

Aqueles que escrevem acrescentam significado e ênfase aos períodos usando conectivos. No capítulo 2, você aprendeu a respeito deles, que se chamam conjunções. Agora, verá como usá-los para conectar orações. A conjunção escolhida depende do relacionamento entre as partes.

Por exemplo, como você combinaria estas duas afirmações *igualmente importantes* para formar um período único e forte?

Our children are very good at sports. We've decided to send them to a sports day camp this summer.

Primeiro, veja esta lista de conjunções coordenativas:

also	and	besides	but	consequently
for	further	furthermore	however	moreover
nor	or	so	then	therefore
thus	yet			

Uma maneira simples de coordenar e conectar estes dois pensamentos iguais seria usando a palavra *so*:

Our children are unusually good at sports, *so* we've decided to send them to a sports day camp this summer.

Note que uma vírgula foi inserida antes de *so*.

O uso da palavra *therefore* pode fazer uma conexão ainda mais forte. Entretanto, com qualquer uma das conjunções mais longas, o ponto e vírgula precederá a palavra e uma vírgula virá depois dela:

Our children are unusually good at sports; *therefore*, we've decided to send them to a sports day camp this summer.

Futuramente, você aprenderá muito mais sobre o papel da pontuação na combinação de oração.

Agora procure uma conexão entre os próximos dois pensamentos:

Eden gave us too many alternatives. It confused us.

Se você simplesmente acrescentar a palavra *and*, unirá os dois pensamentos com sucesso.

Eden gave us too many alternatives, and it confused us.

Observação: *Sempre que escrever uma frase que comece com it (por exemplo, It confused us), olhe novamente. Esta, sem dúvida, poderá se unir à anterior.*

Mais um exemplo:

I paid for the car. Jan does nothing but complain about it.

Escolha uma conjunção que mostre o contraste entre a generosidade da pessoa na primeira oração e a falta de gratidão da pessoa na segunda frase.

I paid for the car, *yet* Jan does nothing but complain about it.

Exercício 7-4

Em cada um dos próximos itens, escolha uma conjunção coordenativa da lista anterior para conectar as orações.

1. We want to buy shoes on sale. The sale will last just this week.

____

2. The homebuilder hoped to attract buyers from the area. He advertised the new homes in the local paper.

____

3. We could walk anywhere on the grounds. We couldn't disturb the workers.

4. When you bake, first turn on the oven to the temperature stated. Gather all the ingredients you'll need.

5. She asked her husband to take the trash to the recycling depot. He quickly left for work.

6. I had promised to arrive at 1 P.M. Heavy traffic delayed me.

7. Take some sandwiches with you. Stop at a restaurant and spend a great deal of money.

8. I've spent two weeks' pay. I'll be eating very meagerly for a while.

9. Lend me $50. I'll pay you next month.

10. I've studied and studied for the test. I feel unsure of myself.

USO DE CONJUNÇÕES PARA CONECTAR IDEIAS SUBORDINADAS

Obviamente, bons escritores usam as palavras adequadas para unir ideias. Porém, também têm que tomar decisões sobre a importância relativa das ideias em uma frase. Por exemplo, no próximo período, qual das duas orações parece ser a menos importante?

If we train diligently, our team can win the title.

Comece lendo a primeira oração (todas as palavras antes da vírgula). Você acha que esta oração pode ficar sozinha expressando um pensamento completo? A resposta, claro, é não. A palavra *If* a transforma em uma oração subordinada, ou seja, dependente do resto do período para completar o pensamento.

If we train diligently . . .

Você leu sobre esse tipo de oração no capítulo 1; trata-se de um fragmento. Após lê-la, você se perguntará "E depois?". A resposta à pergunta está no resto do período (após a vírgula), corretamente chamada de oração independente ou principal. *Our team can win the title* é independente porque pode ficar sozinha como uma frase. O escritor acrescentou *if clause* para acentuar uma ideia sobre a outra.

Agora procure uma conexão entre os dois pensamentos seguintes:

Although he likes to walk in the woods and photograph flowers, David loves to rest in an open field.

O que o escritor quis enfatizar nesta frase? A palavra *although* sinaliza a oração dependente ou subordinada, a parte do período que não pode ficar sozinha. Ela informa que o escritor deseja dar ênfase à segunda metade (ou metade independente) do período. A primeira oração está subordinada à segunda metade pela palavra *although.*

Veja outro exemplo:

Although you have driven for many more years than I have, I have experience in cross-country driving.

O que esta frase enfatiza? Os anos de direção ou a experiência dirigindo pelo país? A segunda é a ideia destacada e a oração independente. Como sabemos? A oração pode ficar sozinha. A oração que começa com *although* seria um fragmento se ficasse isolada. Qual palavra a torna uma oração dependente ou subordinada? A palavra *although* o faz.

Para conectar ideias subordinadas, use uma das palavras da seguinte lista de conjunções:

after	although	as	because
if	since	though	unless
when	whenever	where	whereas

Exercício 7-5

Para completar cada uma das próximas orações, escolha uma conjunção da lista anterior.

1. ______________ you babysit for us, I don't worry about the children.
2. ______________ you hear otherwise, I'll pick you up at 5 P.M.
3. I have been taller than you ______________ the sixth grade.
4. ______________ the game, we tailgated.
5. You bought me a very expensive gift ______________ I asked you not to.

6. ______________ you agree with me, vote yes on that issue.
7. You're expected to arrive ______________ I leave.
8. ______________ a storm is expected, we still think we can drive to the lake.
9. You're the one to break a promise ______________ we have an agreement.
10. ______________ both children are sick, I have to miss work.

USO DE OUTROS CONECTIVOS PARA MOSTRAR RELACIONAMENTO ENTRE IDEIAS

Outro tipo de conjunção mostra um relacionamento particular entre as orações independentes. Os gramáticos as chamam de *conjunctive adverbs*. Esses conectivos são advérbios que agem como uma ponte de transição entre ideias completas. Normalmente indicam comparação, contraste, causa-efeito, sequência ou outros relacionamentos. Costumam ocorrer entre orações independentes. Por serem palavras de transição, os *conjuctive adverbs* podem vir no início, no meio ou no fim da segunda de duas orações independentes em um período. Por exemplo:

You haven't shown any interest in the project; *therefore*, I will lead it. (*Therefore* = conclusão lógica)

Note que a conjunção *therefore* é precedida de um ponto e vírgula e seguida por uma vírgula.

Vejamos mais exemplos:

My nephew is not a very good Ping-Pong player; *nevertheless*, he loves the game. (*Nevertheless* = uma conclusão não tão lógica)

We were experiencing the hottest day of the year; consequently, we kept the children in the baby pool for as long as possible. (*Consequently* = como resultado direto)

A seguir, uma lista mais completa das conjunções usadas para conectar e mostrar o relacionamento entre duas orações independentes. Os *conjuctives adverbs* expressam tempo, contraste, resultado, condição e adição. A lista organiza-os de acordo com essas categorias.

Conjunctives Adverbs Que Expressam Tempo (*time*)

then	meanwhile	at one moment . . . at the next
afterward	later	sometimes . . . sometimes
henceforth	soon	now . . . then

Conjunctives Adverbs Que Expressam Adição (*addition*)

likewise	moreover	in addition
furthermore	besides	partly. . . partly
then too	also	for one thing. . . for another (thing)

Conjunctives Adverbs Que Expressam Contraste (*contrast*)

however	nevertheless	still
on the contrary	instead	rather
exactly the opposite	on (the) one hand . . . on the other hand	

Conjunctives Adverbs Que Expressam Resultado (*result*)

consequently	hence	then	therefore
thus	accordingly	as a result	

Conjunctives Adverbs Que Expressam Condição (*condition*)

otherwise (= if not)

Exercício 7-6

Escolha um *conjunctive adverb* da próxima lista para completar cada uma das frases.

however	instead	meanwhile	on the contrary	incidentally
in fact	next	as a result	otherwise	still

1. We thought we'd be able to save money this month; ______________, we're spending more!
2. My new car performed very well this winter; ______________________, it surpassed all expectations.

3. I've picked up all our mail; _______________ , one package has not been delivered.
4. We installed a new deck; _______________ , we can see that the lumber was not cut correctly.
5. I've already called the designer and the carpenter; _______________ , I'll call the lumberyard.
6. They will need to come up with a simple solution; _______________ , the deck will have to be removed.
7. You may think that is what I want; _______________ , I am really hoping to avoid that result.
8. You change the beds and dust the rooms; _______________ , I'll start the laundry.
9. I hurt my back using the weight machine; _______________ , I won't be exercising for a long time.
10. I picked up the concert tickets; _______________ , they were $18 each.

Observação: *um conjunctive adverb pode ser usado em outra posição em um período. Nesse caso, ele é acompanhado de vírgulas e não conecta dois pensamentos completos. Por exemplo:*

Senator Blakeley, *however*, did not vote for the amendment.

Nonetheless, the Senate hopes to pass the bill.

Exercício 7-7

Para cada uma das próximas orações, escolha um *conjunctive adverb* da lista anterior de categorias. As categorias estão destacadas antes do período.

1. (Time) We'll be at Stephanie's school this morning; _______________ , we'll visit Matthew's school this afternoon.
2. (Contrast) I thought the weather was improving; _______________ , our basement was flooded by three inches of rain.
3. (Result) To make this change, we'll need a substantial loan; _______________ , I will call our bank.
4. (Addition) Our motivation for this growth is to provide more services to our customers; _______________ , we'll be able to speed the results of our testing.
5. (Condition) Some populations are difficult to survey; _______________ , our work would be easier.

6. (Time) I'll make dinner; ____________, you set the table.
7. (Contrast) We started our day very early so that we could relax in the afternoon; ____________, we hadn't accounted for the volume of customers.
8. (Result) Half of my staff was sick; ____________, I called in temporary employees.
9. (Addition) We'll pack our files and computers; ____________, we'll take the desks and chairs.
10. (Time) Sometimes we're fully staffed; ____________ we're not.

Exclusão de Palavras Desnecessárias

Muitas das frases que escrevemos se espremem sob o peso de palavras desnecessárias:

Prolixo: We were searching for a painter who had experience.

Corrigido: We were searching for an experienced painter.

O segundo exemplo exibe uma mudança muito pequena, mas importante. A correção elimina uma oração, *who had experience*, e a substitui por uma palavra – um adjetivo, *experienced*. Vejamos outro exemplo:

Prolixo: Record these names in a place to which all of us have access.

Corrigido: Record these names in a place accessible to all of us.

Corrigido: Record these names in an accessible place.

Um erro comum é o uso de *my reason for . . . was that*:

My reason for shopping on Thursday was that I knew the vegetables would be fresh.

Seria muito mais simples dizer: *I shopped on Thursday because I knew the vegetables would be fresh.*

A repetição de ideias é outro erro comum:

Prolixo: Here is a picture of the new Mac desktop that they just introduced.

Corrigido: Here is a picture of the newly introduced Mac desktop.

Prolixo: George Washington, he was most notably painted by Gilbert Stuart

Corrigido: George Washington was most notably painted by Gilbert Stuart.

Uma última regra muito importante: substitua expressões chatas por verbos fortes.

Prolixo: If you *have an objection* to the menu, please let me know.

Corrigido: If you *object* to the menu, please let me know.

Prolixo: Please make *a recommendation* for chairperson.

Corrigido: Please *recommend* a chairperson.

Exercício 7-8

Simplifique cada uma das próximas frases.

1. The tour on the buggy tour of Charleston was enlightening.

 ____

2. Our reason for leaving the party early was because we knew how heavy the traffic would be.

 ____

3. Here is an example of the new hybrid vehicle just introduced at the automobile exposition.

 ____

4. This is a report about an analysis of our town water.

 ____

5. I have a suspicion that the meeting will end in an argument.

 ____

6. We were looking for a house painter who was skilled.

 ____

7. While we were waiting for the train to arrive, we decided on a restaurant for lunch.

8. We sent in all the paperwork that was demanded by the manufacturer.

9. Hire only qualified welders who are certified in the skill.

10. Store these foods in a place to which we all have access.

TESTE

Corrija as próximas frases.

1. Either I will start college or I may be going to work.

2. The winner's demeanor was joyous and she was not without tears.

3. English, reading and to study history were always my favorites.

4. Though John shared my concern for the environment.

5. Style guides for writing papers discuss not only researching the subject but footnoting sources also.

6. Since you've eaten here before, please make a suggestion from this menu.

7. Hillary Clinton, she was the first woman to run for the presidency.

8. Our town was interviewing for a new town manager who would take over the job.

____

9. Both options they are expensive, but we have to choose one.

____

10. We looked at a 1,000 sq. ft. space. It was too small.

____

CAPÍTULO 8

A Pontuação Constrói Frases

Neste capítulo, você aprenderá:

Pontuação na construção de frases

Períodos simples (*simple sentences*)

Períodos compostos (*compound sentences, complex sentences e compound-complex sentences*)

Pontuação na Construção de Frases

Como você leu anteriormente, a construção de frases tem tudo a ver com a pontuação. A pontuação não é o único problema, mas é um problema importante. Por exemplo, por meio da pontuação, os períodos simples (*simples sentences*) podem ser combinados para produzir períodos compostos (*compound, complex* e *compound-complex sentences*). Por exemplo:

Doreen could finish the task. Lily knew she wouldn't.

Ao ler os dois períodos simples anteriores, você consegue entender seus significados facilmente. A questão, porém, é esta: como expressar tal ideia usando um estilo interessante e que a torne ainda mais clara? A resposta é: adicione uma palavrinha que permita unir os dois períodos, formando um período composto:

Doreen could finish the task, yet Lily knew she wouldn't.

A pequena palavra conectora *yet* estabelece um contraste entre o que Doreen *poderia* fazer e o que Lily, por contraste, *sabe que* Doreen fará. Claramente, um conectivo pode gerar um impacto significativo!

Quando você terminar de estudar este capítulo, conhecerá as diferenças entre os quatro tipos de períodos abordados: *simple, compound, complex* e *compound-complex sentences*. Obviamente, a variedade de estruturas fará com que sua escrita fique mais interessante. Por exemplo, leia o próximo parágrafo contendo cinco períodos simples. Não há nenhuma variedade! Você aprenderá a usar palavras combinatórias e pontuação para trazer variedade a um texto e à sua escrita.

A solitary mouse lived in the Timothy house. He crept about late at night. He looked for food. His enemy was always waiting for him. His enemy was the family cat.

A construção de frases em inglês começa pelo estudo dos diferentes tipos de períodos.

Períodos Simples (*Simple Sentences*)

Um período simples é uma oração independente que contém um sujeito, um verbo e um pensamento completo. Por exemplo:

Visualization prepares athletes for success.

Não é necessária nenhuma pontuação além do ponto final nesta frase. Você pode até adicionar um sujeito composto e o período continuará sendo simples:

Visualization and practice prepare athletes for success.

No exemplo, dois substantivos, *visualization and practice*, formam o sujeito e não é usada vírgula para separá-los.

Visualization and practice prepare athletes for peak performance and success.

No período anterior, além de haver um sujeito composto há também um objeto composto da preposição *for.*

Visualization and practice prepare athletes for peak *performance and success.*

Ainda assim, a vírgula não é necessária para separar os elementos compostos deste período simples.

Exercício 8-1

Em cada um dos seguintes períodos simples, identifique o sujeito (S), o verbo (V) e o(s) objetos(s) (O). O item 1 está feito como exemplo.

S S V O O (da preposição)

1. Matthew and I found our seats in the theater.

2. Late arrivals caused a stir.

3. On the stage, the main character, Bess, looked fleetingly at the audience.

4. She continued her dialogue.

5. The audience members regained their composure.

Períodos Compostos - *Compound Sentences*

Sigamos agora para os períodos compostos. Aqui abordaremos as *compound sentences*. Neste tipo de período é necessário acrescentar a pontuação. Uma frase composta é formada por duas orações independentes unidas por uma vírgula e uma conjunção ou apenas por um ponto e vírgula.

USO DE CONJUNÇÕES COORDENATIVAS

Como você aprendeu, há duas maneiras de conectar pensamentos completos, mas *a vírgula sozinha não é uma delas*. Você se lembra de ter estudado essas conjunções coordenativas no capítulo 2?

for, and, nor, but, or, yet, so

Podemos nos lembrar dessas conjunções coordenativas com facilidade usando o acrônimo *FANBOYS*. Este acrônimo é formado pela primeira letra de cada conjunção.

FANBOYS

Conjunção	**Definição e exemplos**
for (porque)	significa "porque" e mostra consequências lógicas. Exemplo: No tulips grew that spring, *for* I had forgotten to plant them the previous fall.
and (e)	significa "junto com, além disso". Exemplo: I took an antibiotic, *and* I went to bed for the entire day
nor (tampouco)	indica um ponto negativo. Exemplo: There was no heat in the house, *nor* was there any electric power.
but (mas)	significa "exceto, porém, por outro lado" e mostra contraste Exemplo: Many people have studied Stonehenge, *but* no one knows for sure why it was built.
or (ou)	indica uma opção. Exemplo: Should the electoral college decide a presidential election, *or* should it be decided by the popular vote?
yet (porém)	mostra contraste . Exemplo: I thought that Dana was talented enough to make the team *yet* the coach judged his performance inadequate.
so (então)	significa "portanto" ou "como resultado" e indica consequências lógicas. Exemplo: I bought all the holiday gifts, *so* why don't you plan on wrapping them?

ERROS COMUNS

Um lembrete importante: pensamentos completos não podem ser unidos com vírgulas. Fazer isso cria um erro grave chamado de culpa da vírgula ou texto corrido com pontuação inadequada.

Errado: Visualization prepares athletes for success, consistent practice is a must.
Certo: Visualization prepares athletes for success; consistent practice is a must.
Certo: Visualization prepares athletes for success. Consistent practice is a must.

Com o uso de uma vírgula, as conjunções coordenativas unem orações independentes (*independent clauses*) e acrescentam significado:

(Conj. Coord.)

[Oração Independente] ↓ [Oração Independente]

↓ ↓

[Visualization prepares athletes for success], (but) [practice is a must].

[Oração Independente] (Coord. Conj.) [Oração Independente]

↓ ↓ ↓

[My cat likes kibble], (but) [my dog eats table food only].

[Oração Independente] (Conj. Coord.) [Oração Independente]

↓ ↓ ↓

[Lenny ate all the pizza], (so) [Phil finished the salad].

Exercício 8-2

Corrija cada um dos próximos períodos acrescentando uma conjunção.

1. I use only unscented products, all my friends use scented detergents.
2. Meet me at 6 P.M., we'll have dinner together.

3. We've been recycling plastic, glass, and newspapers, our town says we need to do more.
4. I have to work at home tomorrow, my office is being painted.
5. I'm trying to save energy at home, we've lowered the thermostat and switched to energy-saving lightbulbs.

USO DE *CONJUNCTIVES ADVERBS*

Outras conjunções, tais como *however, therefore, furthermore* e *nevertheless* também unem orações independentes e expressam relacionamentos entre elas. Note que essas conjunções mais longas, também chamadas de *transitional words* ou *conjuctive adverbs*, são precedidas de ponto e vírgula e seguidas de vírgula:

Sunday was the hottest day of the summer; consequently, we decided to go to the beach.

Qual relacionamento é expresso pela palavra *consequently* neste período? Seu emprego deixa claro que a segunda oração é resultado da primeira.

Aqui está uma lista mais completa dos *conjunctives adverbs*:

after all	also	as a result
besides	consequently	finally
for example	furthermore	hence
however	in addition	incidentally
indeed	in fact	in other words
instead	likewise	meanwhile
moreover	nevertheless	next
nonetheless	on the contrary	on the other hand
otherwise	still	then
therefore	thus	

Exercício 8-3

Escolha quaisquer cinco *transitional words* ou *conjunctive adverbs* da lista anterior e escreva períodos que unam orações independentes.

1. ______

2. ______

3. ______

4. ______

5. ______

Em resumo, você aprendeu três formas diferentes de unir orações independentes:

I like Cape Cod, but Marcel likes Nantucket.

(oração independente, vírgula, conjunção coordenativa, oração independente)

I like Cape Cod; Marcel likes Nantucket.

(oração independente, ponto e vírgula, oração independente)

I like Cape Cod; however, Marcel likes Nantucket.

(oração independente, ponto e vírgula, *transitional word* ou *conjunctive adverb*, vírgula, oração independente)

Exercício 8-4

Corrija os erros de pontuação nos períodos seguintes.

1. Luke reads the *Times*, his friend reads *USA Today*.
2. We will travel to Massachusetts or we'll stop in Connecticut.
3. The car's radiator overheated therefore we called a service mechanic.
4. Traffic was bumper-to-bumper, nevertheless we stayed on the road until we reached our destination.
5. I babysit twice a week, my friend babysits every day.

USANDO CONJUNÇÕES PARA ACRESCENTAR SIGNIFICADO ÀS FRASES

As conjunções coordenativas costumam ser usadas para conectar orações. Até aí, tudo bem. Entretanto, corre-se o risco de usá-las em excesso. A palavra *and*, por exemplo, é uma dessas conjunções, já que ela simplesmente adiciona uma oração à outra e não indica realmente que tipo de relacionamento se deseja estabelecer. Por outro lado, a palavra *although* comunica um relacionamento muito mais específico do que *and*. Por exemplo:

1. We have done little to effect change, and greenhouse gases continue to soar.
2. We have done little to effect change; consequently, greenhouse gases continue to soar.

No primeiro período, uma oração está simplesmente unida a outra. Com o acréscimo de *consequently*, o segundo período indica uma opinião ou uma acusação feita pelo escritor. Ele diz que, *apesar de* ou *não obstante* o que está acontecendo com relação aos gases do efeito estufa, fazemos pouca coisa e há uma consequência.

Vamos, então, usar as *transitional words* para dar mais significado aos períodos. Em cada uma das seguintes, como você acrescentaria significado substituindo *and* por uma *transitional word* mais cheia de significado? Volte a dar uma olhada na lista de *transitional word* para ter uma ideia.

1. I will make dinner, *and* you need to pick up Amelia after school.

   ____

2. Tillie was always late for work, *and* she received a cut in pay.

   ____

3. We started by clearing the attic, *and* we emptied the garage.

   ____

Ao voltar à lista de *transitional word*, você provavelmente encontrou várias possibilidades para cada período. Aqui estão algumas:

Período 1

I will make dinner; meanwhile, you need to pick up Amelia after school.

I will make dinner; on the other hand, you need to pick up Amelia after school.

I will make dinner; consequently, you need to pick up Amelia after school.

Período 2

Tillie was always late for work; consequently, she received a cut in pay.

Tillie was always late for work; finally, she received a cut in pay.

Tillie was always late for work; as a result, she received a cut in pay.

Período 3

We started by clearing the attic; next, we emptied the garage.

We started by clearing the attic; finally, we emptied the garage.

We started by clearing the attic; in addition, we emptied the garage.

Você certamente notou que os períodos reescritos comunicam muito mais sobre a mensagem e a opinião do escritor.

Isso nos leva a relacionamentos mais específicos, aqueles estabelecidos pelo uso das *complex sentences.*

Períodos Compostos – *Complex Sentences*

Como você aprendeu anteriormente, uma vírgula mais uma conjunção coordenativa, ou um ponto e vírgula, unem períodos e dão igualdade aos dois pensamentos. E se você quiser dar mais importância a uma ideia do que à outra (enfatizar uma oração)? Neste caso, você precisará construir uma frase *complexa.*

Complex sentence une uma oração independente (um pensamento completo) e uma oração dependente (um pensamento incompleto). Emprega-se a conjunção subordinativa para unir essas duas orações. Uma *complexe sentence* expressa a relação entre a oração subordinada e a principal. As conjunções subordinativas mais comuns são:

after	although	as	as if
because	before	how	in that
in so far as	if	once	since
so that	than	that	though
until	when	whenever	why
where	whether	while	

Por exemplo:

When we have time, we read and enjoy fiction.

Qual parte do período pode ficar sozinha? A resposta, claro, é a parte que vem depois da vírgula:

We read and enjoy fiction.

A primeira parte do período é um fragmento. *When we have time* leva à pergunta "O que acontece?"

A *complex sentence é* uma ferramenta poderosa, ou seja, dá a você a possibilidade de subordinar uma ideia menos importante à mais importante, a oração dependente à oração independente. Outra possibilidade que a *complex sentence* abre é a de variar o tamanho de seus períodos.

Como podemos subordinar uma ideia a outra usando as seguintes orações?

Tom works in Phoenix. Elliot still works in Los Angeles.

Exemplos:

Oração Dependente	Oração Independente
↓	↓

(Although Tom works in Phoenix), (Elliot still works in Los Angeles).

Elliot still works in Los Angeles although Tom works in Phoenix.

Observação: *Note que, quando a oração dependente vem após a oração independente, a vírgula não é necessária.*

Oração Independente → (Elliot still works in Los Angeles)
Oração dependente → (although Tom works in Phoenix)

(Elliot still works in Los Angeles) (although Tom works in Phoenix).

Além disso, se notar que suas frases começam frequentemente com a palavra *it,* poderá suprir essa escolha pobre de palavras combinando duas orações independentes curtas em um período composto (uma *complex sentence*). Por exemplo:

It is sunny today.

We don't have raincoats in the car.

Existe uma relação causal óbvia entre estas duas declarações. Por que não expressá-la? Lógico, você terá que verificar qual ideia é mais importante para seu propósito. Sua escolha pode ser a seguinte:

[Oração Dependente] (Vírgula) [Oração Independente]

↓ ↓ ↓

Because it is sunny today, we don't have raincoats in the car.

Neste caso, a primeira oração transformou-se em subordinada, enfatizando a segunda.

Escrever frases fortes exige a colocação da ênfase na ideia mais importante. Essa ênfase normalmente é seguida colocando-se a ideia principal no fim do período.

Losing weight and building strength are the clear goals of our new health and fitness program, although other activities will be included.

Qual oração carrega a ideia mais importante?

Independente: Losing weight and building strength are the clear goals of our new health and fitness program

Dependente: Although other activities will be included

Podemos supor que a oração independente carrega a ideia mais importante. Se esse for o caso e considerando a observação anterior com relação à ênfase na ideia principal, como uniríamos as orações? Veja os seguintes exemplos:

[Oração Dependente] (Vírgula) [Oração Independente]

↓ ↓ ↓

Although other activities will be included, losing weight and building strength are the clear goals of our new health and fitness program.

O fim do período agora contém e enfatiza a ideia importante.

Exercício 8-5

Crie períodos compostos (*complex sentences*) combinando os conjuntos de orações dependentes e independentes. Use vírgulas quando necessário. Verifique qual ideia é mais importante e a coloque no fim do período.

1. Because of my excellent advice
   Marla and Darren had a great trip.
   ____

2. We read the book and saw the movie
   Although many people advised against it
   ____

3. When you arrive
   We'll have dinner
   ____

4. If Daria arrives on time
   We'll have time to get to the late movie
   ____

5. The traffic began to flow
   After we passed the construction site.
   ____

Exercício 8-6

Leia os seguintes parágrafos. Elimine os períodos simples criando períodos compostos. Insira uma vírgula e uma conjunção ou apenas um ponto e vírgula onde for necessário.

1. We have always bought our baby educational toys. Manufacturers of those toys make extravagant claims about verbal skill building. Researchers have studied the toys. They concluded that the toys did not increase vocabulary. We buy expensive toys. We expect them to live up to their advertising.

   ____

   ____

   ____

   ____

2. Back problems are common. It's a result of our walking upright. It's also because of degenerative changes in the spine. That's because walking upright places a great deal of weight on the lower spine. In middle age, some changes can occur. Arthritis and other changes affect the disks.

   ____

   ____

   ____

   ____

Períodos Compostos – *Compound-Complex (Sentences)*

Você entenderá por que esse tipo de período composto exige pontuação depois de ler alguns exemplos. Comece percebendo que as *compound-complex sentences* contêm pelo menos duas orações independentes e uma ou mais orações dependentes. Por exemplo:

> Though Rachel usually prefers watching tennis on TV, she watched the World Series, and she enjoyed it very much.

De acordo com a definição anterior, você precisa encontrar duas orações independentes no período:

1. she watched the World Series (oração independente)
2. she enjoyed it very much (oração independente)

Você também deve encontrar pelo menos uma oração dependente.

Though Rachel usually prefers watching tennis on TV (oração dependente)

Agora, o que dizer sobre a pontuação? A oração dependente introdutória requer vírgula. Como sabemos, um período composto formado pela combinação de duas orações independentes com uma conjunção também requer uma vírgula. Assim, essa *compound-complex sentence* precisa de duas vírgulas. Veja outro exemplo:

I had planned to drive to work on good weather days, but I couldn't drive on any day, because my car was in the repair shop for so long.

Neste caso, a palavra *because* vem após uma oração com verbo na negativa, *couldn't drive.* A oração com *because* explica por que o evento não ocorreu. A vírgula antes de *because* esclarece que *because* se refere a *couldn't*, e não a *drive.*

Observe as duas orações independentes:

1. I had planned to drive to work on good weather days
2. I couldn't drive on any day

Observe a oração dependente:

because my car was in the repair shop for so long

Mike, who walks to the corner each morning for his newspaper, rarely has his newspaper delivered; however, on very rainy days, he regrets that good habit.

Observe as duas orações independentes:

1. Mike rarely has his newspaper delivered
2. on very rainy days, he regrets that good habit

Observe a oração dependente:

who walks to the corner each morning for his newspaper

Por que o período original precisou de ponto e vírgula? Lembre-se de que, quando duas orações independentes são unidas por um conectivo maior, chamado em inglês de *conjuctive adverb* ou *transitional word,* usamos ponto e vírgula antes da conjunção e vírgula depois dela.

Road building in the West was dangerous; consequently, when construction began in the nineteenth century, many construction workers died in climbing accidents.

Observe as duas orações independentes:

1. Road building in the West was dangerous
2. consequently, many construction workers died in climbing accidents

Observe a oração dependente:

when construction began in the nineteenth century

Exercício 8-7

Pontue os períodos a seguir de modo que seus significados fiquem claros:

1. Ani who plays the piano rarely listens to any other kind of music however Mal plays no instrument and listens to all kinds of music.
2. We knew the prize was hidden in the house somewhere nevertheless even with that knowledge we couldn't find it.
3. Jake and Leela never told us they were not coming so even though we had planned so carefully we had much too much food.
4. Halloween never ceases to amaze me for although it appears year after year both children and their parents exhibit unrelenting enthusiasm.
5. By the time he was fourteen he had begun a professional career from the Atlantic City Boardwalk to touring in vaudeville he rose by force of his extraordinary ability to star billing as W.C. Fields Tramp Juggler.
6. While Stephen Douglas maintained a popular sovereignty stance, Lincoln stated that the United States could not survive as half-slave and half-free states consequently the Lincoln–Douglas debates drew the attention of the entire nation.
7. Because of the delays we've experienced we are no longer using the U.S. mails hence you will receive our new catalog via e-mail.
8. When the contaminated water had finally drained out of the pool the special cleaning crew climbed in and began to scrub all surfaces.

9. As I've told you before I'm not perfect nevertheless I never turn down an opportunity to try something new even if I think I might not succeed.
10. Eighteenth-century cities were not models of cleanliness furthermore crime and poverty were rampant while public sanitation was clearly non-existent.

TESTE

Insira ou exclua a pontuação onde for necessário.

1. The 100-acre Busch Gardens in Williamsburg, VA, is open to the public; from March to the end of October.
2. Whenever he professed his love for her she blushed.
3. I planted the flowering perennial plant; that you gave me.
4. Even though I said I wanted to be alone Jimmy insisted on joining me consequently I hated the movie.
5. Her husband because he is the opposite of a chauvinist cares deeply about her career therefore he even writes her résumé for her.
6. I wore my new black suit, and coat to the interview.
7. Itemize all the food in your refrigerator you'll be amazed at the quantity and variety of things.
8. Except for the pots and pans I've itemized my entire kitchen.
9. Although he had been walked and fed the dog barked loudly for a long time until finally we realized that he was afraid of the dark.
10. My teenage son should have been studying for exams instead he was outside playing basketball with his friends.

CAPÍTULO 9

Estilo e Clareza

Neste capítulo, você vai aprender a:

Escrever frases mais claras
Usar verbos ativos (active verbs)
Inserir informações importantes por último
Empregar verbos em vez de substantivos
Evitar ambiguidade ao usar pronomes
Posicionar corretamente adjetivos e advérbios
Excluir palavras desnecessárias
Corrigir declarações ilógicas
Redigir frases harmoniosas – mais informações
Usar corretamente preposições em uma série

Escrevendo Frases mais Claras

Tenha algo a dizer e diga com a maior clareza possível.
Esse é o único segredo do estilo.
— Matthew Arnold

Essa citação de um poeta e crítico inglês de meados do século XIX estabelece perfeitamente a ideia principal deste capítulo. Você pode escrever frases que estejam corretas, mas que não tenham estilo nem clareza. Depois de dominar a gramática da língua inglesa, pontuação, ortografia, regras gramaticais, você precisa se preocupar com a clareza. Isso significa manter sua escrita acessível ao leitor – sem ambiguidades e impossível de ser lida incorretamente.

Quais armadilhas comuns bloqueiam o estilo e a clareza? Veja a lista da próxima seção e prepare-se para evitá-las.

Use *active verbs*

Passive verbs (aqueles que descrevem ação passiva em relação ao sujeito) usados em demasia definitivamente bloqueiam a clareza. Esses verbos sempre contêm uma flexão de *to be,* como *is, was, were* e *been.* Por exemplo:

Confusa: A survey was taken of all board members by the governance committee.

No exemplo anterior, verbo não ativo ou passivo (nonactive ou passive) *was* enterra o sujeito, *governance committee.* Por que não começar a frase pelo sujeito, *governance committee*, e acompanhá-lo do verbo na sua forma (*active verb took)*? O verbo passivo *was* é uma forma do verbo *to be* – exclua-o. *O que* eles realizaram? Eles realizaram uma *pesquisa* (objeto).

Mais clara: The governance committee took a survey of all board members.

Ainda mais clara: The governance committee surveyed all the board members.

Vejamos outro exemplo:

Confusa: A free book program is offered by the bookstore.

Por que não dar o crédito a quem é devido? Encontre o sujeito enterrado. Quem oferece o programa? A livraria. Qual a forma ativa do verbo? *Offers.* Note o verbo *is* –

uma flexão de *to be* na voz passiva. O que a livraria oferece? Um programa de livros grátis.

Mais clara: The bookstore offers a free book program.

Confusa: A survey was taken of the townspeople by the town council.

Novamente, qual é o sujeito enterrado? The town council. Qual a forma ativa do verbo *was taken*? *Took*. O que a câmara municipal realizou? Uma pesquisa.

Caso o escritor *não* queira enfatizar o sujeito para o leitor, então uma forma verbal passiva funcionará muito bem. Na próxima frase, ninguém leva a *culpa pelo adiamento do projeto de lei* porque o sujeito é o próprio projeto de lei *(bill)*. Note o verbo *was*, uma forma do *to be*:

The bill was tabled by a 3-to-1 vote.

Se você reler as frases anteriores melhoradas, verá que a exclusão dos verbos na forma passiva (*passive verbs*) revela o sujeito e deixa as frases claras.

Exercício 9-1

Reescreva cada uma das próximas frases usando *active verbs*. A primeira está feita para você.

1. This was the first year that a profit was realized by us.

   This year we realized a profit for the first time.

2. Their approach was to play their strongest people at the beginning of the game.

   ____

3. It is necessary to take a shopping list with you.

   ____

4. Building your speed on the treadmill is the next step.

   ____

5. The electric pen should be used to sign the documents.

   ____

Como visto anteriormente, pode até haver motivos para usar *nonactives ou passive verbs* em certas ocasiões. Se, porém, você escrever dez frases, todas com ocasiões *passive verbs*, provavelmente poderá mudar sete ou oito delas inserindo *active verbs*. Por que perder tempo fazendo isso? A resposta é clara: os verbos na passiva ajudam a enevoar a escrita. Além disso:

Passive verbs acrescentam palavras desnecessárias às frases.

Passive verbs deixam as frases mais difíceis de serem entendidas.

Passive verbs encobrem os sujeitos.

Provaremos todas estas afirmações.

1. Leia a frase seguinte. Troque a *passive verb* por um *active verb* e exclua duas palavras

   In the next chapter, the family dynamics are explained.

   ____

2. Na próxima frase, encontre o sujeito encoberto e mude o *passive verb* pela *active verb.*

   It has been determined that we will bid on that job.

   ____

3. Na última frase, encontre o sujeito encoberto e empregue um *active verb.*

   It was argued strongly that making cars more efficient was the committee's first concern.

   ____

Você fez as transformações? As respostas podem variar.

1. The next chapter explains the family dynamics.
2. We have decided to bid on that job.
3. As a first concern, the committee argued strongly for more efficient cars.

Exercício 9-2

Reescreva cada uma das próximas frases usando *active verbs*.

1. The price of gas was raised for the second time this week by that gas station.

____

2. A litter of puppies was born recently from which Amelia can choose a pet.

____

3. The spring flowers are blooming that I planted last month.

____

4. It is believed by many people that global warming will eventually affect everyone.

____

5. Weaknesses were detected by the new automotive equipment.

____

6. A favorite Christmas movie is seen by our family every year.

____

7. Many dogs and cats are offered for adoption by that agency.

____

8. A tall fence will be placed between the Corbett and Balise properties.

____

9. Radar is used by meteorologists to forecast weather.

____

10. New sheets and blankets are needed for all the beds in the house.

____

Insira as Informações Importantes por Último

Inserir informações importantes por último também proporciona clareza. Você provavelmente se lembra de ter aprendido isso no capítulo 8. Aqui sugerimos outra forma de introdução de ideias importantes nas frases: comece com aquilo que seu leitor já sabe e, então, acrescente as novas informações.

> Each year, the growing season ends [old information], and I'm left with barrels and barrels of tomatoes [new information]. These red, ripe beauties [old information] are luscious to behold, but how many pots of tomato sauce can I cook and store [new]? As it is, jars of tomato sauce [old] threaten to take over all my freezer space [new].

Exercício 9-3

Reescreva cada uma das próximas frases inserindo a ideia importante no final.

1. How can I prepare for the future in a depressed economic climate?

   ____

2. Before the banks close, let's make a deposit.

   ____

3. You should file a police report if you are in a collision.

   ____

4. Improving style and clarity in your sentences is something you need to look at.

   ____

5. Sit down and reread your essay after you take time to think about other things for a while.

   ____

6. While your creativity is flowing, the first draft is an opportunity to put your words on paper.

   ____

7. Each department should review our joint goals after the first of the year.

   ____

8. The likelihood of growing food locally remains the important topic of the day.

   ____

9. The need for better art supplies in the middle school exists.

____

10. We have stopped using that truck company because of the delays we experienced.

____

Empregar Verbos em vez de Substantivos

Frases claras evitam os "verbos ocultos". Verbos ocultos ocorrem quando usamos uma expressão (verbo + substantivo) no lugar de uma forma verbal equivalente. Em inglês, essas expressões normalmente começam com *have* ou *make*

make a recommendation

make a suggestion

have knowledge

have an objection

Encontre o verbo equivalente em cada uma das próximas frases:

1. I will make a recommendation that we skip our vacation this year.
2. I have no knowledge of his skills.
3. The judges have an objection to your uniform.

Vejamos como trocar o substantivo *recommendation* por um verbo:

1. I *recommend* that we skip our vacation this year.

Nas próximas duas frases, substituímos *knowledge* por *know* e *objection* por *object.*

2. I don't *know* about his skills.
3. The judges *object* to your uniform.

Essas mudanças simples destacam os verbos e dão muito mais clareza às frases.

Verbos ocultos surgem de muitas outras formas. Existem centenas de outras expressões que usam *do*, *reach*, *give etc.* Por exemplo:

do an inspection

hold a meeting

furnish an explanation

reach an agreement

Exercício 9-4

Reescreva cada uma das próximas frases revelando os verbos ocultos. A primeira está feita para você.

1. I will send an invitation to all your friends.

   I will invite all your friends.

2. When you reach a decision, let me be the first to know.

   ____

3. Do I always have to give a justification for my actions?

   ____

4. A long time ago, I reached a conclusion that I can't please everyone all the time.

   ____

5. We can do an inspection of the house before we move in.

   ____

6. We shouldn't move on until we form a plan for the future.

   ____

7. Don't give an answer unless you are absolutely sure how you feel.

   ____

8. I give an apology anytime I offend someone.

   ____

9. Your father holds the opinion that you shouldn't drive unless your grades improve. (Observação: encontre uma palavra diferente para *opinion.*)

   ____

10. I'll help you clean up when you reach the end of the project.

    ____

Exercício 9-5

Leia o seguinte parágrafo. Reescreva quaisquer frases que pareçam inadequadas. Mude os *passive verbs* por *active verbs*, revele os sujeitos e os verbos ocultos e troque as informações importantes no fim das frases.

This advancement in science is hard to believe unless you see it in action. Thanks to the new Brain Computer Interface, people who are completely paralyzed due to illness or trauma will get help in the future. By connecting patients' brains to a computer, scientists can help these patients make a communication with others and even use their paralyzed limbs. Scientists have done an experiment with several people. It can be done but teaching a patient to move a cursor with his or her mind is neither fast nor fluid.

____

____

____

____

____

____

____

____

Evite Ambiguidade ao Usar os Pronomes

Quando a referência pronominal não está clara, perde-se diretamente a clareza. Todo pronome precisa de um antecedente, que é um substantivo ou expressão substantivada a qual se refira. Por exemplo:

Confusa: Bob told the service representative *his* phone was not working.

O telefone de quem não estava funcionando? A frase não responde a essa pergunta. Fomos treinados para atribuirmos o pronome (*his*) ao substantivo lógico mais próximo – neste caso, *representative* – mas isso pode não ser, necessariamente, o que o escritor quis dizer. Em vez disso, o telefone talvez pertença ao sujeito, *Bob.*

Mais clara: Bob told the service representative that his, Bob's, phone was not working.

Às vezes, a opção melhor e mais clara é reescrever a frase. Isso pode implicar a retirada do pronome em favor de um substantivo. Por exemplo:

Confusa: Jen dropped the laptop computer on the glass-top desk and broke it.

O que quebrou? O computador ou a escrivaninha com tampo de vidro? A que *it* se refere?

Mais clara: Jen dropped the laptop computer on the glass-top desk and broke the glass.
Mais clara: When Jen dropped the laptop computer on the glass-top desk, the glass broke.

Exercício 9-6

Reescreva as frases para corrigir os erros de referência pronominal. A primeira está feita para você.

1. Don't give new uniforms to employees until they have name tags.

   Don't give new uniforms to employees until the uniforms have name tags.

2. Myrna told Jodi she had a terrible cold and shouldn't go to the PTA meeting.

   ____

3. Our new water tank holds 20 percent less than our old one. It cost 30 percent more, though.

   ____

4. My daughter wrote a report and studied for a spelling test. It was a long one.

   ____

5. The chart at the end of the magazine article was included in its original form.

   ____

Exercício 9-7

Esclareça as referências pronominais nas frases seguintes.

1. My neighbor frequently buys my family food because they are so kind.

2. I hammered the nail into the picture hook, and now it is crooked.

3. Both Gloria and Priscilla played with her children.

4. The turkey platter was empty, but we were tired of eating it anyway.

5. The principal was speaking to Jason, and he looked unhappy.

6. Although Robin likes working at the cake shop, she never eats them herself.

7. Although the car smashed into the tree, it was not damaged.

8. After interviewing several teachers, I realized that it was not for me.

9. I went to see my father and my grandfather, who told me his latest health problem.

10. White and Smith made his presentation.

Posicione Adjetivos e Advérbios corretamente

Sempre que possível, coloque os adjetivos e advérbios (e suas respectivas locuções) próximos às palavras que modificam ou descrevem. A inserção inadequada resulta em confusão de sentido. Por exemplo:

Confusa: The elderly man relaxed after years of hard work on his porch.

O homem realmente passou tantos anos realizando trabalho árduo *em sua varanda*? Provavelmente não, mas é isso que diz a frase. Sem dúvida, a intenção era declarar que o homem *relaxava em sua varanda* após anos de trabalho árduo. *On his porch* modifica *relaxed*, dizendo onde o homem relaxava.

Corrigido: The elderly man relaxed on his porch after years of hard work.

Vejamos outro exemplo:

Confusa: Established employees who talk about the past constantly overawe new employees.

Os empregados falavam constantemente sobre o passado? A correção se dá quando movemos o advérbio, *constantly*, para ficar próximo à palavra que modifica, ou seja, *talk*.

Corrigido: Established employees who talk *constantly* about the past overawe *new employees.*

Veja outro exemplo:

Confusa: I wrote my evaluation of the new product on the provided lines.

Há um produto novo *nas linhas fornecidas*? Muito provavelmente, não.

Mais clara: I wrote on the provided lines my evaluation of the new product.
Mais clara: Using the provided lines, I wrote my evaluation of the new product.

Exercício 9-8

Dê clareza às seguintes frases, colocando as locuções adjetivas ou adverbiais nos locais aos quais pertencem.

1. The man in his desk found his glasses.

 ____

2. The student hung on the wall of her room a picture of a favorite music group.

 ____

3. The horse belongs to that rider with the brown spots.

 ____

4. The teacher posted the notes for the students covered in class.

 ____

5. My old car has driven 100,000 miles in the driveway.

 ____

Exercício 9-9

Leia o parágrafo. Corrija quaisquer referências pronominais que não estejam claras e empregue corretamente adjetivos e advérbios (ou suas respectivas locuções). Uma das frases está correta da forma como está escrita.

When you take your child to the doctor because he is coughing and sneezing, with asthma type symptoms, do you really know what's wrong? Up to now, doctors have depended upon physical exams, symptoms, and the child's history to explain the illness in the office visit. Doctors prescribe antibiotics using their best judgments, but often they don't cure the child because the ailment as far as the cause of it is concerned cannot be pinpointed. Now, however, there is a new test, which gives hope of understanding viruses associated with asthma attacks using the Virochip, A new study has found an unexpected number of viruses and viral subtypes led by University of California–San Francisco scientists in patients with respiratory tract infections (RTIs). The technique used in the study may help identify new viruses associated with human diseases and lead to specific strategies for treatment and prevention.

Exclua Palavras Desnecessárias

Quantas vezes você já ouviu ou leu este clássico exemplo de repetição em uma frase:

My friend, he eats a huge lunch and then an even larger dinner.

Qual palavra é preciso excluir? A resposta, claro, é *he*. O pronome apenas repete o sujeito, *friend*, sem motivo algum.

Aqui está outro erro frequente:

My reason for ordering in dinner is that I thought we would have more time to talk.

My reason . . . is that é a versão desnecessariamente prolixa do seguinte:

I ordered in dinner so that we would have more time to talk.

Além disso, quando o objetivo é a clareza na escrita, é preciso limpar as expressões excessivamente vagas.

We need a course in *effective communications.*

Você quis dizer *clear writing*? Então diga! We need a course in *clear writing.*

Em alguns escritórios, há *equipment malfunctions.* No meu escritório, há apenas *clogged printers.*

Entre outras expressões vagas usadas em excesso estão:

financial resources para *money*

inclement weather conditions para *rain, sleet, snow*

human resource development para *training*

banking facility para *bank*

retail facility para *store*

Além disso, a imprecisão na escrita persiste porque insistimos em qualificar/intensificar demais os termos. Se algo está claro, *perfectly clear* está mais claro? Não. Por que não deixar simplesmente de lado o excesso apontado por *perfectly*?

Aqui estão mais alguns exemplos de excesso impreciso de qualificações. Como você os simplificaria?

1. He utterly rejected my proposal.
2. The route drawing was quite precise.
3. My computer is radically new.
4. We thought their solution was quite imaginative.
5. My dog is completely devoted to the children.

Você percebeu que os excessos de qualificação/intensidade – *utterly, quite, radically* e *completely* – acrescentaram pouco significado. Exclua-os!

Outro obstáculo para a clareza é o uso de expressões prolixas em vez de uma única palavra. Qual termo você pode usar para substituir estas expressões?

as of this time	at this time
at the present time	at present
our current belief is	at this point
after further consideration	at this point in time
upon further reflection	

Ao terminar de ler essa lista, provavelmente lhe ocorreu que todas as expressões se referem a *agora*. Qualquer uma delas seria evitada usando-se a simples palavra *now*:

Prolixa: *At this time*, we're not hiring.

Mais clara: We're not hiring *now*.

Veja outras expressões prolixas que podem ser substituídas:

during the past	at that date
up until that time	at that time
at that point	in that period
at that point in time	during the past
as of that time	

Você percebeu que *then* poderia substituir qualquer uma das expressões anteriores?

Prolixa: In that period, we read all the child-rearing books we could find.

Mais clara: Then we read all the child-rearing books we could find.

Prolixa: As of that time, we started toilet training children at a year old.

Mais clara: We started toilet training children at a year old then.

Minhas palavras desnecessárias favoritas estão listadas no próximo exercício.

Exercício 9-10

Nas linhas fornecidas, escreva uma palavra ou expressão que elimine as palavras a mais da expressão original. A primeira está feita para você.

1. repeat again *repeat*
2. refer back ____________
3. true facts ____________
4. active consideration ____________
5. present status ____________
6. entirely complete ____________
7. past history ____________
8. midway between ____________
9. in ten years from now ____________
10. at that time ____________

Exercício 9-11

Simplifique cada uma das próximas frases eliminando palavras desnecessárias.

1. Juana's mother she agreed to bake for her granddaughter's birthday party.

   ____

2. Mickey thought the staging of that play was quite imaginative.

___

3. At this point in time, we need to consider a significant budget cut.

___

4. My reason for looking for a job is that I heard the company I work for is downsizing.

___

5. The department head she said, "We're not giving any bonuses at this time."

___

Exercício 9-12

Exclua repetições ou excessos de qualificação nas seguintes frases.

1. Your schedule is completely full, so you won't be going out for lunch.

___

2. My reason for not returning the book to the library is that I hadn't finished it.

___

3. We were perfectly happy not to leave the house on a rainy day.

___

4. Upon further reflection, I've decided to adopt a kitten from the local animal shelter.

___

5. At this point in time, a vacation is out of the question.

___

6. As of that time, we still had our out-of-date computers.

___

7. Midway between my house and yours there's a beautiful park.

___

8. My car it has 80,000 miles on its odometer.

___

9. Before you offer your opinion, at least get the true facts.

10. We're looking for a new retail facility.

Corrigindo Declarações Ilógicas

Verifique a lógica da seguinte frase:

Most of the days of our vacation were cloudy, but we went boating or swimming.

A lógica diria que você foi nadar apesar das nuvens! Como podemos dizer isso?

Most of the days of our vacation were cloudy; yet, we went boating or swimming.

Exercício 9-13

Em cada uma das próximas frases, procure palavras desnecessárias e declarações ilógicas. Corrija-as.

1. The carriage tour on the carriage around Charleston was fascinating.

2. The reason I enjoyed the ride was because I love historical architecture.

3. The carriage driver, he was full of intriguing stories.

4. The highlight of the tour was when we saw the outdoor crafts market.

5. Despite the wonderful tour, I signed up for another one for next year.

Exercício 9-14

Em cada uma das próximas frases, encontre termos, adjetivos e advérbios (ou suas locuções) deslocados, palavras desnecessárias e declarações ilógicas e corrija os erros.

1. At the end of the season, the team, it gave a party for its supporters.

   ____

2. The reason I bought this TV was because it was on sale.

   ____

3. At that point in time, I couldn't afford one.

   ____

4. All of the new graduates who graduated from the citizenship class met at the school for an awards ceremony.

   ____

5. Since I despise that band's kind of music, I attend their concerts frequently.

   ____

6. My favorite part of the afternoon was when we went through the bead museum.

   ____

7. After signing the bill, the pen was given to one of the senators.

   ____

8. Complicated computer problems are solved by quite precise corrections.

   ____

9. The voters on the desk completed registration forms.

   ____

10. The applicant's present status is perfect for our needs.

    ____

Exercício 9-15

Leia o seguinte parágrafo. Procure e corrija palavras desnecessárias, declarações ilógicas e termos dissonantes (sem harmonia).

The Presidential Medal of Freedom it is awarded each year by the President. Even though it is important, it is the highest civilian award in the United States. People who served in WWII were honored first in 1945 by Harry Truman and John F. Kennedy was reviving the medal in 1963 on or near July Fourth when it became a yearly tradition to give it. There were two doctors, one congressman, a retired general, a university chancellor, and a judge were honored in 2008 by President George W. Bush.

Redigindo Frases Harmoniosas - outras Informações

O capítulo 7 apresentou a construção de frases harmoniosas. Aqui vamos vê-las sob o prisma do estilo e clareza. A harmonia contribui para a clareza porque ideias, ações e descrições relacionadas têm a mesma forma. Quando a leitura flui suavemente do início ao fim, há equilíbrio.

Lembre-se de que a clareza está relacionada à acessibilidade. Se falta equilíbrio (ou harmonia) em uma frase, esta não fica tão acessível ao leitor. Como consequência, frases não harmônicas quase sempre forçam uma segunda leitura. Quão acessíveis estão as ideias nos próximas exemplos?

> The candidate thanked them for their loyalty, dedication, and because they were willing to work overtime.

Nessa frase, leem-se dois substantivos, *loyalty* e *dedication* (objetos da preposição *for*), e, por força da fluência, um terceiro seria esperado. Mas ele não existe. Em seu lugar encontramos uma oração, *because they were willing to work overtime.* Como pegar a ideia dessa oração e transformá-la em um substantivo? Experimente isso:

> The candidate thanked them for their *loyalty*, *dedication*, and *willingness* to work overtime.

Como você pode ver, a troca do verbo *were willing* pelo substantivo *willingness* restaura o paralelismo.

Agora veja como os adjetivos são escritos de forma paralela.

Errado: My new computer is faster, more powerful, and it's more flexible.

Certo: My new computer is faster, more powerful, and more flexible.

Trocar a oração *and it's more flexible* por um adjetivo simples, *flexible*, restaura o paralelismo dessa frase.

Encontre os erros nas próximas frases.

1. The website said that the program taught tennis, swimming, and how to row a canoe.

 ____

2. This week the family will wash the windows, rake the leaves, and they'll take the time to clean the garage.

 ____

3. Today I have a parent-teacher conference, a planning meeting at work, and I will cook dinner for company.

 ____

4. Ellen thought the movie was boring, childish, and was too long.

 ____

5. I kneaded the dough, prepared the wet ingredients, and then I remembered to turn on the oven.

 ____

As respostas devem conter estas palavras (ou paralelismos semelhantes):

1. and rowing
2. and clean the garage
3. and a dinner to cook for company
4. and too long
5. remembered to turn on the oven

Resumindo, ao listar ideias, itens ou ações, os elementos da lista devem ser todos substantivos, infinitivos, expressões preposicionadas (*prepositional phrases*), gerúndios ou orações.

Usando Corretamente Preposições em uma Série

Finalmente, as preposições também precisam introduzir palavras em uma série de forma correta. Quando as preposições são usadas de forma incorreta, o resultado é a falta de paralelismo.Por exemplo:

There are meals in the morning and noon.

Da forma como está escrita, esta frase diz, na verdade, que há refeições *in* the morning e *in* the noon. A preposição é *in*. Essa é a preposição correta para os dois itens? Não, deveria ser *in* the morning e *at* noon.

Algumas palavras e verbos também usam preposições. Veja este exemplo:

The cancer researcher is interested and excited about the new advances in medical technology.

Quais são os termos da estrutura paralela? Elas são *interested and excited.* O pesquisador está "excited *about* the advances". Esse uso da preposição *about* está correto. O que dizer de *interested*? *About* combina com *interested*? Faça o teste:

excited *about* the advances . . . ? Certo.

interested *about* the advances . . . ? Errado.

A preposição correta a se usar com *interested* é *in.* Portanto, a frase anterior está incorreta. A preposição certa deve ser usada com cada item de uma estrutura paralela. Veja a correção:

The cancer researcher is interested *in* and excited *about* the new advances in medical technology.

Quando estiver em dúvida sobre qual preposição usar, consulte a próxima lista:

Verbos e Adjetivos Comuns com Preposições*

agree with	apologize for	apply for	apply to
approve of	argue for	argue with	arrive at
arrive in	be	be absent from	be accused of
be accustomed to	be acquainted with	be addicted to	be afraid of
be angry at	be angry with	be annoyed at	be annoyed with
be associated with	be aware of	be capable of	be cluttered with

*Uso permitido por http://www.MyEnglishTeacher.net, http://www.myenglishteacher.net, 2009.

be committed to	be composed of	be concerned about	be connected to
be content with	be convinced of	be coordinated with	be covered with
be crowded with	be devoted to	be disappointed in	be disappointed with
be discriminated against	be divorced from	be done with	be dressed in
be engaged to	be envious of	be equipped with	be excited about
be exhausted from	be exposed to	be faithful to	be familiar with
be filled with	be finished with	be fond of	be frightened of
be friendly to	be friendly with	be frightened by	be furnished with
be gone from	be grateful for	be grateful to	be guilty of
be innocent of	be interested in	be involved with	be jealous of
be known for	be limited to	be located in	be located to
be made from	be made of	be married to	be opposed to
be pleased with	be polite with	be prepared for	be prepared to
be proud of	be qualified for	be related to	be relevant to
be responsible for	be satisfied with	be terrified of	be tired of
be upset with	be used to	be worried about	believe in
blame (someone) for	compare to	compare with	complain about
complain of	consist of	contribute to	count on
count upon	decide on	decide upon	depend on
distinguish from	dream about	dream of	escape from
excel at	excel in	excuse for	feel for
fight for	forgive (someone) for	have a reason for	have an excuse for
hide from	hope for	insist on	introduce to
keep (someone) from (doing something)	look forward to	object to	participate in
pray for	prevent (someone) from (doing something)	prohibit (someone) from (doing something)	recover from
rescue from	respond to	stop (someone) from (doing something)	succeed in
take advantage of	take care of	talk about	talk of
thank someone for	think about	think of	

Exercício 9-16

Em cada uma das próximas frases, corrija quaisquer erros de paralelismo.

1. The astronauts will launch from the space center, capture the telescope, service it, and repairing it is the plan.

   ____

2. They will service the Hubble Telescope, upgrade its parts, and replacing broken parts is an option.

   ____

3. The Hubble was launched in 1990 and is outliving its 15-year life expectancy already.

   ____

4. Hubble gives us colorful, crisp, and in detail images of the cosmos.

   ____

5. Our drama teacher taught us how to stand, project our voices, and then there's moving on stage.

   ____

6. My son learned how to play the guitar, the trumpet, and the drum was a part of his lessons, too.

   ____

7. This new car is faster, sleeker, and it seems to use less gas.

   ____

8. We'll know our new program is working when staff arrive on time, keep their equipment in good repair, and used fewer sick days.

   ____

9. The leaves are greener, the grass is more lush, and the flowers they're growing taller than ever.

   ____

10. Angie is pleasant and has intelligence.

    ____

TESTE

Corrija as seguintes frases.

1. A rest period was taken by the preschoolers.

 ____

2. My friend, she left before I did.

 ____

3. Mr. Bacari made a recommendation that the company hire me.

 ____

4. The visitors gave the animals peanuts and they continued to play.

 ____

5. Your travel directions were quite precise.

 ____

6. The building was old and dilapidated, so the city planner decided to use it for students.

 ____

7. The reason I took the bus was because I had no money for gas.

 ____

8. I'm acquainted and devoted to that charity.

 ____

9. The store was closed by the creditors.

 ____

10. It is believed by the police that Wally drove the car.

 ____

TESTE - PARTE 3

Circule a opção que melhor completa ou corrige cada frase.

1. This was the first summer a cross-country trip was made by our family.
   (a) This was the first cross-country summer trip that was made by our family.
   (b) A first summer cross-country trip was made by our family.
   (c) Our family made a cross-country trip for the first time this summer.
   (d) Did you know that this was the first summer cross-country trip that was made by our family.

2. It has been determined that our council will elect a new president.
   (a) Our council has decided to elect a new president.
   (b) It has been determined that our council needs to elect a new president.
   (c) Our council it will elect a new president.
   (d) It has been determined that our council will elect a new president and we'll do it soon.

3. Before the product is no longer offered, let's consider ordering one.
   (a) Before the product is no longer offered, you order one.
   (b) Before the product is no longer offered, let's order one.
   (c) Before that product is no longer offered, let's just try to order one.
   (d) Let's order that product before it's no longer offered.

4. I have no knowledge of the benefits of vitamins.
   (a) I have no benefits from the knowledge of vitamins.
   (b) I don't know about the benefits of vitamins.
   (c) Nobody gave me no knowledge of vitamins.
   (d) I have no knowledge or any benefits either from vitamins.

5. Limiting calories, and walking daily are the most effective ways to lose weight.
   (a) Limiting calories and walking daily are the most effective ways to lose weight.
   (b) For me, limiting calories, and walking daily are the most effective ways to lose weight.
   (c) Walking daily and calories, are the most effective ways to lose weight.
   (d) Limiting calories, and walking daily, they are the most effective ways to lose weight.

6. We're trying to limit the miles we drive, do all our errands at once, and using less gasoline.
   (a) We're trying to limit the miles we drive, do all our errands at once, and using less gasoline is also a choice.
   (b) We're trying to limit the miles we drive, do all our errands at once, and use less gasoline.
   (c) We're trying to limit the miles we drive do all our errands at once and using less gasoline.
   (d) We're trying to limit the miles we drive, do all our errands at once, and then we're using less gasoline.

7. A free food program is offered by our town.
   (a) A free food program is offered by our town and others also.
   (b) A free food program is offered our town.
   (c) Also, our town it offers a free food program.
   (d) Our town offers a free food program.

8. In the last chapter, we then finally meet the killer.
   (a) In the last chapter, finally the killer.
   (b) In the last chapter, we then finally in the end meet the killer.
   (c) In the last chapter, it is then we finally meet the killer.
   (d) We finally meet the killer in the last chapter.

9. A litter of kittens was born at the animal shelter from which we'll choose our next pet.
   (a) A litter of kittens was born at the animal shelter; from which we'll choose our next pet.
   (b) We'll choose our next pet from the litter of kittens born at the animal shelter.
   (c) A litter of kittens are at the animal shelter from which we'll choose our next pet.
   (d) A litter of kittens, born at the animal shelter; we'll choose our next pet.

10. The snow and ice storm lasted for hours yet our power stayed on!
   (a) The snow and ice storm lasted for hours; yet we never lost power!
   (b) The snow and ice storm lasted for hours: yet our power stayed on!
   (c) The snow and ice storm lasted for hours, yet we never lost power!
   (d) The snow and ice storm lasted for hours Yet our power stayed on!

11. Should I serve a lot of hors d'oeuvres or should I concentrate on making a larger dinner?
   (a) Should I serve a lot of hors d'oeuvres or should I concentrate on making a larger dinner!
   (b) Should I serve a lot of hors d'oeuvres, or should I concentrate on making a larger dinner?
   (c) Should I serve a lot of hors d'oeuvres. or should I concentrate on making a larger dinner?
   (d) Should I serve a lot of hors d'oeuvres or do you think I should concentrate on making a larger dinner?

12. There was no dinner served at the Wood's party nor was there any wine or beer neither.
   (a) There was no dinner at the Wood's party nor was there any wine or beer for anyone neither.
   (b) There was no dinner at the Wood's party: nor was there any wine or beer.
   (c) There was no dinner at the Wood's party, nor was there any wine or beer.
   (d) There was no dinner at the Wood's party; nor was there any wine or beer.

13. One business owner thought her salespeople quit because they were on the road too much on the contrary they were simply the wrong fit for the job.

    (a) One business owner thought her salespeople quit because they were on the road too much; on the contrary, they were simply the wrong fit for the job.

    (b) One business owner thought her salespeople quit because they were on the road too much. On the contrary they were simply the wrong fit for the job.

    (c) One business owner thought her salespeople quit because they were on the road too much, on the contrary, they were simply the wrong fit for the job.

    (d) One business owner thought her salespeople quit because they were on the road too much on the contrary, they were simply the wrong fit for the job.

14. This particular employer put congeniality at the top of her list of important employee characteristics, however she soon learned that other features were more important.

    (a) This particular employer put congeniality at the top of her list of important employee characteristics—however she soon learned that other features were more important.

    (b) This particular employer put congeniality at the top of her list of important employee characteristics; however she soon learned that other features were more important.

    (c) This particular employer put congeniality at the top of her list of important employee characteristics, however, she soon learned that other features were more important.

    (d) This particular employer put congeniality at the top of her list of important employee characteristics; however, she soon learned that other features were more important.

15. Some employers think that they are at fault if a new employee starts work and then; instead leaves immediately.

    (a) Some employers think that they are at fault if a new employee starts work but then leaves immediately.

    (b) Some employers think that they are at fault. If a new employee starts work and then instead leaves immediately.

    (c) Some employers think that they are at fault, if a new employee starts work and then; instead leaves immediately.

    (d) Some employers think that they are at fault if a new employee starts work and then; instead leaves immediately.

16. Hernando was always early for work but he received a raise in pay.
    (a) Hernando was always early for work; but he received a raise in pay.
    (b) Hernando was always early for work, but he received a raise in pay.
    (c) Hernando was always early for work; as a result, he received a raise in pay.
    (d) Although Hernando was always late for work he received a raise in pay.

17. Randi who loves raising both annual and perennial flowers always does his own gardening, however on very hot days he regrets not having help.
    (a) Randi who loves raising both annual and perennial flowers always does his own gardening, however; on very hot days he regrets not having help.
    (b) Randi, who loves raising both annual and perennial flowers always does his own gardening, however on very hot days he regrets not having help.
    (c) Randi, who loves raising both annual and perennial flowers, always does his own gardening; however, on very hot days he regrets not having help.
    (d) Randi he loves raising both annual and perennial flowers always does his own gardening, however on very hot days he regrets not having help.

18. My son has an objection to the school's dress code.
    (a) My son has an objection to the school's dress code.
    (b) My son he has an objection to the schools' dress code.
    (c) My son's dress code is objected to by the school.
    (d) My son objects to the school's dress code.

19. A free membership is offered by the health club each January.
    (a) In January, a free membership is offered by the health club.
    (b) The health club offers a free membership each January.
    (c) A free membership each January is offered by the health club.
    (d) Each January is when a free membership is offered by the health club.

20. Their plan was to offer the best people more hours.
    (a) They offered the best people more hours.
    (b) They were offering the best people more hours as a part of their plan.
    (c) Their plan for the best people was to offer more hours to them.
    (d) There plan was offering more hours to the best people.

21. It has been determined that we need to increase revenues or risk going out of business.
    (a) We have been determining that we need to increase revenues or risk going out of business.
    (b) We have determined that we need to increase revenues or risk going out of business.
    (c) Going out of business has been determined.
    (d) It has been determined that we need to increase revenues or risk going out of business or just wait another year.

22. The need for music and art programs in public schools exists.
    (a) The need for music and art programs in public schools, doesn't it exists.
    (b) Public schools they think they need music and art programs.
    (c) The need for at least music and art programs in public schools exists.
    (d) Public schools need music and art programs.

23. Will you allow me to make a suggestion regarding the names of babysitters?
    (a) Will you allow me to suggest the names of babysitters?
    (b) Will you allow me to give you a suggestion regarding the names of babysitters?
    (c) You should allow me to make a suggestion regarding the names of babysitters?
    (d) When will you allow me to make a suggestion regarding the names of babysitters?

24. Mack, and Melia enjoyed a day away from work.
    (a) Mack, and Melia, enjoyed a day away from work.
    (b) Mack, and Melia they enjoyed a day away from work.
    (c) Mack and Melia enjoyed a day away from work.
    (d) Mack, and Melia enjoyed a day, away from work.

25. My children have joined me in an effort to save energy, we're also saving money.
    (a) My children they have joined me in an effort to save energy, we're also saving money.
    (b) My children have joined me in an effort to save energy; as a result, we're also saving money.
    (c) My children have joined me in an effort to save energy; We're also saving money.
    (d) My children have joined me in an effort to save energy: we're also saving money.

26. When the temperature drops below 32 degrees I prefer to sit home and read.
    (a) When the temperature it drops below 32 degrees I prefer to sit home and read.
    (b) I prefer to sit home and read, when the temperature drops below 32 degrees.
    (c) When and if the temperature drops below 32 degrees I prefer to sit home and read.
    (d) When the temperature drops below 32 degrees, I prefer to sit home and read.

27. A delicious dessert was offered by the chef.
    (a) A delicious dessert was offered immediately by the chef.
    (b) A delicious dessert was also offered by the chef.
    (c) When the chef offered a delicious dessert.
    (d) The chef offered a delicious dessert.

28. Albie runs a marathon at least once a year and while it takes rigorous training he enjoys it very much.

(a) Albie runs a marathon at least once a year; and while it takes rigorous training he enjoys it very much.

(b) Albie runs a marathon at least once a year; and while it takes rigorous training, he enjoys it very much?

(c) Albie runs a marathon at least once a year, and, while it takes rigorous training, he enjoys it very much.

(d) Albie runs a marathon at least once a year: and while it takes rigorous training he enjoys it very much.

29. When the new president finally took office the moving trucks appeared and the transition from one household to another was finally complete.

(a) When the new president finally took office; the moving trucks appeared and the transition from one household to another was finally complete.

(b) When the new president finally took office; the moving trucks appeared, and the transition from one household to another was finally complete.

(c) When the new president, finally took office, the moving trucks appeared, and the transition from one household to another it was finally complete.

(d) When the new president finally took office, the moving trucks appeared, and the transition from one household to another was finally complete.

30. Each year I'm left with a huge amount of studying and exams are looming.

(a) Each year I'm left with a huge amount of studying and exams they are looming.

(b) Each year I'm left with a huge amount of studying and many exams looming.

(c) Each year, I'm left, with a huge amount of studying; and exams are looming.

(d) Each year I'm left with a huge amount of studying and exams are looming.

31. A book club and monthly discussions are offered by our neighborhood bookstore.

(a) A book club, and monthly discussions are offered by our neighborhood bookstore.

(b) Our neighborhood bookstore is offering a book club.

(c) Our neighborhood bookstore offers a book club and monthly discussions.

(d) A monthly discussions and book club are offered by our neighborhood bookstore.

32. Both Lynn and Kascia sewed party dresses for her children.

(a) Both Lynn and Kascia sewed party dresses for Lynn's children.

(b) Both Lynn and Kascia they sewed party dresses for her children.

(c) Both Lynn and Kascia sewed party dresses for her children.

(d) Both Kascia and Lynn sewed party dresses for her children.

33. Aidan and Elias ran, and jumped in every room in the house.

(a) Aidan and Elias ran and jumped, in every room in the house.

(b) Aidan and Elias ran and jumped in every room in the house.

(c) Aidan and Elias, they ran and jumped in every room in the house.

(d) Aidan and Elias; they ran and jumped in every room in the house.

34. I will be leaving in a few minutes.

(a) I will leave in a few minutes.

(b) I will be leaving for sure in a few minutes.

(c) I will have been leaving in a few minutes.

(d) I had been leaving in a few minutes.

35. My stamp collection has increased in value; and I still enjoy working on it.

(a) My stamp collection has increased in value; but I still enjoy working on it.

(b) My stamp collection has increased in value, and I still enjoy working on it.

(c) My stamp collection has increased in value: and I still enjoy working on it.

(d) My stamp collection, it has increased in value; and I still enjoy working on it.

36. The bride and groom left the reception, as they waved to their guests.
    (a) As the bride and groom left the reception, they waved to their guests.
    (b) The bride and groom left the reception, as they waved to their guests.
    (c) The bride and groom left the reception, and waved to their guests.
    (d) The bride and groom left the reception; as they waved to their guests.

37. The mayor made a declaration that the roadwork would go forward.
    (a) The mayor made a declaration today that the roadwork would go forward.
    (b) The mayor, he made a declaration that the roadwork would go forward.
    (c) The mayor declared that the roadwork would go forward.
    (d) The mayor made a declaration that the roadwork would go forward.

38. The large truck braked suddenly and was swerving into the left lane.
    (a) Although the large truck braked suddenly and was swerving into the left lane.
    (b) The large truck braked suddenly and it was swerving into the left lane.
    (c) The large truck braked suddenly (and was swerving into the left lane).
    (d) The large truck braked suddenly and swerved into the left lane.

39. Although we were warned to stay off the slick roads we drove to work anyway.
    (a) Although we were warned to stay off the slick roads, we drove to work anyway.
    (b) Although, we were warned to stay off the slick roads we drove to work anyway.
    (c) Although we were warned to stay off the slick roads; we drove to work anyway.
    (d) Although we were warned to stay off the slick roads we drove to work anyway.

40. Because of the warning to stay off the slick roads, we drove to work.
   (a) Because of the warning to stay off the slick roads—we drove to work.
   (b) Because, of the warning to stay off the slick roads, we drove to work.
   (c) Because of the warning to stay off the slick roads: we drove to work.
   (d) Despite the warning to stay off the slick roads, we drove to work.

41. My friends and I went out for lunch, and she paid the bill.
   (a) My friends and I went out for lunch, and she was paying the bill.
   (b) Me and my friends went out for lunch, and she paid the bill.
   (c) My friends and me went out for lunch, and she paid the bill.
   (d) My friends and I went out for lunch, and Elyn paid the bill.

42. His woodcarvings that were made of mahogany wood had a large audience of eager buyers.
   (a) His carvings that were wood and made of mahogany wood had a large audience of eager buyers.
   (b) His mahogany woodcarvings had a large audience of eager buyers.
   (c) His woodcarvings that he made of mahogany wood had a large audience of eager buyers.
   (d) His woodcarvings that were made of wood that was mahogany had a large audience of eager buyers.

43. Our first-grader had a very successful year and a slow start in kindergarten.
   (a) Our first-grader had a very successful year. He had a slow start in kindergarten.
   (b) Although he had a slow start in kindergarten, our son had a very successful year in first grade.
   (c) Our first-grader, he had a very successful year. He had a slow start in kindergarten.
   (d) Our first-grader had a very successful year: He had a slow start in kindergarten.

44. We took Route 9, the Palisades Parkway, and the Connecticut Turnpike, finally we reached Bridgeport.
   (a) We took Route 9 the Palisades Parkway and the Connecticut Turnpike, finally we reached Bridgeport.
   (b) We took Route 9, the Palisades Parkway, and the Connecticut Turnpike; finally, we reached Bridgeport.
   (c) Finally we took Route 9, the Palisades Parkway, and the Connecticut Turnpike, then we reached Bridgeport.
   (d) We took Route 9, the Palisades Parkway, and the Connecticut Turnpike, finally we reached bridgeport.

45. The small lunch truck advertised bottled water, sandwiches, and four dif ferent cakes, still people asked for hot dogs.
   (a) The small lunch truck advertised bottled water, sandwiches, and four different cakes; still people asked for hot dogs.
   (b) The small lunch truck advertised bottled water sandwiches and four different cakes, still people asked for hot dogs.
   (c) The lunch truck which was small advertised bottled water, sandwiches, and four different cakes, still people asked for hot dogs.
   (d) The small lunch truck advertised bottled water, sandwiches, and four different cakes! still people asked for hot dogs.

46. If you make a demand, you may receive good service.
   (a) If you demand good service, you may receive it.
   (b) If you make a demand, you may receive good service on your second request.
   (c) If you make a demand, you may eventually receive good service.
   (d) If you do it and you make a demand, you may receive good service.

47. *Cars, Trucks, and Power Boats* was the title of the book.
   (a) *Cars,* Trucks, and Power Boats were the title of the book.
   (b) Car, Truck, and Power Boat was the title of the book.
   (c) The book's title was Cars, Trucks, and Power Boats.
   (d) Cars, Truck*s, and Power Boats,* that was the title of the book.

48. They told me in the space provided to write my answer.
   (a) They told me in the space provided was where I should write my answer.
   (b) I heard them tell me in the space provided to write my answer.
   (c) Did I hear them tell me in the space provided was where I should write my answer?
   (d) They told me to write my answer in the space provided.

49. The museum on the only blank wall hung a famous painting by Monet.
   (a) The famous museum on the only blank wall hung a painting by Monet.
   (b) The museum on the only blank wall, hung a famous painting by Monet.
   (c) The museum hung a famous painting by Monet on the only blank wall.
   (d) The museum on the only blank wall hung a famous painting that was by Monet.

50. The division chief posted the work rules for the employees listed in the manual.
   (a) The division chief posted the work rules for the employees recently listed in the manual.
   (b) The division chief posted the work rules listed in the manual for the employees.
   (c) The division chief posted the work rules for the employees listed in the manual and the hours as well.
   (d) The division chief posted the work rules at least for the employees listed in the manual.

PARTE 4

ORTOGRAFIA E DESTREZA NO EMPREGO DAS PALAVRAS

CAPÍTULO 10

Técnicas Comprovadas para Melhorar a Ortografia

Neste capítulo, você aprenderá:

Quem precisa de ajuda com a ortografia?

Técnicas para melhoria das habilidades ortográficas

Regras úteis – ou não – de ortografia

Melhorando a ortografia

Quem Precisa de Ajuda com a Ortografia?

Muitas pessoas precisam de ajuda com a ortografia. Os adultos nem sempre gostam de admitir, mas temem a ortografia e os erros ortográficos tanto quanto as crianças. E eles têm um bom motivo. Alguns são naturalmente bons em ortografia, aprendem as palavras e escrevem de forma correta com muita facilidade. Para outros, a ortografia é um problema a vida inteira. Mas, caso tenha problemas de ortografia, um plano de ataque ajuda bastante.

Se você não consegue escrever as palavras corretamente em pelo menos 98% do tempo, a ortografia já é um problema que deve ser considerado atentamente, pois leitores percebem os erros no momento em que os leem. Caso precise entregar textos escritos para professores, examinadores ou empregadores - até mesmo amigos -, a ortografia ruim criará má impressão. É válido notar que as pessoas tendem a dar bastante importância à grafia correta das palavras, podendo ignorar um argumento brilhante, uma resposta correta ou uma descrição deslumbrante. Sua única opção é melhorar a forma como escreve.

Curioso é que, mesmo que as pessoas usem processadores de texto equipados com corretor ortográfico, há momentos em que precisam escrever por si sós. Consequentemente, embora muitos adultos leiam muito bem no trabalho, eles fazem todo o possível para evitar escrever por causa do medo e do embaraço quanto à ortografia.

Se for algum consolo, saiba que aqueles que têm ortografia deficiente não estão sozinhos. Algumas pessoas muito famosas e bem-sucedidas tiveram problemas significativos com a ortografia. Um dos exemplos mais surpreendentes é Alfred Mosher Butts, inventor do jogo Palavras Cruzadas, que disse a um repórter: "Sou péssimo em ortografia". Talvez, desenvolver o jogo tenha sido sua maneira de enfrentar o problema. Outros famosos dessa lista poderiam surpreendê-lo. Note que a maioria tinha dificuldades de aprendizagem que, se notadas hoje, provavelmente seriam tratáveis. Muitos eram, ou são, disléxicos (têm uma dificuldade que torna a compreensão da língua escrita e o próprio ato de escrever muito difíceis), o que seria responsável por sérios problemas ortográficos. Alguns desses notáveis são Albert Einstein, Norman Rockwell, Winston Churchill, Agatha Christie, Thomas Edison, o General George Patton e Charles Schwab.*

---

*A maioria dessas citações foi originalmente publicada no website "Bright Solutions for Dyslexia" de Susan Barton. Elas foram reimpressas com permissão de Susan Barton. Descrições complementares foram acrescidas por Steve Miller. Para aprender mais sobre dislexia, visite: www.BrightSolutions.US.

Essa é apenas uma lista parcial das pessoas famosas que tinham problemas para ler e escrever. Cada um contornou o problema de forma diferente, mas o caminho sempre foi difícil. Sem dúvida, seu problema de ortografia, se você tiver um, não é tão sério quanto o daqueles citados, porém, seja lá do que você precise – uma simples revisão ou uma séria reconstrução escrita –, experimente as seguintes sugestões e práticas para melhorar sua ortografia. E, aliás, por favor, nunca mande um e-mail ou outro tipo de mensagem eletrônica sem antes usar o corretor ortográfico!

Técnicas para Melhorar suas Habilidades Ortográficas

Se ortografia for um problema para você, experimente uma metodologia de aprendizado mais organizada. Primeiro, aprender a escrever corretamente requer tempo e paciência. Nunca tente decorar uma lista completa de palavras de uma só vez. Em vez disso, use seu tempo estudando um pouquinho a cada dia. Revise regularmente. O que vem a seguir constitui apenas o início de um novo plano:

1. Mantenha um caderninho à mão para registrar as palavras que você escreveu incorretamente ou aquelas que forem novas para você.
2. Ao escrever uma nova palavra no caderno, divida-a em sílabas. Tome como exemplo a palavra *constitute*. Primeiro, liste-a em seu caderno dividida em sílabas. Depois, transcreva-a conforme a pronúncia. Em seguida, anote sua definição e a classe da palavra.

   con-sti-tute (kon-stə-toot), abranger, formar (v.)

   Certifique-se de que a ortografia e a pronúncia estejam corretas. Consulte em um dicionário ou use a ferramenta de ortografia de seu computador. Use um dicionário com som para ouvir a pronúncia correta.
3. Leia a palavra. Diga-a sílaba por sílaba.
4. Tente conectar a palavra a uma regra de ortografia comum. Por exemplo: niece, *i* antes de *e*, exceto após o *c*.
5. Feche os olhos e visualize a palavra.
6. Escreva a palavra. Verifique. Escreva novamente se necessário.
7. Revise uma palavra até ter certeza de que sabe como escrevê-la.

IDENTIFICANDO QUE TIPO DE APRENDIZ VOCÊ É

Bem, você sabe qual *tipo de aprendiz* é? Entender *como* aprendemos pode nos ajudar muito quando tentamos melhorar a ortografia. Considere o seguinte:

- Aprendiz visual: aprende principalmente com a palavra escrita. Lê explicações ou textos e, então, faz longas anotações. Gosta de recursos visuais, gráficos e de *flipcharts*. Prefere uma resposta escrita a uma verbal. Costuma ser membro do grupo que toma notas. Se for o caso, continue lendo sempre que possível. Leitores ávidos acham que aprender ortografia é um pouco mais fácil.
- Aprendiz auditivo: aprende principalmente através da escuta. É um ouvinte concentrado. Gosta mais de falar do que de escrever. Para esse tipo de aprendiz, discutir o que aprendeu é sempre mais divertido do que escrever ou ler.
- Aprendiz cinestésico: aprende principalmente fazendo. Sublinhar e destacar palavras ou ideias importantes funciona para ele. O cinestésico precisa praticar aquilo que estiver aprendendo. Portanto, seja lá o que for, para ele é uma questão de mão na massa. O teclado do computador, um instrumento musical, patinação no gelo, esqui – aprender está sempre no fazer.

Como isso se aplica à melhora de sua ortografia? Você deve pensar em como prefere aprender *ao estudar palavras*. Prefere se mover (cinestésico) enquanto está estudando? Mova-se! Tenha uma lista à mão, talvez em cartões 3x5, e leia as palavras em voz alta enquanto caminha. Então escreva, corrija e reescreva, se necessário. Se você aprende melhor escutando, dite as palavras em um gravador e ouça a forma como elas são soletradas. Em todo caso, e não importa qual tipo de aprendiz você seja, faça da escrita um dos passos do processo de aprendizagem. Para alguns, escrever apenas pode não ser o primeiro passo.

O QUE VOCÊ PRECISA SABER

Para melhorar sua ortografia, é preciso saber o seguinte: o inglês tem quarenta e cinco sons distintos, chamados de fonemas, mas apenas vinte e seis letras. Isso faz com que a ortografia seja mais difícil. Especificamente, há vogais, *a, e, i, o, u* (*y* às vezes faz parte desse grupo), e consoantes, que são o resto do alfabeto. As letras são unidas em sílabas ou pequenas unidades de som. Qualquer palavra que contenha mais do que uma sílaba tem uma delas de forma acentuada (uma sílaba tônica).

Exemplo: bi-ˈO-gra-phy.

Essa palavra é feita de quatro sílabas. Leia em voz alta. Você consegue ouvir a sílaba acentuada, ou tônica? A segunda sílaba é acentuada; portanto, uma marca de sílaba tônica aparece antes dela.

Há motivos para a ortografia da língua inglesa ser tão peculiar quanto é. O inglês foi composto por palavras de muitas línguas diferentes e herdou ortografias de todas elas. Até cerca de 300 anos atrás, não havia uma ortografia definida nem dicionários em inglês. Isso deixou de ser um problema. Hoje há muitos dicionários excelentes – alguns com diretrizes claras sobre pronúncia.

Outra particularidade: usamos algumas letras de forma ilógica. O exemplo mais famoso é *gh*. *Gh* indica muitos sons diferentes. Veja a seguinte lista de palavras nas quais *ough* soa de sete formas diferentes:

bou*gh*	cou*gh*	sou*gh*t	thorou*gh*
thou*gh*	tou*gh*	throu*gh*	

Isso nos leva à antiga brincadeira: como se pronuncia a palavra *ghoti*? A resposta é *fish*. O *gh* de *gh*oti equivale ao som de *f* de rou*gh*; o *o* equivale ao *i* de w*o*men e o *ti* ao *sh* de na*ti*on.

Para complicar ainda mais, muitas palavras em inglês são escritas da mesma forma, mas têm significados diferentes dependendo de seu uso. O capítulo 11 explora isso mais profundamente, mas aqui estão alguns exemplos:

The *wind* was too strong for us to *wind* the kite's string. (substantivo, verbo)

The special parking permit was *invalid* for the *invalid*. (adjetivo, substantivo)

Our neighbors use the community farm to *produce produce*. (verbo, substantivo)

Exercício 10-1

Diga cada uma das seguintes palavras. Coloque uma marca de sílaba tônica naquela que ouvir o som acentuado. A primeira está feita para você.

1. Span-ish ˈSpa-nish
2. tel-e-phone
3. to-day
4. yes-ter-day
5. pre-sent (a gift)
6. con-ta-gious

Regras Úteis – ou não – de Ortografia

Nem todo mundo aprende a escrever memorizando regras de ortografia. Algumas pessoas preferem usar recursos ortográficos como dicionários impressos ou eletrônicos. Entretanto, se seu problema ortográfico for grave, você poderá escrever aquilo que tiver ouvido, mas isso normalmente não funciona se utilizar um dicionário impresso comum. Por exemplo: você ouve *praktis*, *anser* e *stor* quando quer dizer *practice*, *answer* e *store*. Como encontrará qualquer uma dessas palavras no dicionário? A solução pode ser um que liste os vocábulos comumente escritos de forma errada, seguidas de sua ortografia correta. Procure um livro chamado *How to Spell It*, de Harriet Wittels e Joan Greisman. Nele, encontrará muitos erros ortográficos, cada um seguido da ortografia correta em vermelho.

Se você usa computador, seu processador de texto tem uma função de corretor ortográfico que indica erros e os destaca, ou corrige, conforme você digita. Um cuidado porém: embora os corretores ortográficos reconheçam uma palavra escrita incorretamente, eles não dizem se você a está usando no *contexto errado*. Por exemplo:

Don't you think its to hot for baseball? (Correção: It's, too)

We chose there uniforms. (Correção: their)

The city counsel made a decision regarding the new school. (Correção: council)

Por outro lado, se você acha que as regras são extremamente úteis e não muito difíceis de serem lembradas, escolha esse caminho para melhorar a ortografia. Um aviso: não tente aprender muitas regras de uma só vez. Às vezes, porém, uma série de regras se relaciona naturalmente. Isso pode ser aplicado aos prefixos e sufixos acrescentados às palavras: os prefixos são colocados no início de uma palavra; os sufixos, no fim.

PRIMEIRA REGRA: ACRÉSCIMO DE PREFIXO

Na maioria dos casos, você pode acrescentar um prefixo a uma palavra sem mudar sua ortografia.

Exemplo: coloque o prefixo *un-* em *necessary* para obter *unnecessary.*

Prefixo	Significado	Palavra Raiz	Nova Palavra
ir-	não	responsible	irresponsible
un-	não	necessary	unnecessary
pre-	antes	fix	prefixo

Exercício 10-2

Use os seguintes prefixos negativos para criar uma nova palavra a partir de cada uma das relacionadas a seguir.

ir- il- im- un-

1. _____ possible
2. _____ logical
3. _____ replaceable
4. _____ complicated
5. _____ necessary

SEGUNDA REGRA: ACRÉSCIMO DE UM SUFIXO INICIADO POR CONSOANTE

Quando se adiciona um sufixo que comece com consoante, a ortografia da palavra raiz não muda (com poucas exceções).

Palavra	Sufixo	Nova Palavra
bare	-ly	barely
careful	-ly	carefully
careless	-ness	carelessness
economic	-al	economical

Exceções

true	-ly	truly
due	-ly	duly

TERCEIRA REGRA: ACRÉSCIMO DE UM SUFIXO INICIADO POR VOGAL

Ao adicionar um sufixo começado por vogal a uma palavra terminada em *e*, retire o *e* antes de acrescentá-lo.

Palavra	Sufixo	Nova Palavra
continue	-ous	continuous
fame	-ous	famous

Exceções

Palavras terminadas em *ge* ou *ce* devem manter o *e* final e reter o som suave do *g* ou do *c*.

Palavra	**Sufixo**	**Nova Palavra**
notice	able	noticeable

Outra exceção é a palavra *dye*: dye + -ing = dyeing

QUARTA REGRA: SUFIXOS QUE MUDAM A ORTOGRAFIA DE PALAVRAS TERMINADAS EM *-Y*

Os sufixos mudam a ortografia das palavras terminadas em *-y*.

Palavra	**Sufixo**	**Nova Palavra**
hearty	-ily	heartily
necessary	-ily	necessarily
happy	-ness	happiness

Exercício 10-3

Circule a palavra escrita incorretamente em cada uma das seguintes frases.

1. Carlessness is not an option in a doctor's office.
2. She was noticably less productive.
3. Happyness means different things to different people.
4. I am truely committed to losing weight.
5. The movie was not fameous for his exceptional acting.

QUINTA REGRA: DUPLICAÇÃO DA CONSOANTE FINAL EM PALAVRAS DE UMA SÓ SÍLABA

Quando um verbo de uma só sílaba terminar em consoante precedida por vogal (por exemplo, *run*), duplique a consoante final antes de mudar a forma da palavra.

run	runner
plan	planned
thin	thinner

SEXTA REGRA: DUPLICAÇÃO DA CONSOANTE FINAL EM PALAVRAS DE DUAS SÍLABAS

Quando uma palavra de duas sílabas terminar em consoante precedida por vogal e a segunda sílaba for a tônica (por exemplo, *occur*), mude sua ortografia duplicando a consoante final (por exemplo, *occurred*).

refer	referred
occur	occurrence

SÉTIMA REGRA: NÃO DUPLICAÇÃO DA CONSOANTE FINAL COM BASE EM MUDANÇA DA SÍLABA TÔNICA

Em palavras com duas ou três sílabas, se a sílaba tônica mudar da sílaba final para uma precedente quando se adiciona um sufixo (por exemplo, refer/reference), não duplique a consoante final.

prefer	preference
confer	conference

Exercício 10-4

Circule a palavra escrita incorretamente em cada conjunto de palavras.

1. unanimous	nominate	confer	spoting
2. occurred	painter	carelesness	satisfactory
3. developped	prefer	funny	wonderful
4. preferrence	reference	refined	misspell
5. except	occurred	baddly	stun

Exercício 10-5

Em cada uma das próximas frases, corrija quaisquer palavras escritas erroneamente. Se não houver erro, deixe o espaço em branco.

1. It ocured to me to check the weather report before I left. ____________
2. John was refered to me as a possible candidate for the job. ____________

3. Your bad attitude has never deterred me. ____________________
4. I consider myself a runer, not just a fast walker. ____________________
5. Suning yourself day after day is not a healthful thing to do. ____________

OITAVA REGRA: *I* ANTES DE *E*, EXCETO APÓS *C*

believe	relief
receive	niece

As exceções a esta regra ocorrem quando o *e* vem antes do *i* em palavras que tenham um som longo de *a*.

neighbor weigh

Entre as outras exceções estão:

weird leisure neither seize

Exercício 10-6

Circule a palavra escrita incorretamente em cada uma das seguintes frases.

1. I will feel great (relief/releif) once I have finished my report.
2. Does your (neice/niece) come to stay with you every summer?
3. "(Sieze/Seize) the day," is a famous saying.
4. Once she (deceived/decieved) me, I couldn't be her friend.
5. We'll have more (liesure/leisure) time next month.

NONA REGRA: REGRAS PARA FORMAÇÃO DO PLURAL

Acrescente *s* à maioria das palavras.

rug	rugs
shoe	shoes

Acrescente *es* a palavras terminadas em *-o* precedido por consoante.

hero	heroes
tomato	tomatoes

Acrescente apenas um *s* a palavras terminadas em *-o* precedido de uma consoante que sejam referentes à música.

alto altos

piano pianos

Acrescente *es* a palavras terminadas em *-s*, *-sh*, *-ch* e *-x*.

boss bosses

crush crushes

church churches

sex sexes

Troque *y* por *i* e acrescente *es* nas palavras que terminarem em *-y* precedido por consoante.

fly flies

story stories

Exercício 10-7

Escolha a palavra escrita corretamente para completar cada frase.

1. It seems that our children always need new (shos/shoes).
2. At least once a year, a car (crashs/crashes) into that telephone pole.
3. My son loves to play with (trains/traines).
4. Who are the (heros/heroes) in that story?
5. How many (stories/story's) have you read?

DÉCIMA REGRA: MAIS REGRAS PARA FORMAÇÃO DO PLURAL

As palavras que terminam com *-ful* formam o plural com o acréscimo de um *s* no fim.

mouthfuls spoonfuls

Uma palavra composta forma o plural acrescentando *s* à palavra principal.

mother-in-law mothers-in-law

court-martial courts-martial

Números e letras formam plural com o acréscimo de *'s*.

7	7's
m	*m*'s

Algumas palavras mantêm a mesma ortografia tanto para o singular quanto para o plural.

sheep	deer
Chinese	trout

Algumas palavras formam o plural com mudanças irregulares.

child	children
leaf	leaves
tooth	teeth
crisis	crises
thief	thieves
knife	knives
woman	women
louse	lice
alumnus	alumni
appendix	appendices

Exercício 10-8

Em cada uma das próximas linhas, circule o substantivo no plural que estiver incorreto e escreva-o da forma certa.

1. holiday bulletin knifes teeth ____________________
2. father-in-laws chairs bows towels ____________________
3. lice childs deer bunches ____________________
4. gestures occurrences bulletin radioes ____________________
5. trays handsful clients women ____________________

DÉCIMA PRIMEIRA REGRA: PALAVRAS TERMINADAS EM *-CEED*

Apenas três palavras terminam em *-ceed*:

exceed proceed succeed

Apenas uma palavra termina em *sede*: *supersede*. Todas as outras desse tipo terminam em *-cede*.

Exercício 10-9

Escolha a palavra escrita corretamente em cada frase.

1. This manual (superceeds/supersedes) the first one we received.
2. (Procede/Proceed) to the corner and turn right.
3. At the meeting, Manuel (preseeded/preceded) me on the program.
4. Have you read about the states that wanted to (secede/seceed) from the union?
5. Your praise (exceeds/excedes) what I expected.

Melhorando a Ortografia

Aqui estão mais algumas dicas para melhorar suas habilidades ortográficas:

- Desenvolva um interesse por palavras.
- Sinta-se seguro para experimentar novas palavras e não usar apenas aquelas que já sabe.
- Aprenda:
  - a forma como as palavras são construídas usando sílabas
  - padrões básicos de ortografia da língua inglesa
  - estratégias de memorização
  - os significados das palavras
  - prefixos e sufixos
  - escrever para sua própria diversão, sem medo de ser criticado

Leia por prazer! Essa é a melhor forma de melhorar sua ortografia e aumentar seu vocabulário.

TESTE

Escolha a palavra escrita corretamente em cada frase.

1. Your actions were (iresponsible/irresponsible).
2. That's a common (misspelling/mispelling).
3. They're so lucky; they own two (pianos/pianoes).
4. To help with the (planting/plannting), we bought a new shovel.
5. I've read two (biographys/biographies) of John Adams.
6. (Referring/refering) to her in that way is very insulting.
7. (Mother-in-laws/Mothers-in-law) are the object of some really bad jokes.
8. Two (thiefs/thieves) were caught as they left the bank.
9. Be sure to use a paint (thinner/thiner) in that can.
10. I'm (truely/truly) sorry for that mistake.

CAPÍTULO 11

O Uso Correto das Palavras

Neste capítulo, você aprenderá:

Palavras facilmente confundíveis: homônimos, homófonos e homógrafos

Palavras e frases usadas incorretamente

Palavras que soam quase iguais, mas têm significados diferentes

Palavras Facilmente Confundíveis: Homônimos, Homófonos e Homógrafos

Como os subtítulos deste capítulo indicam, é feita uma distinção entre palavras facilmente confundíveis e o uso incorreto de uma palavra ou de uma expressão. A língua inglesa está cheia de palavras que são fáceis de confundir. Entretanto, conhecer o significado dos homônimos, homófonos e homógrafos pode ajudar a se lembrar deles. As três palavras têm origem grega:

- **Homônimo:** *homos* (mesmo) + *nym* (nome); significa "mesmo nome para duas definições diferentes" (por exemplo: *lead* e *lead*)
- **Homófono:** *homos* (mesmo) + *phone* (som); significa "mesmo som" para duas definições e grafias diferentes (por exemplo: *compliment, complement*)
- **Homógrafo:** *homos* (mesma) + *graph* (ortografia); significa "mesma escrita" para duas definições e pronúncias diferentes (exemplo: *bow* of a ship, *bow* in her hair)

HOMÔNIMOS

Pela introdução anterior, sabemos que homônimos são palavras escritas de forma idêntica, mas que têm significados diferentes.

Veja os seguintes exemplos:

pitch (arremessar uma bola)	pitch (piche)
bank (banco)	bank (margem de um rio ou lago)

Na próxima lista, cada homônimo está acompanhado de duas definições. Familiarize-se com ambas antes de fazer o exercício 11-1.

bark: casca de árvore ou planta; latido
bat: taco pesado, usado em esportes; morcego
bear: urso; tolerar ou suportar
dear: querido; de alto valor monetário
down: para baixo; penugem
exact: exato; infligir (vingança) a alguém
fair: feira; razoável
fawn: filhote de cervo; castanho-claro; ser servil
fine: de muito boa qualidade; multa
grave: túmulo; que dá motivo para alarme
just: moralmente correto e justo; simplesmente ou muito pouco
kind: gentil; classe ou tipo de coisas com características semelhantes

left: oposto de *right*; partiu
mead: hidromel; prado
order: organização de coisas em uma sequência ou método específico; comando ou instrução autoritária; pedido
peak: pico; aba de um boné
pile: um monte; o lado felpudo do veludo
pole: extremos do eixo de rotação; vara de pescar; mastro
trip: tropeçar ou cair; viagem ou excursão
wave: acenar; onda

Exercício 11-1

Escolha um homônimo da lista precedente para completar cada frase.

1. We saw the ______________ run out of the wooded area.
2. Our troops were in ______________ danger.
3. ______________ is used to stuff some pillows.
4. The court delivered a ______________ decision.
5. Scientists finally realized that ______________ was very dangerous to the health of small children.
6. When its ______________ began to peel off, we knew the tree was in danger of dying.
7. If you drive drunk, the law will ______________ punishment.
8. I love your daughter; she's very ______________ to me.
9. Above the hat's ______________ is the name of my favorite team.
10. The teenager cried, "I can't ______________ another disappointment!"
11. Let me know when you're taking your next ______________ to New England; I'll join you.
12. My job was to ______________ more supplies before we ran out of them.
13. An attic full of ______________ is always an unpleasant surprise.
14. We didn't even know they had ______________ until we saw them turning ______________ at the corner.
15. Our children always ______________ to us as they back out of the driveway.

HOMÓFONOS

Como lido anteriormente, homófonos são pronunciados da mesma maneira, mas têm ortografia e significado diferentes. Veja os seguintes exemplos:

Everyone likes a *compliment* on something well done.

These two colors *complement* each other.

Na primeira frase, *compliment* significa um elogio; na segunda frase, *complement* significa "complementar". Embora as duas palavras sejam pronunciadas da mesma forma, sua distinção é importante e deve ser aprendida.

Exercício 11-2

As próximas colunas contêm homófonos. Leia-as cuidadosamente antes de completar o exercício. Então, escolha um homófono para completar cada frase do exercício. Use o dicionário para encontrar o significado de quaisquer palavras desconhecidas

aisle	bases	carat	does	palate	sew	their	yore
I'll	basis	caret	dough's	pallet	so	there	you're
isle	basses	carrot	doze	palette	sol	they're	your
		karat			sow		

1. As she walked down the _______________, the bride was a vision in white.
2. The orchestra had a large section of _______________.
3. The two _______________, female deer, graze in my garden.
4. What a beautiful _______________ of colors.
5. A _______________ is a measure of weight for precious stones.
6. The farmer _______________s corn at the end of April.
7. I heard from everyone; _______________ expected to arrive before noon.
8. As for you, _______________ expected an hour later.
9. The heavy machinery was delivered on a _______________.
10. I marked the missing word with a _______________.

ERROS COMUNS

Aqui estão exemplos de alguns dos erros mais comuns:

Errado: The Portuguese water dog is known for *it's* ability to swim.
Certo: The Portuguese water dog is known for *its* ability to swim.

Errado: It's *to* cold for swimming.
Certo: It's *too* cold for swimming.

Errado: We arrived at our friends' party and realized we had forgotten *there* gift.
Certo: We arrived at our friends' party and realized we had forgotten *their* gift.

Exercício 11-3

Circule o homófono correto em cada frase. Se precisar de ajuda, consulte a lista ampliada de homófonos que segue este exercício.

1. I always remembered the spelling of (principle, principal) after one teacher told me to think of him or her as a "pal."
2. Please (pair, pare) the (pear, pare), and I will eat it.
3. If something stays in place, it's (stationary, stationery).
4. (Its, It's) another rainy day!
5. I don't know many people who eat (currants, currents), do you?
6. The (plain, plane) was in its (ascent, assent) when the problem occurred.
7. The (capital, capitol) building in Providence, Rhode Island, has one of the few unsupported domes.
8. (To, Too, Two) many children eat empty calories instead of fruits and vegetables.
9. (Peace, Piece) seems like a thing of the (past, passed).
10. I depend on Jeffrey to (council, counsel) me.

Estude, aos poucos, as próximas palavras. A definição encontra-se entre parênteses. Sempre que não tiver certeza sobre qual homófono usar, consulte um dicionário.

ad (anúncio publicitário), add (adicionar)

allowed (permitido), aloud (em som alto)

ant (inseto), aunt (tia)

ascent (ascensão), assent (consentir)

ate (passado de *eat*), eight (número 8)

ball (bola), bawl (berrar)

band (grupo de músicos que tocam juntos), banned (excluído, barrado)

bear (suportar; urso), bare (nu)

be (ser, estar), bee (abelha)

beach (praia), beech (faia)

billed (devido), build (construir)

blew (passado de *blow*), blue (azul; deprimido)

board (tábua), bored (entediado)

bolder (mais atrevido), boulder (pedregulho, matacão)

born (nascido), borne (resistir)

boy (garoto), buoy (boia; boiar)

brake (breque), break (quebrar)

bread (pão), bred (procriado)

by (preposição), bye (adeus), buy (pagar por algo, comprar)

capital (bens; sede de governo), capitol (edifício do congresso norte-americano)

caret (sinal de intercalação, omissão, inclusão), carrot (cenoura), carat (quilate) karat (quilate)

cell (célula; alcance do transmissor do celular; cela) sell (vender)

cent (centavos), scent (fragrância), sent (passado de *send*)

census (pesquisa; sondagem), senses (faculdade física; inteligência)

cereal (grãos; alimento de café da manhã), serial (sequencial; em série)

chews (mastiga), choose (escolher)

choral (coral - apresentado por um coro), coral (coral - espécie e pólipo) chute (rampa, tobogã), shoot (disparar uma arma)

cite (citar), sight (vista, visão), site (local)

coarse (grosseiro), course (rota)

council (junta, conselho), counsel (aconselhar)

currant (groselha), current (existente no momento)

dear (amado, apreciado), deer (cervo)

dew (orvalho), do (fazer), due (devido)

die (morrer), dye (tingir)

disc (em ciências da computação, outra ortografia para *disk*, ou disco), disk (parte entre os ossos da espinha)

discreet (discreto), discrete (completamente separado)

discussed (discutido), disgust (aversão)

doe (cervo - fêmea do antílope), dough (massa; dinheiro)

ewe (ovelha), you (você)

feat (realização), feet (pés)

find (descobrir algo), fined (multado)

fir (abeto), fur (pelo de animal)

flea (pulga), flee (fugir)

flew (passado de *fly*), flu (gripe), flue (cano de chaminé, de fornália, fumeiro)

for (preposição que indica "a favor de"), four (4), fore (frente)

foul (sujo, desagradável), fowl (ave comestível; frango)

knew (passado de *know*), new (novo)

grate (barras em frente à lareira; ralar), great (em grande número; importante)

heal (curar), heel (calcanhar), he'll (he will)

heard (passado de *hear*), herd (rebanho)

higher (acima de algo), hire (empregar alguém)

hoarse (voz dissonante, áspera), horse (cavalo)

hole (abertura, cavidade), whole (sem divisão, completo)

hour (60 minutos), our (nosso)

idle (inativo ou desocupado), idol (ídolo)

incite (provocar), insight (percepção clara)

its (que indica posse), it's (contração para *it is*)

jeans (calças), genes (genes)

knead (misturar a massa até que fique macia), need (precisar)

knows (sabe, conhece), nose (nariz), no's (mais do que uma objeção)

lead (chumbo), led (guiado)

leased (alugado), least (menor quantidade possível)

lessen (reduzir), lesson (instrução)

lie (mentir; deitar), lye (lixívia; bariela; detergente)

links (encadeamentos), lynx (lince)

load (carga), lode (depósito de minério; suprimento abundante), lowed (som emitido por uma vaca)

loan (empréstimo), lone (só)

loot (saque - roubo), lute (alaúde)

maize (milho), maze (labirinto)

manor (casa e terras de um nobre), manner (maneira como algo é feito)

meet (reunir-se), meat (carne comestível de animal)

mince (moer), mints (balas com sabor de menta)

miner (trabalhador de mina), minor (pequeno; descreve a escala musical)

missed (o que não atingiu o alvo/objetivo), mist (bruma)

morning (manhã), mourning (luto)

no (indica negação), know (saber, conhecer algo)

not (usado em negativas; não), knot (nó)

or (ou), oar (remo), ore (minério)

overdo (exceder), overdue (atrasado)

paced (dentro do ritmo), paste (cola)

pail (balde), pale (pálido)

pain (dor; desconforto), pane (vidraça)

pair (par), pare (remover camada exterior), pear (pera)

passed (passou; aprovado), past (passado)

patience (paciência), patients (pacientes)

peace (paz), piece (pedaço)

peal (toque dos sinos), peel (descascar)

pedal (pedal), peddle (vender em domicílio)

peer (fitar), pier (cais)

plain (simples), plane (avião)

plum (ameixa), plumb (prumo)

praise (elogiar), prays (reza), preys (caça algo ou alguém)

presence (participação; estar presente), presents (presentes)

principal (administrador escolar; principal), principle (princípio)

quarts (¼ de um galão), quartz (quartzo)

rain (chuva), reign (reinado), rein (rédea)

raise (erguer), rays (raios de luz), raze (destruir completamente)

rap (batidinha; gênero musical), wrap (cobrir algo; enrolar)

read (ler), reed (junco)

real (genuíno), reel (bobina)

rest (relaxar), wrest (ganhar controle)

review (olhar algo de forma crítica), revue (show de variedades)

ring (soar; cercar), wring (espremer)

role (posição; tarefa), roll (rolar)

root (raiz), route (rota)

rote (repetição), wrote (passado de *write*)

rye (centeio), wry (divertido e irônico)

sail (velejar), sale (oferta)

scene (vista; panorama), seen (particípio passado de *see*)

seam (costura), seem (parecer como)

seas (mares), sees (vê), seize (apoderar-se de algo)

serge (sarja), surge (crescer de repente)

sew (costurar), so (como resultado), sow (plantar uma semente ou ideia)

side (lado), sighed (suspirou)

slay (matar), sleigh (trenó)

soar (voar), sore (doloroso)

sole (só, sozinho; sola do pé), soul (espírito; essência)

some (uma quantidade de), sum (total; dinheiro)

spade (pá), spayed (castrou um animal)

staid (sério, sóbrio), stayed (permaneceu)

stair (degrau), stare (olhar fixo)

stake (estaca; aposta), steak (filé, bife)

stationary (sem movimento), stationery (artigos de papelaria)

steal (roubar), steel (aço)

straight (reto), strait (estreito, canal que une dois grandes corpos d'água)

suede (camurça), swayed (balançou; influenciou alguém)

summary (resumo), summery (típico ou adequado para o verão)

tail (cauda), tale (história)

taut (esticado), taught (instruído)

tents (barracas), tense (tenso)

there (advérbio usado para indicar lugar), their (pertencente a eles), they're (contração para *they are*)

threw (passado de *throw*), through (por; através de)

throne (trono), thrown (particípio passado de *throw*)

thyme (tomilho), time (tempo)

tide (maré), tied (unido)

two (número 2), to (preposição que indica direção), too (também)

toad (rã), towed (rebocou)

told (passado de *tell*), tolled (dobrou (sino))

tracked (rastreado), tract (extensão de terra ou água)

trussed (atou), trust (confiar)

vein (veia), vane (ventoinha)

vial (frasco), vile (vil)

vice (vício), vise (torno)

wade (passar com dificuldade por água, neve, etc), weighed (pesou)

wail (uivar, gritar), whale (baleia)

waist (cintura), waste (desperdiçar)

wait (esperar), weight (peso)

waive (renunciar a), wave (onda; acenar)

war (guerra), wore (passado de *wear*)

ware (cerâmica), wear (vestir), where (advérbio usado para perguntar sobre lugar)

warn (prevenir), worn (usado)

wax (encerar), whacks (batidas)

way (método; rota), weigh (pesar; ponderar), whey (soro de leite)

weather (clima), whether (apresenta alternativas)

we'll (contração de *we will*), wheel (roda)

weak (fraco), week (semana)

which (qual? quais? que?), witch (bruxa)

whine (gemido), wine (vinho)

who's (contração de *who is*), whose (que pertence a alguém)

yoke (jugo de animais), yolk (gema do ovo)

your (pertencente à pessoa com quem se fala), you're (contração de *you are*), yore (em um passado distante)

Exercício 11-4

Escolha o homófono correto para completar cada uma das frases.

1. A laundry (shoot/chute) is extremely useful.
2. I was (fined/find) for driving through a yellow light.
3. You'll find that (needing/kneading) dough is great exercise.
4. The recipe says you should (mints/mince) the garlic.
5. Did you know there was a (sail/sale) on children's shoes?
6. With any luck, we can look forward to an era of (peace/piece).
7. After the accident, the motorists created an ugly (scene/seen).
8. That movie stirred me to the bottom of my (sole/soul).
9. If I send a payment immediately, they'll (wave/waive) the fee.
10. When you (wine/whine) and cry, it doesn't help.

HOMÓGRAFOS

Apenas para deixar claro, há ainda outro grupo de palavras a se mencionar: os homógrafos. Homógrafos são palavras escritas da mesma forma, mas com pronúncias ou significados diferentes (por exemplo, the *bow* [*bou*] of a ship, a *bow* [*b*] that decorates something).

We walked to the *bow* of the ship.

Wrap that gift with a *bow*.

A mudança da pronúncia afeta o significado. Para indicar diferenças de significado, usamos a transliteração (definida de forma livre) para mostrar a pronúncia na lista que segue. Os sons das letras são escritos de uma forma fácil de ser lida e as sílabas tônicas são identificadas por letras maiúsculas. Depois, fornecemos exemplos para que o significado do homógrafo fique bastante claro.

Affect: 1. ehFEKT – afetar; 2. AFFekt – sentimento ou emoção de uma pessoa

1. My budget definitely affects how much I go out to dinner each month.
2. Following the tragedy, her affect was distinctly subdued.

Alternate: 1. ALternit – substituto alternativo; 2. ALternait – alternar

1. Carl is running as an alternate in the race.
2. In this recipe, alternate the addition of the flour and the eggs.

Bass: 1. BASE – baixo (instrumento musical); 2. BASS (rima com mass) – um peixe

1. We wondered how a child could play the bass, such a large instrument.
2. Bass seems to be a favorite fish choice in restaurants.

Close: 1. CLOZE – fechar; 2. CLOS – próximo

1. Close the door, please!
2. Our children are playing close by.

Desert: 1. dihZURT – abandonar; 2. DEZert – região árida

1. Please don't desert me when I need your help.
2. The Arizona desert is a beautiful place when the cacti bloom.

Dove: 1. DUV – pomba; 2. DOEV – saltou/mergulhou

1. The dove has become the symbol of peace and love.
2. A foolish child dove off the high bridge.

Excuse: 1. EKskyooz – desculpar alguém; 2. ekSKYOOS – motivo ou explicação

1. The judge said, "I'll excuse your speeding this time, but don't let it happen again!"
2. He continued, "No excuse will be acceptable."

House: 1. HOWS – casa; 2. HOWZ – fornecer alojamento/abrigo

1. Our house is more than a hundred years old.
2. We can't house any more pets.

Invalid: 1. inVALid – sem validade; 2. INvahlid – pessoa doente

1. You haven't paid your bill, so your membership is invalid as of today.
2. He became an invalid after a massive stroke.

Lead: 1. LEED – guiar; 2. LED – chumbo

1. I will lead you to the exit.
2. We found lead in the old paint.

Minute: 1. MINNit – sessenta segundos; 2. myNOOT – minúsculo

1. It takes one minute to drive from Exit 10 to Exit 9.
2. Your contribution to this class has been minute.

Perfect: 1. PERfekt – perfeito; 2. perFEKT – aperfeiçoar

1. My spelling is not always perfect.
2. I'm trying hard to perfect it.

Produce: 1. PROdoos – legumes; 2. proDOOS – produzir

1. My favorite place in the market is the produce aisle.
2. My friend's son produces CDs.

Record: 1. RECKord – uma lista; 2. RECKORD – melhor até o momento; 3. reKORD – gravar

1. I've kept a record of all my lunch and snack expenses for six months.
2. We made the trip in record time.
3. Record your voice for me.

Row: 1. ROH – uma fileira; 2. ROUW – uma briga

1. I planted a row of annual flowers.
2. What a row they had! Finally the police came to break up the fight.

Separate: 1. SEPerATE – separar; 2. SEPret – separados

1. SEPerATE the cotton and the wool socks into two piles.
2. The dark socks were kept SEPret from the white ones.

Tier: 1. TEER – camada; 2. TYER – pessoa que amarra

1. The first tier of the cake was pure chocolate.
2. Can you imagine being known as the best tier of bows?

Tear: 1. TARE – rasgar; 2. TEER – lágrima; lacrimejar

1. If you tear the package at the perforation, it's much easier to open.
2. The pollution made my eyes tear.

Wind: 1. WHINEd – enrolar; 2. WINd – o vento

1. I dislike having to wind the kite string.
2. The wind lifted the kite high into the sky.

Wound: 1. WOOND – ferir; 2. WOWND – enrolado

1. Tim didn't mean to wound the animal with the BB gun.
2. A bandage was wound around the dog's leg.

Exercício 11-5

Escolha o homógrafo correto para completar cada frase. Use a transliteração para mostrar a forma correta. A primeira está feita para você.

1. A healthful diet and increased exercise will <u>ehFEKT</u> how you feel.
2. Our rooms were ______________ but on the same floor.
3. The athlete's win did not place him on the team, but it did make him an ______________ to the Olympic Games.
4. His choice made only the tiniest, most ___________ difference in the end.
5. Fortunately, the soldier's injuries did not make her an ___________ for life.
6. That chore was done in ______________ time!
7. The nurse ______________ a bandage around the ______________ .
8. After the hurricane, one of the main tasks was to ___________ the victims.
9. Today, workers are judged on how much work they ______________ .
10. If I try hard enough, I can always find an ____________ for my lateness.

Palavras e Expressões Usadas Incorretamente

Todos conhecem palavras ou expressões frequentemente usadas de forma incorreta. Por exemplo, considere o uso de *anxious* e *eager*. Estas duas palavras são utilizadas erroneamente com bastante regularidade.

Errado: I'm *anxious* to meet your family.

Você quer dizer que está *nervoso, preocupado* ou *desconfortável* com relação a conhecer a família? Caso sim, então use a palavra *anxious* – pense em *anxiety*. Do contrário, escolha um vocábulo mais preciso.

Certo: I'm *eager* to meet your family.

Você está *empolgado, pronto* ou *entusiasmado* para conhecer a família? É isso que significa *eager*.

ERROS COMUNS

Usa-se tanto a palavra a seguir de forma errada que ela pode – algum dia, mas não por enquanto – acabar encontrando meios de ter seu uso aceito. Até que isso aconteça, utilize a forma correta – *regardless*. Pense em *irregardless* – a forma incorreta – como tendo uma dupla negação: *ir* significa "não" e *less* significa "sem". Você não precisa de tantas negações para expressar o pensamento.
Errado: I'm going *irregardless* of the weather. (. . . não sem considerar o clima?)
Certo: I'm going *regardless* of the weather.

Palavras e expressões usadas erroneamente apresentam um desafio a mais. Não há uma lista única a se estudar; há *livros* deles. Como podemos aprender mais sobre o emprego incorreto de palavras? As pessoas costumam ignorar esse tipo de transgressão (é por isso que continuam dizendo *irregardless*). Se você tiver sorte, alguém apontará seus erros; do contrário, precisará se esforçar para encontrá-los. Caso queira comprar um livro sobre o emprego de palavras, recomendamos *The American Heritage Book of English Usage: A Practical and Authoritative Guide to Contemporary English* (Editora Houghton Mifflin, Boston, 1996 e bartleby.com, New York 2000). Você também pode usar a internet para encontrar listas de transgressões e suas correções. Se comprar esse livro ou entrar no site, encontrará muito mais do que ajuda sobre homônimos. As informações falam sobre gramática, estilo, pronúncia e ortografia, assim como outros assuntos.

Segue uma lista de termos frequentemente usados de forma incorreta ou confundidos.

aggravate (piorar), **annoy** (deixar furioso)

The third fall on the same knee really aggravated the injury.

The noise from the upstairs apartment finally began to annoy us.

among (compara três ou mais), **between** (compara dois ou mais)

Among all six counties, ours is the most progressive.

Child care is divided between the parents.

amount (quantidade), **number** (soma total)

The amount of paper we use is staggering!

The number of sheets in a package is 200.

anxious (sentir-se nervoso), **eager** (entusiasmado e empolgado)

anywhere (*anywheres* não existe)

We'll meet you anywhere you say.

As (advérbio, igualmente), **like** (preposição, semelhante a)

Usamos *like* ou *as* para dizer que as coisas são parecidas. Use *like* antes de um substantivo ou pronome.

Errado: She looks as her sister.

Certo: She looks like her sister.

Certo: He ran like the wind.

Por outro lado, *as* é usado como conjunção antes de uma oração.

Certo: Nobody loves her as I do.

Certo: Do as I do.

No inglês informal, você frequentemente ouvirá *like* usado como conjunção em vez de *as*. Entretanto, o próximo exemplo do uso de *like* ainda não é o padrão nem é aceito.

Errado: Nobody loves Gary like I do.

Certo: Nobody loves Gary as I do.

Certo: Monty does as Pat does.

Certo: Aidan looks like his mother.

bring versus **take**

Errado: When we go to the mountains on Saturday, let's bring our skis.

Quando se visualiza o movimento de algo a partir do ponto de partida, usa-se *take*. Quando se pensa no movimento de algo a partir do ponto de chegada, usa-se *bring*.

Certo: When you come to the party, please bring a bottle of wine.

fewer versus **less**

Errado: *Ten items or less*. Placa no caixa de um supermercado.

Se você puder contar os itens, então será preciso usar a palavra para números, que é *fewer*.

Certo: Ten items or fewer.

Se você não *puder* contar os itens, então deverá usar *less*.

Certo: You should eat less meat.

Esta frase está correta porque carne é um substantivo incontável.

have versus **of**

Errado: I never would of thought that he'd behave like that.

Use *would have*.

Certo: I never would have/would've thought that he'd succeed.

Use *should* e *could* corretamente.

Errado: He should of come with me.

Certo: He should have/should've come with me.

Errado: She could of had any job she wanted.

Certo: She could have had any job she wanted.

dupla negação

Errado: I'm not speaking to nobody at this party!

Uma vez que *not* é negativa, não podemos usar *nobody* nesta frase.

Certo: I'm not speaking to anybody at this party!

went versus **gone**

Errado: I should have went to work yesterday.

A forma correta é *should* + *have* + particípio passado (revise o capítulo 3 se você tiver algum problema com esse conceito).

Certo: I should have gone to work yesterday.

awful (terrível) versus **very** (extremamente)

Certo: His speech was awful.

Certo: His voice was very weak.

Errado: His voice was awful weak.

Certo: His voice was awfully weak.

Palavras que Soam *Quase* Iguais, mas Têm Significados Diferentes

Muitas palavras estão nessa categoria. Os erros, às vezes, acontecem por causa da ortografia incorreta, mas frequentemente são resultados de não se terem dito ou ouvido as palavras corretamente. A seguir, uma lista de palavras comuns que soam quase iguais, mas têm significados diferentes.

accept (aceitar), **except** (exceto)

I accept your apology.

Everyone except Martha was invited.

adapt (adaptar-se), **adopt** (adotar o filho de alguém)

I can adapt to almost any climate.

We're searching for families to adopt hard-to-place children.

advice (conselho), **advise** (aconselhar)

I appreciate constructive advice.

I don't advise others unless they ask me to.

affect (afetar algo ou alguém), **effect** (resultado)

An antibiotic will not affect that disease.

However, it may have an adverse effect.

all ready (completamente pronto), **already** (já)

Call me when you are all ready to leave.

My friend Tim has already left.

all right (*Alright* não é uma palavra aceitável)

Is it all right to add all the ingredients at once?

all together (todos no mesmo lugar), **altogether** (totalmente, inteiramente)

We'll be all together for Thanksgiving.

This course is altogether too difficult.

allusion (alusão), **illusion** (ilusão)

Only a few people were aware of my allusion to Shakespeare's Romeo and Juliet.

You have the illusion that I like rap music; I don't.

climactic (o ponto de maior intensidade em uma série de eventos relativo a clímax), **climatic** (refere-se a condições climáticas)

The climactic period in the dinosaurs' reign was reached just before severe climatic conditions brought on the ice age.

continually (regular ou frequentemente), **continuously** (sem interrupção)

I am continually late for work.

Any loud music that is played continuously is annoying.

emigrate (*Emigrate* começa com a letra *E*, assim como *exit*. Ao emigrarmos, saímos de um país), **immigrate** (*Immigrate* começa com a letra *I*, como *in*. Ao imigrarmos, entramos em um país)

Sylvia emigrated from the United States.

Vivian immigrated to France from her native Canada.

Loose (solto, frouxo), **lose** (perder)

The tree branches were left loose in the street.

If I lose my new watch, I'll be so sad.

moral (mensagem de certo e errado), **morale** (confiança, estado de espírito)

Children love stories that have a moral.

Shopping often lifts my morale.

personal (privado, particular), **personnel** (departamento de recursos humanos; equipe)

Please don't open my personal correspondence.

We're trying to build our personnel department to a staff of six.

quiet (silêncio, calma), **quite** (inteiramente)

My work demands quiet.

I'm not quite ready.

Exercício 11-6

Escolha a palavra correta para completar cada frase.

1. I see you sweating: Does my decision make you feel (anxious/eager)?
2. You'll know you've lost weight when your jeans are (lose/loose).
3. My grandparents (emigrated/immigrated) from Russia.
4. I love the sound of (quite/quiet).
5. Your handwriting is (all together/altogether) too sloppy.

6. Everyone (accept/except) Martha finished the hike.
7. We never considered that Anil (would of/would have) left us with the bill!
8. They (should of /should have) eaten with us.
9. Take (fewer/less) clothes with you on this trip.
10. I'm not offering you any more (advise/advice).

Exercício 11-7

Escolha uma palavra da lista precedente para completar cada frase de forma correta.

1. You're asking about a ______________ matter; I don't discuss those.
2. I need a bookmark so that I don't ______________ my place.
3. We all agree that keeping our troops' ______________ high is important.
4. You know I get annoyed when you ______________ interrupt me.
5. Your paper was excellent; I particularly enjoyed the ______________ to rap music.
6. I said it was ______________ for the children to stay outside for another ten minutes.
7. Seeing money in my account at the end of the month was simply an ______________.
8. Have the ______________ certainty to go against popular opinion.
9. The bed slats are ______________ again; the bed will fall!
10. ______________ conditions seem to be producing more rain.

TESTE

Escolha a palavra correta para completar cada uma das seguintes frases.

1. Monet's color (pallet/palette) is distinctive.
2. The storyteller recited a (tail/tale) of terror.
3. We took our work problem to the (personal/personnel) department.
4. Mark and I hadn't done any business until we were (formally/formerly) introduced.

5. We certainly have a (bases/basis) upon which to continue.
6. My students received (they're/their) new books.
7. (Your/You're) books will arrive next week.
8 .I was offered a gift of either a dress or shoes, and I chose the (latter/later).
9. My friend has the highest (morale/moral) standards; he proved it when he refused to keep the money he found.
10. You (to/too) can meet us each day for our morning run.

TESTE - PARTE IV

Escolha a grafia correta das palavras escritas de forma errônea.

1. Be sure to ask for a reciept.
   (a) resiet
   (b) reciet
   (c) receipt
   (d) resceipt

2. Juan was refered to me for a job.
   (a) refferred
   (b) referd
   (c) refurd
   (d) referred

3. Ms. Santini, a piano teacher, has bought a number of pianoes.
   (a) pianose
   (b) pianos
   (c) piannos
   (d) pianoze

4. The lawmakers would go to any length to keep states from seceedin from the Union.
   (a) seceading
   (b) saceding
   (c) seceding
   (d) suceeding

5. Do you have a peferrence for one color over another?
   (a) preference
   (b) prefference
   (c) preferennce
   (d) preferense

6. Happyness is not always possible.
   (a) Hapiness
   (b) Happines
   (c) Happynes
   (d) Happiness

7. Max has an unatural love of alligators.
   (a) unaturall
   (b) unnattural
   (c) unnatural
   (d) unnaturale

8. Carefuly mix the dry and wet ingredients.
   (a) carfuly
   (b) carefully
   (c) carefuley
   (d) carfully

9. The loud and continueous music finally gave me a headache.
   (a) contenuous
   (b) continuous
   (c) continuious
   (d) conntinuous

10. Melanie was thiner than ever.
    (a) thinner
    (b) thinnur
    (c) thinur
    (d) thinnar

11. It was a releif to be finished with that task.
    (a) ralief
    (b) rulief
    (c) relief
    (d) rellief

12. Bright Airways flys to Chicago.
    (a) flyes
    (b) flyies
    (c) flis
    (d) flies

13. Two woman led the book club.
    (a) women
    (b) womin
    (c) womun
    (d) womane

14. Our children took huge handsful of Halloween candy.
    (a) handfulls
    (b) handsfull
    (c) handfuls
    (d) handfulls

15. We thought your actions were irresponsable.
    (a) iresponsable
    (b) iresponsible
    (c) irresponsablle
    (d) irresponsible

16. Your lack of enthusiasm is noticable.
    (a) notisable
    (b) noticeable
    (c) noticeabl
    (d) notisible

17. This memo superseeds all others.
    (a) superseeds
    (b) supersedes
    (c) supraseeds
    (d) suppersedes

18. Whatever you do, don't mispell this word.
    (a) misspell
    (b) mispel
    (c) misspel
    (d) mespell

19. She signed the letter, Very truely yours.
    (a) trooley
    (b) trulley
    (c) trully
    (d) truly

20. I was refering to the weather changes we've experienced.
    (a) refuring
    (b) reffering
    (c) reffering
    (d) referring

Escolha a palavra ou transliteração correta para completar perfeitamente as frases.

21. The teenagers managed to move a (stationary/stationery) stop sign to a different corner.
22. Many small children want fruit skins (paired/pared) away.
23. (There/Their) preference is not unusual.
24. Your joining the company was the (principal/principle) reason for my applying for the opening.
25. Without the (counsel/council) of an attorney, I wouldn't make the decision.
26. Have you told your children this? "Don't eat (to/too/two) many sweets!"
27. On his first solo skiing experience, he (braked/broke) his leg.
28. The (cent/scent) of flowers sends me into a sneezing fit.
29. A (hole/whole) watermelon is fun for a picnic.
30. The teacher said, "Learning by (wrote/rote) means memorizing, and what good is that?"
31. You have to decide (weather/whether) or not you want to participate in state government.
32. Selena and Camila wanted (SEPerATE/SEPret) rooms.
33. Our shopping is very convenient; it's (CLOZE/CLOS) to our home.
34. I'm so (anxious/eager) to leave; I've been waiting for so long to take this trip.
35. We're taking the trip (irregardless/regardless) of the economy.
36. Your choice of music (aggravates/annoys) me.
37. The (number/amount) of people in the restaurant was higher than the allowed limit.
38. I need your (advise/advice) about the color of paint for my house.

39. Sergio was under the (illusion/allusion) that keeping the children up later would make them sleep longer.
40. Mariso is (continually/continuously) late for work.
41. You can't recycle (lose/loose) papers; tie them up.
42. The container isn't (quiet/quite) high enough to hold all those papers.
43. The toddler loved hearing about the bunny with the soft (tail/tale).
44. Is it (alright/all right) for me to use the desk in front of the windows?
45. How many people have (immigrated/emigrated) from Europe?
46. Most people don't want to be accused of losing their (moral/morale) compass.
47. Camila took a day off to attend to all the (personal/personnel) business that is put off during the workweek.
48. There were (all together/altogether) too many references to unhappy happenings.
49. (You're/Your) opinion is very important to me.
50. We're trying to (adopt/adapt) to a greener lifestyle.

TESTE FINAL

Circule a opção que contém a palavra, expressão ou frase que melhor completa cada item.

1. I'll call or e-mail you then you call Tony.

   (a) I'll call or e-mail you; then you call Tony.

   (b) I'll call or e-mail you? Then you call Tony.

   (c) I'll call or e-mail you call Tony then!

   (d) I'll call or e-mail you (then you call Tony).

2. When she tumbled.

   (a) When she tumbled, she screamed

   (b) When she tumbled, scraped her knees, and broke her wrist.

   (c) When she tumbled and screamed.

   (d) When she tumbled and scraped her knee.

3. Tables and chairs stands in the room.

   (a) standing

   (b) stand

   (c) standed

   (d) standded

4. My uncle thought he gave me a huge complement when he said, "You drive just like a man!"

   (a) My uncle thought he was giving me a huge complement when he said, "You drive just like a man!"

   (b) My uncle thought he gave me a huge complement when he said, You drive just like a man!

   (c) My uncle thought he gave me a huge compliment when he said, "You drive just like a man!"

   (d) My uncle thought he gave me a huge complement when he said, "you drive just like a man!"

5. Course sand is so uncomforable under your feet.
   (a) Coarse sand is so uncomfortible under your feet.
   (b) Coarse sand is so uncomfurtable under your feet.
   (c) Coarse sand is so uncomfortable under your feet.
   (d) Course sand is so uncomfortible under your feet.

6. If you dessert the dinner table, we won't save any of this delicious desert for you.
   (a) If you dessert the dinner table, we won't save any of this delicious dessert for you.
   (b) If you dessert the dinner table, we won't save any of this delicious desurt for you.
   (c) If you desert the dinner table, we won't save any of this delicious desert for you.
   (d) If you desert the dinner table, we won't save any of this delicious dessert for you.

7. Music is an important part of my life (As I'm sure you know).
   (a) Music is an important part of my life (As I'm sure You know.)
   (b) Music is an important part of my life (as i'm sure you know).
   (c) Music is an important part of my life (as I'm sure you know).
   (d) Music is an important part of my life. (As I'm sure you know).

8. "I can't wait to visit you," Jenna said. "will you take me to the beach?"
   (a) "I can't wait to visit you," Jenna said? "will you take me to the beach?"
   (b) "I can't wait to visit you," Jenna said "will you take me to the beach?"
   (c) "I can't wait to visit you" Jenna said. "will you take me to the beach?"
   (d) "I can't wait to visit you," Jenna said. "Will you take me to the beach?"

9. Snowing hard and later lightly.
   (a) At first it was snowing hard, and then later it was snowing lightly.
   (b) Snowing hard and later lightly up to ten inches.

(c) Snowing hard and later lightly and then icy roads.

(d) Snowing hard but later lightly.

10. When there is piece in the Middle East.

(a) When there is peace in the Middle East.

(b) When will there be peace in the Middle East?

(c) When there is peace in the Middle East and everyone is content.

(d) When there is peace in the Middle East?

11. Each of the class members have one vote.

(a) Each of the class members have one and only one vote.

(b) Each of the class members have one votes.

(c) Each of the class members has one vote.

(d) Each of the class members have one vote to cast.

12. We have had more than the expected snow this winter and the snow removal has gone well.

(a) We have had more than the expected snow this winter: and the snow removal has gone well.

(b) We have had more than the expected snow this winter, and the snow removal has gone well.

(c) We have had more than the expected snow this winter and also the snow removal has gone well.

(d) We have had more than the expected snow this winter so you see and the snow removal has gone well.

13. Each received their semester grade.

(a) Each student received their semester grade.

(b) Each received all the semester grades.

(c) Each received their semester grade.

(d) Each received his or her semester grade.

14. Whom was the contest winner?
    (a) Who was the contest winner?
    (b) Whom were the contest winner?
    (c) Whom was the contest winners?
    (d) Whom was the winner of the contest?

15. Max takes the bus to school his teacher takes the subway.
    (a) Max takes the bus to school his teacher takes the subway?
    (b) Max takes the bus to school only his teacher takes the subway.
    (c) Max takes the bus to school; his teacher takes the subway.
    (d) Max takes the bus to school His teacher takes the subway

16. After I ate that huge meal.
    (a) After I ate that huge meal and a large bowl of ice cream.
    (b) After I ate that huge meal and took a walk.
    (c) When I finished eating that huge meal.
    (d) I felt sick after I ate that huge meal.

17. I digged my way through a large amount of old potting soil.
    (a) I digged my way through a large amount of really old potting soil.
    (b) I dug my way through a large amount of old potting soil.
    (c) I had digged my way through a large amount of old potting soil.
    (d) I have digged my way through a large amount of old potting soil.

18. On Sunday, I laid on the hammock for three hours.
    (a) On Sunday, I lain on the hammock for three hours.
    (b) On Sunday, I lay on the hammock for three hours.
    (c) On Sunday, I was lain on the hammock for three hours.
    (d) On Sunday, I layed on the hammock for three hours.

19. I have always mistook you for your sister.
    (a) I have always mistaken you for your sister.
    (b) I have always mistooked you for your sister.
    (c) I had always mistook you for your sister.
    (d) I will have always mistook you for your sister.

20. We thought your actions were iresponsible; please correct the problem you created.
    (a) We thought your actions were iresponsiblle; please correct the problem you created.
    (b) We thought your actions were iresponssible; please correct the problem you created.
    (c) We thought your actions were irresponsible; please correct the problem you created.
    (d) We thought your actions were iresponsable; please correct the problem you created

21. We did not expect to effect your behavior; we just hoped we would.
    (a) We did not expect to effect your behavior, we just hoped we would.
    (b) We did not expect to effect your behavior? We just hoped we would.
    (c) We did not expect to effect your behavior; we had just hoped we would.
    (d) We did not expect to affect your behavior. We just hoped we would.

22. There's a lot of reasons to argue!
    (a) There's a bunch of reasons to argue!
    (b) There's been a lot of reasons to argue!
    (c) There are a lot of reasons to argue!
    (d) There is a lot of reasons to argue!

23. It's to late to worry about that mistake.
    (a) It's more than to late to worry about that mistake.
    (b) It's too late to worry about that mistake.

(c) Its to late to worry about that mistake.

(d) It's much to late to worry about that mistake.

24. Yelling won't help you no more.

(a) Yelling won't help you anymore.

(b) Your yelling won't help you no more.

(c) Yelling won't help you no more?

(d) Yelling won't help you no more, no!

25. Our food-shopping list is longer than ever. Mostly because our children are on vacation this week.

(a) Our food-shopping list is longer than ever: mostly because our children on vacation this week.

(b) Our food-shopping list is longer than ever; mostly because our children on vacation this week.

(c) Our food-shopping list is longer than ever. And that's mostly because our children on vacation this week.

(d) Our food-shopping list is longer than ever, mostly because our children are on vacation this week.

26. She's much more intelligent than me.

(a) Is she much more intelligent than me?

(b) She's much more intelligent than I.

(c) She's much, much more intelligent than me.

(d) She's—not me—is much more intelligent than me.

27. I wish I could reclaim the amount of hours I've wasted on this project.

(a) I wish I could have the amount of hours I've wasted on this project.

(b) I wish I could reclaim the number of hours I've wasted on this project.

(c) I wish I could give away the amount of hours I've wasted on this project.

(d) Can I reclaim the amount of hours I've wasted on this project?

28. I will have had five different jobs before I will have retired.
    (a) I will have had five different jobs before I retire.
    (b) I will have had many different jobs before I will have retired.
    (c) I will have had five or more different jobs before I will have retired.
    (d) I will have had five different jobs before I will have begun to retire

29. Millie picked up her new passport months before she had traveled.
    (a) Millie picked up her new passport and then it was months before she had traveled.
    (b) Millie will have picked up her new passport months before she had traveled.
    (c) Millie is going to pick up her new passport months before she had traveled.
    (d) Millie had picked up her new passport months before she traveled.

30. Neither of the girls know how to jump rope.
    (a) Neither of the two girls know how to jump rope.
    (b) Neither of the many girls know how to jump rope.
    (c) Neither of the three girls knows how to jump rope.
    (d) Neither of the girls knows how to jump rope.

31. Tony will fly anywheres to complete a business deal.
    (a) Tony will be flying anywheres to complete a business deal.
    (b) Tony will fly anywhere to complete a business deal.
    (c) Tony will fly anywheres to finish a business deal.
    (d) Tony will fly anywheres and everywheres to complete a business deal.

32. Gaby gave the concert tickets to Maggy and she carried them to the concert.
    (a) Maggy was to give Gaby the concert tickets after they arrived at the concert.
    (b) Gaby gave the concert tickets to Maggy, and then she arrived at the concert carrying them.

(c) Gaby gave the concert tickets to Maggy, who carried them to the concert.

(d) Gaby gave the concert ticket to Maggy, she carried them to the concert.

33. Ana performed the dance good.
    (a) Ana performed the dance well.
    (b) Ana performed the dance so good.
    (c) Ana performed the dance so good and well.
    (d) Ana performed the dance goodly.

34. Our motorboat was took in toe after the motor failed.
    (a) Our motorboat was taken in toe after the motor failed.
    (b) Our motorboat was being taken in toe after the motor failed.
    (c) Our motorboat was taken in tow after the motor failed.
    (d) Our motorboat will be taken in toe after the motor failed.

35. Emily doesn't go camping; she's too vane to travel without makeup and a mirror.
    (a) Emily doesn't go camping; she's too vein to travel without makeup and a mirror.
    (b) Emily doesn't go camping; she's much too vane to travel without makeup and a mirror.
    (c) Emily doesn't go camping; she's to vane to travel without makeup and a mirror.
    (d) Emily doesn't go camping; she's too vain to travel without makeup and a mirror.

36. As far as my parents were concerned, the concert was one continueous blast of noise.
    (a) As far as my parents was concerned, the concert was one continueous blast of noise.
    (b) As far as my parents were concerned, the concert was one continual blast of noise.

(c) As far as my parents were concerned, the concert, it was one continueous blast of noise.

(d) As far as my parents were concerned, the concert it was not one continueous blast of noise.

37. The girls played basketball the boys played tennis.

(a) The girls played basketball the boys played some tennis.

(b) The very capable girls played basketball well the boys played tennis.

(c) The girls played basketball the boys played tennis with great skill.

(d) The girls played basketball; the boys played tennis.

38. Einstein is famous for $E=mc^2$ Edison is famous for the invention of the lightbulb.

(a) Einstein is famous for $E=mc^2$, while Edison is famous for the invention of the lightbulb.

(b) Einstein is famous for $E=mc^2$ Edison is famous for the invention of the lightbulb?

(c) Einstein is famous for $E=mc^2$ Edison is not famous for the invention of the lightbulb.

(d) Einstein is famous for $E=mc^2$ you think Edison is famous for the invention of the lightbulb.

39. ,4*Titanic* is my favorite movie, I love eating popcorn while I watch it.

(a) *Titanic* is my favorite movie, which I love eating popcorn while I watch it.

(b) Titanic is still my favorite movie, I love eating popcorn while I watch it.

(c) Titanic is my favorite movie. I love eating popcorn while I watch it.

(d) Titanic is my favorite movie, do I love eating popcorn while I watch it!

40. Americans shake hands when they meet the Japanese bow.

(a) Americans shake hands when they meet the: Japanese bow.

(b) Americans shake hands when they meet; however, the Japanese bow.

(c) Americans shake hands. when they meet the Japanese bow.

(d) Americans shake hands when they meet, however, the Japanese bow.

41. Cesar said, "If you asked to borrow money, I would have refused."
    (a) Cesar said, "If you have asked to borrow money, I would have refused."
    (b) Cesar said, "Even if you asked to borrow money, I would have refused."
    (c) Cesar said, "If you had asked to borrow money, I would have refused."
    (d) Cesar said, "If you will be asking to borrow money, I would have refused."

42. Mother's Day is always on a Sunday but Thanksgiving is always on a Thursday.
    (a) Mother's Day is always on a Sunday but you know Thanksgiving is always on a Thursday.
    (b) Mother's Day is always on a Sunday, but Thanksgiving is always on a Thursday.
    (c) Mother's Day is always on a Sunday but thanksgiving is always on a Thursday.
    (d) Mother's Day is always on a Sunday but Thanksgiving, it is always on a Thursday.

43. Josue, along with her four children, leave for the Grand Canyon on Sunday.
    (a) Josue, along with her four children, leave for the grand canyon on Sunday.
    (b) Josue along with her four children, leave for the Grand Canyon on Sunday.
    (c) Josue, along with her four children, leave for the Grand Canyon on sunday.
    (d) Josue, along with her four children, leaves for the Grand Canyon on Sunday.

44. William loved visiting Montreal Sally preferred just to stay in Quebec City.
    (a) William loved visiting Montreal "Sally preferred just to stay in Quebec City."
    (b) William loved visiting Montreal: Sally preferred just to stay in Quebec City.

(c) William loved visiting Montreal, while Sally preferred just to stay in Quebec City.

(d) William loved visiting Montreal Sally preferred just to stay in quebec city.

45. My car breaked down, so I need to buy a new one.
 (a) My car breaked down, will I need to buy a new one.
 (b) My car breaked down, will I need to buy a new one?
 (c) My car braked down, so I need to buy a new one.
 (d) My car broke down, so I need to buy a new one.

46. At one time few people had enough money to buy books however few people could read books.
 (a) At one time few people had enough money to buy books therefore few people could read books.
 (b) At one time few people had enough money to buy books so few people could read books.
 (c) At one time, few people had enough money to buy books; however, few people could read books.
 (d) At one time few; people had enough money to buy books few people could read books.

47. I made a decision to learn Korean Trudy wants to learn Turkish.
 (a) I decided to learn Korean; Trudy wanted to learn Turkish.
 (b) I made a decision to learn Korean with me Trudy wants to learn Turkish.
 (c) I decided to learn Korean, Trudy made a decision to learn Turkish.
 (d) I made a decision to learn Korean Trudy wants to learn Turkish.

48. We are all concerned about our children's education, our family's health care, and we worry about job stability, too.
 (a) We are all concerned about our children's education, our family's health care, and then there's job stability, too.
 (b) We are all concerned about our children's education, our family's health care, and our job stability, too.

(c) We are all concerned about our children's education, our family's health care, and we worry about job stability, too?

(d) We are all concerned about our children's education, our family and how their health care is, and we worry about job stability, too.

49. I know your concern is for my safty.

(a) I know your concern is for my safty?

(b) I know your concern is for my safety.

(c) I know your concern is for my saftey.

(d) I know your concern is four my safty.

50. Her referrence to my height was unkind.

(a) Her reference to my height was unkind.

(b) Her refference to my height was unkind.

(c) Her refferrance to my height was unkind.

(d) Her referrance to my height was unkind.

51. How come father-in-laws don't receive the same scrutiny as mother-in-laws?

(a) How come fatheres-in-law don't receive the same scrutiny as motheres-in-law?

(b) How come fatheres-in-laws don't receive the same scrutiny as mother-in-laws?

(c) How come fathers-in-law don't receive the same scrutiny as mothers-in-law?

(d) How come fathur-in-laws don't receive the same scrutiny as muther-in-laws?

52. "Procede to the exit immediately!" he shouted.

(a) "Prosede to the exit immediately!" he shouted.

(b) "Proceede to the exit immediately!" he shouted.

(c) "Proseed to the exit immediately!" he shouted.

(d) "Proceed to the exit immediately!" he shouted.

53. My friend he left me standing in the parking lot.
    (a) My friend he left me standing all alone in the parking lot.
    (b) My friend he left me standing in the parking lot in the rain.
    (c) My friend he left me for hours standing in the parking lot.
    (d) My friend left me standing in the parking lot.

54. Did you hear the toddler say, “Mommy, I hate this toy”!
    (a) Did you hear the toddler say, “Mommy, I hate this toy!”
    (b) Did you hear the toddler say, “Mommy, I hate this toy?”
    (c) Did you hear the toddler say, “Mommy, I hate this toy”?
    (d) Did you hear the toddler say? “Mommy, I hate this toy”!

55. Take your pencils pens and notepaper to the meeting.
    (a) Take your pencils, pens, and notepaper to the meeting.
    (b) Take your pencils pens, and notepaper to the meeting.
    (c) Take your pencils pens and notepaper, to the meeting.
    (d) Take your pencils pens (and notepaper) to the meeting.

56. “Theirs a fly in my soup!” she exclaimed.
    (a) “Theyrs a fly in my soup!” she exclaimed.
    (b) “There’s a fly in my soup!” she exclaimed.
    (c) “Their’s a fly in my soup!” she exclaimed.
    (d) “They’rs a fly in my soup!” she exclaimed.

57. According to the program notes, its going to be a long concert.
    (a) According to the program notes, it’s going to be a long concert.
    (b) According to the program notes, its’ going to be a long concert.
    (c) According to the program note’s its going to be a long concert.
    (d) According to the program notes. its going to be a long concert.

58. If I had known how long it was going to be, I would of refused to attend.
   (a) If I had known how long it was going too be, I would of refused to attend.
   (b) If I had known, how long it was going to be, I would of refused to attend.
   (c) If I had known how long it was going to be, I would have refused to attend.
   (d) If I had known how long it was going to be, I could of refused to attend.

59. To do it correctly, place the tomato sauce on the bottom, follow that with lasagna, tomato sauce, and cheese.
   (a) To do it correctly, place the tomato sauce on the bottom: follow that with lasagna, tomato sauce, and cheese.
   (b) To do it correctly, place the tomato sauce on the bottom; follow that with lasagna, tomato sauce, and cheese.
   (c) To do it correct, place the tomato sauce on the bottom, follow that with lasagna, and don't forget tomato sauce, and cheese.
   (d) To do it correctly, place the tomato sauce on the bottom, follow that with lasagna tomato sauce, and cheese.

60. We lived in cleveland from july, 1990 to august, 2000.
   (a) We lived in Cleveland from july, 1990 to august, 2000.
   (b) We lived in cleveland from july, 1990 to August, 2000.
   (c) We lived in Cleveland from july, 1990 to auguast, 2000.
   (d) We lived in Cleveland from July 1990 to August 2000.

61. Have you read doris kearns goodwin's book, *team of rivals*?
   (a) Have you read doris kearns Goodwin's book, team of rivals?
   (b) Have you read Doris Kearns Goodwin's book, Team of Rivals?
   (c) Have you read Doris kearns Goodwin's book, team of rivals?
   (d) Have you read doris kearns goodwin's book, *team of rivals*!

62. One of the courses I'm taking is european history I which includes world war II.
   (a) One of the courses I'm taking is European History I, which includes World War II.
   (b) One of the courses I'm taking is European history I which includes world war II.
   (c) One of the courses I'm taking is European History I which includes world war II.
   (d) One of the courses I'm taking is european history I which includes World War II.

63. Known as a no-frills airline, southwest airlines serves most of the united states.
   (a) Known as a no-frills airline, southwest airlines serves most of the United States.
   (b) Known as a no-frills airline, SouthWest airlines serves most of the united states.
   (c) Known as a no-frills airline, Southwest Airlines serves most of the United States.
   (d) Known as a no-frills airline, Southwest Airlines Serves most of the United States.

64. A completely free food program is offered by the Food Bank.
   (a) A free food program of free food is offered by the Food Bank.
   (b) The Food Bank offers a free program.
   (c) A completely free food program is ofered by the Food Bank.
   (d) Do they offer a free program of free food at the Food Bank?

65. This year was the first time I finished my taxes before the last possible day.
   (a) This year was the first year I finished my taxes before the last possible day.
   (b) This year was the first time me and my friends finished my taxes before the last possible day

(c) This year was the first time I finished my taxes and it was before the last possible day

(d) This year was the first time I finished my taxes before the last day.

66. Tim is very bright: He always makes me make a justification for a decision regarding his curfew.

(a) Tim is very bright: He always makes me justify my decision regarding his curfew.

(b) Tim is very bright: (He always makes me make a justification for a decision regarding his curfew.)

(c) Tim is very bright: He sometimes makes me make a justification for a decision regarding his curfew.

(d) Tim is pretty bright: He always makes me make a justification for a decision regarding his curfew.

67. The chairman will attend and argue with the new proposition.

(a) The chairman and his committee will attend and argue with the new proposition.

(b) The chairman will attend and argue against the new proposition.

(c) The chairman will be attending and argue against the new proposition.

(d) The chairman will not attend and argue with the new proposition.

68. Geraldo is reliable and has honesty.

(a) Geraldo is reliable and has some honesty.

(b) Geraldo is reliable and usually has honesty.

(c) Geraldo is reliable and has honestly.

(d) Geraldo is reliable and honest.

69. At the end of the report it gave a conclusion.

(a) At the end of the long report it gave a conclusion.

(b) The report provided a conclusion at the end.

(c) At the end of the report it provided a conclusion no one agreed with.

(d) At the end of the report; it gave a conclusion.

70. We need the true facts to make an intelligent decision.

(a) We need the facts to make an intelligent decision.

(b) We need the true facts to make an intelligent decision?

(c) We need the facts; to make an intelligent decision

(d) We need the true facts in order for us to make an intelligent decision

71. My niece is a gifted softball player so she doesn't play on any team.

(a) My niece is a gifted softball player, so she doesn't play on any team.

(b) My niece is a gifted softball player consequently she doesn't play on any team.

(c) My niece is a gifted softball player, yet she doesn't play on any team.

(d) My niece is a gifted softball player instead she doesn't play on any team.

72. Will you repeat again what you told me on the phone last night?

(a) Will you repeat once again what you told me on the phone last night?

(b) I'm asking you to repeat again what you told me on the phone last night!

(c) You repeat again what you told me on the phone last night

(d) Will you repeat what you told me on the phone last night?

73. The traveler was late for his flight in the taxicab.

(a) The traveler was very late for his flight in the taxicab.

(b) The traveler was too late for his flight in the taxicab.

(c) The traveler in the taxicab was late for his flight.

(d) The traveler was late for his flight in the Redtop taxicab.

74. We helped Amaya and she fill out applications.

(a) Did you help Amaya and she fill out applications?

(b) We helped Amaya and her fill out applications.

(c) We helped she and Amaya fill out applications.

(d) Amadio helped Amaya and she fill out applications.

75. Me running for City Council was a big mistake.
   (a) Me running for our town's City Council was a big mistake.
   (b) Me running for City Council was an even biggger mistake.
   (c) My running for City Council was a big mistake.
   (d) Do you think me running for City Council was a big mistake?

76. All of the following day were ruined.
   (a) All of the following day were ruined, weren't they?
   (b) All of the following day were ruined.
   (c) All of the following day was ruined.
   (d) All of the following day were ruined for us.

77. Cecelia didn't know whom you were until today.
   (a) Cecelia didn't know who you were until today.
   (b) Cecelia didn't know which you were until today
   (c) Cecelia didn't know that you were until today.
   (d) Cecelia didn't really know whom you were until today

78. The delivery person which you saw is not the usual one.
   (a) The delivery person that you saw is not the usual one.
   (b) The delivery person whom you saw is not the usual one.
   (c) The delivery person who you saw is not the usual one.
   (d) The delivery person which you saw yesterday is not the usual one.

79. My car which is seven years old is overdue for new tires.
   (a) My car, that is seven years old, is overdue for new tires.
   (b) My used car which is seven years old is overdue for new tires.
   (c) My car which I think is seven years old is overdue for new tires.
   (d) My car, which is seven years old, is overdue for new tires.

80. Everything we've done are wrong!
    (a) All we've done are wrong!
    (b) Everything we've done are being wrong!
    (c) Everything you've done are wrong!
    (d) Everything we've done is wrong!

81. I decided it was time to give a break to myself.
    (a) I decided it was time to give myself a break.
    (b) I decided it was my time, to give a break to myself.
    (c) I decided it was the right time to give a break to myself.
    (d) Did I decide it was time to give a break to myself?

82. We can be on time for the train if we start out early enough.
    (a) You and me can be on time for the train if we start out early enough.
    (b) If we start out early enough, we can be on time for the train.
    (c) We can finally be on time for the first train finally! if we start out early enough.
    (d) We can finally get the train if we start out early enough.

83. The children have missed their bedtime everyday this week.
    (a) The children have missed their bed time everyday this week.
    (b) The children have missed they're bed time everyday this week.
    (c) The children have missed their bedtime every day this week.
    (d) The children have missed there bedtime everyday this week.

84. I seed the accident as it happened.
    (a) I saw the accident as it happened.
    (b) I seed the accident very good as it happened.
    (c) I had seed the accident as it happened.
    (d) I have seed the accident as it happened.

85. I had my name and address printed on my new stationary.
   (a) I had put my name and address on my new stationary.
   (b) I had my name and address printed on my very new stationary.
   (c) I had my name and address printed on my new stationarys.
   (d) I had my name and address printed on my new stationery.

86. The nuts and cranberries in my salad tastes so crunchy.
   (a) The nuts and cranberries in my salad tastes so crunchy and delicious.
   (b) The nuts and cranberries in my salad taste so crunchy.
   (c) The nuts and cranberry in my salad tastes so crunchy.
   (d) You know, the nuts and cranberries in my salad tastes so crunchy.

87. Yesterday my day is simple—until school was cancelled.
   (a) Yesterday my day is simple, until school was cancelled.
   (b) Yesterday my day was simple—until school was cancelled.
   (c) Yesterday my day is simple—until school is canceled.
   (d) Yesterday my whole day is simple—until school was cancelled.

88. I bended my finger back and it was so painful!
   (a) I had bended my finger back, and it was so painful!
   (b) I bended my finger back, and it was so painful!
   (c) I bent my finger back, and it was so painful!
   (d) I mistakenly bended my finger back, and it was so painful!

89. I decided to adapt a puppy from a shelter.
   (a) I decided to adept a puppy from a shelter.
   (b) I had decided to adapt a puppy from a shelter.
   (c) I decided to adopt a puppy from a shelter.
   (d) Did you decide to adapt a puppy from a shelter?

90. Heres' your chance to make some extra money.
    (a) Here's your chance to make some extra money.
    (b) Here are your chance to make some extra money.
    (c) Heres' your chance to make some extra money.
    (d) Finally, heres' your chance to make some extra money.

91. He ain't leaving until he finishes his work.
    (a) He ain't going nowhere until he finishes his work.
    (b) He ain't leaving untill he finishes his work.
    (c) He ain't leaving until he finished his work.
    (d) He isn't leaving until he finishes his work.

92. There's too many jobs for one person.
    (a) There's to many jobs for one person.
    (b) There's not too many jobs for one person.
    (c) There are too many jobs for one person.
    (d) Theres' to many jobs for one person.

93. Don't he have enough to do?
    (a) Don't he and she have enough to do?
    (b) Don't he have enough to do?
    (c) Doesn't he have enough to do?
    (d) Don't she have enough to do?

94. If I decide to go and I know I'm driving.
    (a) If I decide to go and I know I'm driving, I'll call you.
    (b) If I decide to go, and I know I'm driving.
    (c) If I decide, to go and I know I'm driving.
    (d) If I decide to go and I know, I'm driving.

95. The Christmas trees was grinded to a pulp.
   (a) The Christmas trees were grinded to a pulp.
   (b) The Christmas trees is grinding to a pulp.
   (c) The Christmas trees were ground to a pulp.
   (d) The Christmas trees was always grinded to a pulp.

96. The dress lost it's color after two washings.
   (a) The dress lost its color after two washings.
   (b) The dress lost its' color after two washings.
   (c) The dress lost i'ts color after two washings.
   (d) The dress lost it'ses color after two washings.

97. At first Paulina said, "I'll be there at noon," and then she continued, "So try to be on time."
   (a) At first Paulina said, "i'll be there at noon," and then she continued, "So try to be on time."
   (b) At first Paulina said, "I'll be there at noon," and then she continued, "so try to be on time."
   (c) At first Paulina said, "I'll be there at noon," and then she continued; So try to be on time."
   (d) At first Paulina said "I'll be there at noon" and then she continued "So try to be on time."

98. The captain thought he had delivered a stern warning, nevertheless the driver sped off with a screech.
   (a) The captain thought he had delivered a stern warning, nevertheless, the driver sped off with a screech.
   (b) The captain thought he had delivered a stern warning; nevertheless, the driver sped off with a screech.
   (c) The captain thought he had delivered a stern warning, nevertheless; the driver sped off with a screech.
   (d) The captain, he thought he had delivered a stern warning, nevertheless the driver sped off with a screech.

99. My reason for going to the mall on Monday was that I knew it would be less crowded.

(a) My reason for going to the mall on Monday was really that I knew it would be less crowded.

(b) My reason for going to the mall on Monday was that I knew from the last time it would be less crowded.

(c) My reason for going to the mall on Monday at 10 a.m. was that I knew it would be less crowded.

(d) I went to the mall on Monday because I knew it would be less crowded.

100. We were searching for a builder who had experience.

(a) We were searching for an experienced builder who had lots of experience.

(b) We were searching for a builder who had some experience.

(c) We were searching for an experienced builder.

(d) We were searching for a builder who was experienced.

APÊNDICE A

Palavras Frequentemente Escritas de Forma Errada

O texto que segue, com as palavras em inglês frequentemente escritas de forma errada, teve seus direitos registrados em 2008 por Lexiteria LLC. Foi criado pelo Prof. Robert Beard da Bucknell University e alphadictionary.com, e usado aqui com sua permissão.

a while: deveria levar só um pouquinho de tempo (*a little while*) para aprender que esta expressão tem duas palavras, não uma.

awhile: com as duas palavras unidas, este é um advérbio. Certifique-se de que o advérbio tenha um verbo, adjetivo ou outro advérbio para modificar. "Earth takes us in *awhile* as transient guests..."

acceptable: infelizmente, não há regra que preveja quando devemos usar *-able* e quando devemos usar *-ible*. Mas, se você for capaz de aceitar uma mesa em uma lanchonete (*if you can accept a table in a cafe*), será capaz de se lembrar dessa palavra.

accidentally: não é por acidente que se um adjetivo terminar com o sufixo -al, este sufixo deverá aparecer no advérbio – esta é a regra *al. Theatric* pode ser *theatrical*, então o advérbio será *theatrically*. Não existe *publical*, portanto, *publicly* está certo.

accommodate: esta palavra é suficientemente grande para acomodar duas letras *c* e duas letras *m*. Não se esqueça disso.

accordion: como os acordeões não vêm de Accordia, escrevemos a terminação desta palavra com *-i-o-n*, não com *-i-a-n*.

acquire: você deve adquirir o hábito de acrescentar um *c* mudo antes do *q* nesta palavra.

acquit: não desista (*don't quit*) antes de acrescentar um *c* antes do *q* também nesta palavra.

a lot: se reservar um tempinho para aprender que esta expressão tem duas palavras, você deverá dominá-la rapidamente.

altar: certifique-se de não alterar (modificar) a ortografia de *altar* quando escrever sobre igrejas.

amateur: amadores podem ou não ser maduros, mas as palavras *amateur* e *mature* são sempre escritas de formas diferentes.

apparent: deve estar aparente para todos que a palavra *apparent* tem duas letras *p*.

argument: o *e* mudo no fim da palavra *argue* não pode brigar com um sufixo maior do que ele. Por isso desaparece na palavra *argument.*

atheist: lembre-se religiosamente de que esta palavra tem o mesmo –the– encontrado antes do "deus" (the god) da teologia.

believe: você tem que acreditar na "regra i-antes-do-*e*": segundo ela, o *i* vem antes do *e*, exceto após *c* ou quando pronunciado como "ay", como em *neighbor* e *weigh.* No entanto, cuidado com as exceções, como *foreign.*

bellwether: um *bellwether* não é um sino que faz a previsão do tempo, e sim um carneiro castrado (um *wether*), que carrega um sino em volta do pescoço e que foi escolhido para liderar o rebanho graças à sua maior propensão para ficar à frente das ovelhas.

broccoli: você não precisa gostar de brócolis para escrever a palavra corretamente em inglês, com duas letras *c* e uma letra *l.*

calendar: você pode colocar revisão desta palavra em seu calendário: lembre-se de que ela termina com *-ar*, não com *-er.*

camouflage: embora usemos a forma curta desta palavra – *camo* –, devemos sempre nos lembrar do *u* no meio da forma completa.

cantaloupe: aqui está outra palavra na qual costumamos nos esquecer do *u*: não se deixe enganar pelas placas que dizem "Lopes for sale".

Caribbean: como qualquer caribenho saberá dizer, esta palavra tem uma letra *r* e duas letras *b.* category: escrever *category* da mesma forma que *catastrophe* não é catastrófico, mas pode ser constrangedor.

cemetery: não deixe que esta palavra o enterre: exceto pelo *y* final, a única vogal nela é o *e.*

changeable: o *e* mudo em *change* é capaz de conviver com o sufixo *-able*, então ele permanece para nos lembrar de que o som do *g* é suave, pronunciado como *j* (ver também *noticeable*).

chili: você nunca encontrará uma pimenta refrescante (*a chilly chili*), mas mantenha corretas as ortografias de *chilly* e *chili.*

collectible: mesmo que você colecione mesas, o objeto de sua coleção será collectible, com um *i.* Infelizmente, não existe uma regra para este caso.

colonel: há mais do que um pingo de verdade (*kernel of truth*) quando se alega que *colonel* é pronunciada exatamente como *kernel* – mas a escrevemos *colonel.*

column: o *e* não é a única letra em inglês que pode ser muda: *column* tem um *n* mudo.

committed: esperamos que você esteja comprometido com a aprendizagem da regra da consoante dupla: consoantes no fim de um verbo que sejam precedidas de vogais tônicas geralmente são dobradas quando acrescentamos *-ed* (ou *-ing ou -er*): *nab – nabbed, nap – napped, knit – knitted.*

conscience: ninguém em sã consciência tentaria enganar a ciência (science). *Sci* costuma ser pronunciado como "ch" depois de um *n*.
conscientious: aqui está uma palavra onde tanto *sci* quanto *ti* são pronunciados como "ch" após o *n*. Seja um escritor consciente e lembre-se disto.
conscious: espero que, agora, você esteja ciente de que, em inglês, *sci* após *n* é pronunciado como "ch".
consensus: o consenso (opinião da maioria) é que o censo (census) é uma boa ideia, embora as duas palavras não sejam escritas da mesma forma.
coolly: você será bacana se escrever esta palavra corretamente, lembrando-se de que se trata do adjetivo *cool* junto com o sufixo *-ly* dos advérbios.
cupboard: só porque não ouvimos o *p* ao pronunciar a palavra "kuhburd", não quer dizer que ele não exista.
definite(ly): esta palavra definitivamente soa como se terminasse em *t*, mas isso acontece porque o *e* depois dele permanece mudo sob quaisquer condições.
descendant: esta palavra também pode ser escrita *descendent*, mas essa ortografia costuma indicar um adjetivo (por exemplo, a *descendent vine*) embora uma pessoa na árvore genealógica seja um descendente (*descendant*) de seus ancestrais.
deterrence: quatro palavras comuns em inglês terminadas em vogal tônica + *r* têm o *r* dobrado antes dos sufixos *-ence* e *-ent*: *deterrence, abhorrence, occurrence* e *concurrence.*
discipline: um pouco de disciplina nos hábitos ortográficos ajudará você a se lembrar do *c* mudo no meio e do *e* mudo no fim dessa palavra.
drunkenness: até escritores sóbrios, às vezes, se esquecem de uma das letras *n* desta palavra.
embarrass(ment): esta palavra tem um embaraço de letras *r* e *s* – duas de cada.
equipment: esta palavra é mais fácil de escrever do que você pensa - basta que evite colocar um *t* entre o *p* e o *m*: não existe *equiptment*!
exceed: exceda todas as expectativas e aprenda a escrever esta palavra como *proceed*, mas não como *precede* ou *supersede.*
exhilarate: basta pensar no estímulo que é saber que você é um daqueles bons escritores que sabem que esta palavra tem um *h.*
existence: colocar um *a* no lugar do *e* antes de *nce* nesta palavra pode tornar sua existência miserável.
experience: evite a experiência embaraçosa de escrever esta palavra com um a antes do final *nce* também.
fiery: o *e* final em *fire* saltou sobre o *r* para fugir do **y**. Você não faria a mesma coisa?
foreign: a regra do *i*-antes-do-*e* é estranha à ortografia de *foreign.*
fulfill: *full* não é escrita por completo nesta palavra, mas *fill* sim.
gauge: aprenda a padronizar as posições do *a* e do *u* nesta palavra; as letras ficam em ordem alfabética.
grateful: escrever *grateful* como *greatful* agride os olhos. Escrever *grateful* é ótimo.

guarantee: eu garanto a você que esta palavra não termina como *warranty* e *warranty* não termina da mesma forma que *guarantee.*

handkerchief: lembre-se de que os guardanapos ficam na sua mão, não em sua cabeça, e você não vai se esquecer do *d* mudo. A regra *i*-antes-do-*e* funciona para esta palavra.

harass: não deixe que o único *r* desta palavra o atormente – dobre apenas o *s*.

height: o inglês vai às alturas (*height*, não *heighth!*) do absurdo ao registrar *height* e *width* de formas tão diferentes – e ignorar a regra *i*-antes-do-*e*.

hierarchy: a regra *i*-antes-do-*e* funciona para esta palavra, assim como para *hieroglyph.*

humorous: divirta-nos escrevendo a palavra *humorous*: não se esqueça do *o* e do *u*, e ninguém dirá "*forget you*"

hypocrisy: dizer que esta palavra nada tem a ver com *hippos* não é apenas um modismo: é bacana escrevê-la como *hypocrisy.*

ignorance: não deixe a ignorância obscurecer o fato de que esta palavra termina em *-ance*, não em *-ence.*

imitate: certifique-se de não imitar aqueles que escrevem esta palavra com duas letras *a* em vez de duas letras *i.*

immediate: esta palavra contém duas letras *m* imediatamente juntos, lado a lado.

incredible: é simplesmente incrível que nenhuma regra nos diga quando usar *-ible* e quando usar *-able.* Basta lembrar: *incredible.*

independent: não há forma independente de escrever esta palavra: ela termina em *-ent*, não em *-ant.*

indispensable: o *a* do sufixo *-able* é indispensável se você quiser escrever esta palavra corretamente.

inoculate: você deve vacinar-se contra a tentação de dobrar qualquer letra nesta palavra.

intelligence: vamos usar nossa inteligência para nos lembrarmos do *l* duplo que há nesta palavra e da terminação *-ence.*

its/it's: às vezes é difícil lembrar que *it's* é uma contração de *it is* e que *its* significa "pertencente a", como em "it's too bad that its leg is broken".

jewelry: joias (*jewelry*) são feitas por um joalheiro (jeweler), mas o *y* final é um ladrão que surrupia o *e* de *er.*

just deserts: não receberíamos aquilo que merecemos se comêssemos apenas as sobremesas nas refeições. *Deserts* com um *s* significa "aquilo que é merecido", que é o caso da sobremesa quando acabamos de comer as verduras.

kernel: há mais que um pingo de verdade *kernel of truth* na alegação que *colonel* é escrita particularmente para ser pronunciada como *kernel.* A ortografia do inglês pode ser caótica.

leisure: não podemos aplicar a regra *i*-antes-do-*e* nesta palavra ao nosso bel-prazer: ela não a segue.

liaison: o *a* é uma ligação entre as duas letras *i* desta palavra. Há três – conte-as – vogais seguidas.
library: a pronúncia correta desta palavra ajuda a ortografia: você não encontrará nenhuma frutinha vermelha (*berry*) em *library*.
license: vamos lhe dar licença para escrever esta palavra com as duas letras que indicam o som de "s": *c* e *s*.
lightning: embora um raio (*lightning*) tenha a capacidade de iluminar o céu (*lightening*), ele não contém nenhum *e*.
maintenance: ajude-nos a manter a ortografia correta de *maintenance* nunca esquecendo do *e* no meio: *maintain*, mas *maintenance*.
maneuver: sempre manobre um *eu* no meio desta palavra, e se você não estiver nos Estados Unidos, *oeu*: a ortografia britânica desta palavra é *manoeuver*.
marshmallow: não importa quão macio seu marshmallow fique, ele continuará sendo escrito com duas letras *a* e um *o*, sem nenhum *e*.
medieval: tome este remedinho para memória para se lembrar de que o adjetivo referente à Idade Média começa com *med* e segue a regra *i*-antes-do-*e*.
memento: não hesite nem por um momento ao escrever esta palavra com duas letras *e* e uma letra *o*.
millennium: nunca em milhares de anos poderíamos escrever millenium com menos do que duas letras *l* e duas letras *n*.
miniature: é uma tarefa em miniatura escrever (e pronunciar) o *a* no meio desta palavra.
minuscule: e é uma tarefa minúscula lembrar-se de que *minuscule* começa com *minus*.
mischievous: seria muita peraltice ignorar a regra *i*-antes-do-*e* ao escrever esta palavra.
misogyny: claro, todos adoramos as mulheres, mas a palavra que indica ódio a elas termina com o mesmo *gyn* visto em *gynecology*.
missile: você pode mandar um missal a respeito do lançamento de um míssil para um amigo; basta manter o míssil em seu silo.
misspell: escrever *misspell* erroneamente pode ser embaraçoso, então lembre-se das duas letras s e duas letras *l*.
nauseous: esta palavra tem vogais suficientes para enojá-lo; é mais uma com três vogais seguidas, dessa vez em ordem alfabética.
neighbor: basta lembrar-se do relincho do cavalo (*neigh*) mais *-bor*, e você sempre se lembrará de escrever esta palavra corretamente em inglês norte-americano.
necessary: é necessário usar duas letras *s*, mas apenas uma letra *c* para escrever esta palavra corretamente todas as vezes.
no one: não deixe ninguém lhe dizer que isto é uma palavra só; são sempre duas.
noticeable: não se esqueça de manter o *e* final de *notice* antes do sufixo *-able*, de forma que todos saberão que o *c* é suave (pronunciado como *s*). Ver também *changeable*.

occasion: essa é uma boa ocasião para se lembrar de que esta palavra tem duas letras *c* e uma letra *s*.

occasionally: idem para esta palavra, mas lembre-se também da regra *al*: se um adjetivo puder terminar com *-al*, seu advérbio deverá conter *-al* antes de *-ly*.

occurrence: nunca se esqueça das duas ocorrências de *c* e das duas ocorrências de *r* nesta palavra (veja outras palavras que dobram o *r* antes de *-ence*).

pastime: embora um passatempo seja uma boa maneira de se passar o tempo, é necessário um *s* apenas para escrever a palavra corretamente em inglês.

perseverance: o excesso de perseverança do *e* é ruim para a ortografia desta palavra: todas as vogais são letras *e*, exceto aquela próxima à última. Note também que não há *r* antes do *v*.

personnel: uma historinha engraçada: o assistente do vice-presidente de pessoal nota que seu chefe, o próprio vice-presidente, ao chegar à sua mesa todas as manhãs, abre uma pequena caixa trancada, olha dentro dela, sorri e a tranca novamente. Alguns anos mais tarde, quando o assistente é promovido à posição de seu chefe, ele chega para trabalhar cedo em uma manhã e abre a caixa secreta para ver o que há dentro. Encontra um único pedaço de papel no qual está escrito: "duas letras *n*', uma letra *l*". É assim que se escreve *personnel*.

pigeon: se você não for adepto do inglês macarrônico, deverá escrever *pigeon* sem *d* e com *-eon*.

playwright: quando atuamos direito, somos bons atores (right player), mas o pessoal que escreve peças inicialmente era chamado de "play-makers", ou, para usar a palavra da época, *playwrights*, como *cartwrights*, *wagonwrights*, *wheelwrights*.

plenitude: é preciso uma plenitude de autocontrole para resistir à tentação de incluir um *t* nesta palavra: *plenty*, mas *plenitude*.

possession: a palavra *possession* chia mais do que uma cobra – são quatro letras *s* no total.

precede: vir antes é *to precede*; vir depois é *to succeed*. Você não adora a consistência ortográfica do inglês? *Precede* se escreve como *accede*, *antecede*, *concede*, *intercede*, *recede* e *secede*, mas não como *proceed* ou *supersede*.

principal: basta se lembrar de que seu diretor é um príncipe (*prince*) e um colega (*pal*) no princípio (*principle*), especialmente se for um homem ou uma mulher de princípios.

privilege: considere um privilégio saber que esta palavra contém duas letras *i* seguidas, acompanhadas de duas letras *e*.

proceed: ortografia de *proced* não procede de *precede* nem *supersede:* saiba que esta palavra é escrita como *exceed*, e *succeed*.

pronunciation: a pronúncia de *pronunciation* não é como a de *pronounce* – e a ortografia também não.

publicly: a regra *al* também funciona aqui: como *publical* é *impossível*, o advérbio precisa ser *publicly*.

queue: esta palavra estabeleceu um recorde: quatro vogais seguidas formando um duplo *ue*! Falando em sequência, ela se refere a uma fila. É pronunciada como *cue*.
questionnaire: dobre a letra *n* desta palavra e não se esqueça do *e* mudo no final. Trata-se de mais uma palavra francesa causando problemas na ortografia do inglês.
raspberry: se você conseguir se lembrar de que a pele de uma framboesa parece uma pequena raspadeira, isso o ajudará a se lembrar do *sp* nesta palavra, que soa como "z".
receive/receipt: a regra *i*-antes-do-*e*-exceto-após-o-*c* funciona com todas as palavras terminadas em *-ceive* (*deceive*, *perceive* e *conceive*).
recommend: recomendamos enfaticamente que você escreva esta palavra com duas letras *m*, mas apenas uma letra *c*.
referred: de acordo com a regra da consoante dupla, as consoantes solitárias no fim dos verbos geralmente são dobradas antes do *-ed* se precedidas de uma vogal tônica.
reference: *reference* contém apenas uma vogal, *e*. O *r* não é dobrado antes de *-ence*, porque o *er* não é tônico, como em *deterrence*.
relevant: o *a* desta palavra é muito relevante para sua ortografia; não o substitua pelo *e*. Lógico, o *l* sempre precede o *v*, embora *relevant* pareça uma palavra de verdade.
restaurant: restaurantes não são para quem quer descansar (*resters*), então não escreva a palavra dessa forma. O meio dessa palavra tem um *au*, como em *Australia*.
rhyme: esta palavra, originalmente, era *rime*, mas deixou de ser; ela se parecia tanto com *rhythm* que os antigos decidiram que ela deveria ser escrita da mesma forma.
rhythm: esta palavra foi tomada emprestada do grego (e nunca foi devolvida), por isso o som do "r" é escrito da maneira grega, *rh*.
sandal: as sandálias não o livram da areia, mas se escrever sandals com duas letras *a*, pelo menos estará escrevendo corretamente.
schedule: a escola deveria agendar um período para aprendermos a escrever esta palavra, já que *school* e *schedule* começam com as mesmas letras. Fora dos Estados Unidos, pronuncia-se "shedjule", não "skedjule".
scissors: está vendo o *c* em *scissors*? Você não pode cortá-lo fora ao escrever esta palavra.
seize: pronunciada com o som de *c*, esta palavra quebra completamente a regra do *i*-antes-do-*e*.
separate: nunca se esqueça de que duas letras a separam as duas letras e quando se escreve *separate*.
sergeant: o apelido do sargento é Sarge, mas seu nome completo é *sergeant* (não pergunte por quê).

succeed: para se dar bem neste mundo, é preciso aprender a escrever *succeed*. Lembre-se, escreva-a com duas letras *c* e duas letras *e*, como *proceed*, mas não como *precede* e *supersede*.
supersede: esta palavra suplanta todas as demais em questão de perversidade ortográfica. A escrita de palavras como *proceed* e *precede* já traz problemas

suficientes. A boa notícia é que esta é a única palavra do inglês que se escreve com *-sede*.

their/they're/there: sua pronúncia é a mesma, mas a ortografia não. O *their* possessivo significa "que pertence a eles" e *they're* é uma contração de *they are*. Isso deixa *there* para todo o resto.

threshold: esta parece um composto de *thresh* + *hold*, mas não é. Duas letras *h* no meio desta palavra empurram você do limiar da ortografia ruim.

tomorrow: uma letra *m* e duas letras *r*, ontem, hoje e amanhã.

turmeric: o *r* antes do *m* em *turmeric* quase fica esquecido – mas ainda está lá.

twelfth: lembre-se do pequeno elfo no meio de *twelfth* e você escreverá esta palavra corretamente todas as vezes.

tyranny: lembre-se de como se escreve *tyrant* e você se lembrará da ortografia correta de *tyranny*. Claro, não podemos nos esquecer de dobrar o *n*.

until: não vou parar de dizer que esta palavra termina com um só *l* até que todo mundo a esteja escrevendo corretamente!

vacuum: um aspirador de pó segura um grande volume de pó, mas as palavras *volume* e *vacuum* não terminam da mesma maneira.

weather: com tempo bom ou ruim, devemos escrever um *a* após *we*.

weird: é tão estranho ver como esta palavra quebra a regra *i*-antes-do-*e*.

APÊNDICE B

Os 50 Erros Fatais Mais Comuns

Alguns erros são tão comuns que muitos os aceitam como se estivessem corretos – mas não estão.

Por exemplo, *between you and I* nunca estará correto. As pessoas dizem ou escrevem assim porque se usa com muita frequência. É importante se esforçar bastante para não cometer estes deslizes, pois eles fazem com que o escritor pareça ser menos instruído. Tais transgressões estão tão entranhadas que merecem uma seção especial.

Curiosamente, os erros costumeiros listados a seguir foram todos extraídos de conversas reais (ouvidas por acaso), comunicações escritas e (ah, que baú do tesouro!) de âncoras de telejornais, comentaristas e público de TV. O termo impróprio aparece na primeira linha, seguido do uso correto na segunda. Para revisar quaisquer conceitos em maiores detalhes, cada correção traz o tipo de erro e uma referência ao(s) capítulo(s) que trata(m) dele.

Errado: Me and my friends spent the day at the mall.

Certo: My friends and I spent the day at the mall. (pronomes, cap. 2 e 3)

Errado: There's a lot of people who like that candidate.

Certo: There are a lot of people who like that candidate. (verbos, cap. 2)

Errado: It's never to late to go back to school.

Certo: It's never too late to go back to school. (uso de palavras, cap. 11)

Errado: They had broke down the door.

Certo: They had broken down the door. (verbos irregulares, cap. 1)

Errado: His parents expected to go with he and myself.

Certo: His parents expected to go with him and me. (pronomes, cap. 2 e 3)

Errado: Every winter morning, I tell the children to dress warm.

Certo: Every winter morning, I tell the children to dress warmly. (advérbios, cap. 2)

Errado: In that category, the differences is very small.

Certo: In that category, the differences are very small. (concordância verbal, cap. 1)

Errado: The flowers in my garden is so colorful.

Certo: The flowers in my garden are so colorful. (concordância verbal, cap. 1)

Errado: Time was moving too slow.

Certo: Time was moving too slowly. (advérbios, cap. 2)

Errado: My schedule rarely goes smooth.

Certo: My schedule rarely goes smoothly. (advérbios, cap. 2)

Errado: I've spoke to that child many times.

Certo: I've spoken to that child many times. (verbos, cap. 2)

Errado: Everybody in the country think things are going badly.

Certo: Everybody in the country thinks things are going badly. (concordância verbal, cap. 1 e 3)

Errado: Our company can handle everything quick and easy.

Certo: Our company can handle everything quickly and easily. (advérbios, cap. 2)

Errado: He should have came right back.

Certo: He should have come right back. (verbos, cap. 2)

Errado: Her mother and her agreed on a curfew.

Certo: Her mother and she agreed on a curfew. (pronomes, cap. 2 e 3)

Errado: We were so glad that the principal had chose us for early dismissal.

Certo: We were so glad that the principal had chosen us for early dismissal. (verbos irregulares, cap. 1)

Errado: We was all ready to leave.

Certo: We were all ready to leave. (concordância verbal, cap. 1)

Errado: Take the food with you leave your bathing suit in the car.

Certo: Take the food with you; leave your bathing suit in the car. (texto corrido sem pontuação, cap. 1)

Errado: If they packed to little food, it was there own fault.

Certo: If they packed too little food, it was their own fault. (ortografia, cap. 10)

Errado: Our political campaigns are longer than any others. Partly because we're willing to spend so much more money.

Certo: Our political campaigns are longer than any others, partly because we're willing to spend so much more money. (fragmento, cap. 1)

Errado: We'll close for the whole entire time.

Certo: We'll close for the entire time. (palavras desnecessárias, cap. 7)

Errado: Mara arranged her desk first then in a real fit of neatness she started organizing her file cabinet.

Certo: Mara arranged her desk first; then, in a real fit of neatness, she started organizing her file cabinet. (conectivos, cap. 7)

Errado: I want to make the meal real quick.

Certo: I want to make the meal really quickly. (advérbios, cap. 2)

Errado: She's funnier than me.

Certo: She's funnier than I am. (pronomes, cap. 3)

Errado: Bad feelings creeped into our relationship.

Certo: Bad feelings crept into our relationship. (verbos irregulares, cap. 2)

Errado: I was looking for a present for you and I.

Certo: I was looking for a present for you and me. (pronomes, cap. 2 e 3)

Errado: When you go to the party, will you bring me with you?

Certo: When you go to the party, will you take me with you? (uso de palavras, cap. 11)

Errado: Some of the greatest musicians was there.

Certo: Some of the greatest musicians were there. (concordância verbal, cap. 1 e 3)

Errado: Newspaper headline: Less frowns. More smiles.

Certo: Newspaper headline: Fewer frowns. More smiles. (uso de palavras, cap. 11)

Errado: There's enough people for our game tonight.

Certo: There are enough people for our game tonight. (concordância verbal, cap. 1)

Errado: They do things very different.

Certo: They do things very differently. (advérbios, cap. 2)

Errado: Each of us have the opportunity to serve.

Certo: Each of us has the opportunity to serve. (concordância verbal, cap. 1 e 3)

Errado: There is a fundamental difference between these three candidates.

Certo: There is a fundamental difference among these three candidates. (uso de palavras, cap. 11)

Errado: I'm not afraid of nothing.

Certo: I'm not afraid of anything. (pronomes, dupla negação, cap. 3)

Errado: Who likes who?

Certo: Who likes whom? (pronomes, cap. 3)

Errado: It works so good.

Certo: It works so well. (adjetivos, cap. 2)

Errado: These are repetitions that you hear repeatedly.

Certo: You hear these repeatedly. (palavras desnecessárias, cap. 7)

Errado: We could have went anywhere.

Certo: We could have gone anywhere. (verbos irregulares, cap. 2)

Errado: The President would describe the problem different.

Certo: The President would describe the problem differently. (advérbios, cap. 2)

Errado: Drew took his medication washed dressed and started reading a new book.

Certo: Drew took his medication, washed, dressed, and started reading a new book. (pontuação, cap. 4)

Errado: There'll be a big contest between John and he.

Certo: There'll be a big contest between John and him. (pronomes, cap. 3)

Errado: Sheila said, "Between you and I, I know his plan won't work."

Certo: Sheila said, "Between you and me, I know his plan won't work." (pronomes, cap. 3)

Errado: None of us want to be in this position.

Certo: None of us wants to be in this position. (pronomes, cap. 3)

Errado: Did she ask you if you were ready to leave.

Certo: Did she ask you if you were ready to leave? (pontuação, cap. 4)

Errado: Don't touch those lights, the director yelled!

Certo: "Don't touch those lights!" the director yelled. (pontuação, cap. 4)

Errado: The magna carta must be one subject in american history.

Certo: The Magna Carta must be one subject in American history. (uso de maiúsculas, cap. 6)

Errado: Our hearts were heavy with grief nevertheless we knew we had to explain our friend's death to our children.

Certo: Our hearts were heavy with grief; nevertheless, we knew we had to explain our friend's death to our children. (pontuação, cap. 5)

Errado: The neighbors, we took a survey of the neighborhood about having a block party.

Certo: The neighbors took a survey about having a block party. (palavras desnecessárias, cap. 7)

Errado: Marcel dropped the tomato juice jar on the glass scanner and broke it.

Certo: Marcel dropped the tomato juice jar and broke the glass scanner. (colocação de termos nas frases, cap. 3)

Errado: Your tactless response was unecessary!

Certo: Your tactless response was unnecessary! (ortografia, cap. 10)

SOLUÇÃO DOS EXERCÍCIOS

CAPÍTULO 1

Exercício 1-1

Sugestões de respostas.

1. ...California, I need to make a hotel reservation. 2. ...rain stops, I'll plant annuals and herbs. 3. ...a promotion, I'm building a personal work file. 4. ...a week, I feel better. 5. ...course, I cleaned out many of my food supplies. 6. ...the weather, we'll know what to wear. 7. ...looking for one, I had many interviews. 8. ...early shift, we can start our day earlier. 9. ...stayed awhile, we'll leave. 10. ...he was precinct captain, is retiring this year.

Exercício 1-2

Sugestões de respostas.

1. . . . 9 A.M. to 5 P.M.; yours will be... 2. ...exhausting. We really prefer... 3. ...of the trip because it's busy... 4. ...10 percent of our brain although studies... inactive. Don't believe... 5. ...on time tomorrow. I'll believe... 6. ...unpacking, call me and we'll go out to dinner. 7. ...a very tight budget, I hope other costs don't rise too quickly. 8. ...swiftly through the park scared everyone in his path. 9. ...food donations and many people joined the march as it progressed. We were too... 10. ...my new knitting project, so I turned...

Exercício 1-3

1. No, it doesn't. 2. They suggested...

Exercício 1-4

1. learns/*present* 2. will avoid/*future* 3. turned off/*past* 4. decided/*past* 5. uses/ *present* 6. eats/*present* 7. will play/*future* 8. ate/*past* 9. collected/*past* 10. keep/*present* 11. will ask/*future* 12. completed/*past* 13. played/*past* 14. will start/*future* 15. stops/ *present*

Exercício 1-5

1. checks 2. appear 3. knows

Exercício 1-6

1. prices change 2. family goes 3. men take 4. interferences keep 5. friend takes 6. development gives 7. fiber rates 8. some include 9. fabric pays 10. plants give

Exercício 1-7

1. expect/*present* 2. received/*past* 3. have expected/*present perfect* 4. will come/ *future* 5. have read/*present perfect* 6. slid/past 7. will know/*future* 8. wrote/*past* 9. will implement/*future* 10. avoided/*past*

Exercício 1-8

1. will lie 2. woke 3. swam 4. laid 5. had run

Exercício 1-9

1.lain 2. swum 3. raised 4. paid 5. forbidden 6. swung 7. chosen 8. drunk 9. threw 10. seen

Exercício 1-10

1. trocar *went* por *go* 2. trocar *existed* por *exist*

Teste - Capítulo 1

Após a identificação do erro, são dadas sugestões de respostas.
1. Fragmento. If you decide on which route to take, call me. 2. Fragmento. He was looking back at his childhood. 3. Texto corrido. You're ready. Don't hesitate. 4. Concordância verbal quanto ao número. Mark and Amy run a very organized household. 5. Fragmento. I love buying a new piece of clothing. 6. Flexão Verbal incorreta. If you had ridden to work with us, you would have been on time. 7. Fragmento. When my time on the meter ran out, I raced back to my car. 8. Texto corrido/vírgula. I'll be there. The children will arrive later, and we'll all have lunch. 9. Concordância verbal. He complained, "These cars park in the wrong spaces every day." 10. Fragmento. Because I had written, word-processed, corrected, and approved the report, my job was done.

CAPÍTULO 2

Exercício 2-1

1. He and I... 2. Tim and he... 3. ...for Betsy and me. 4. ...between Marcus and me. 5. Tim and I...

Exercício 2-2

1. *verb* 2. *subject* 3. *modifer* 4. *object* 5. *subject* 6. *subject* 7. *object* 8. *verb* 9. *verb* 10. *subject*

Exercício 2-3

1. Psychologists, people 2. Dr. Daniel Gilbert, psychologist, future, choices 3. choices, today, future 4. cards, convenience 5. credit, year 6. lawyer, case 7. designer, glass, Chihuly 8. carpet, space 9. environmentalists, area, clams, ponds, success 10. lawmakers, hearings, deficit

Exercício 2-4

1. flies 2. glitter gleam 3. is 4. felt 5. am 6. closed 7. will merge 8. are 9. seared 10. produced

Exercício 2-5

1. was 2. appears 3. seems 4. grew 5. smell 6. were 7. are 8. remain 9. seem 10. was

Exercício 2-6

São dados exemplos de respostas.
1. is 2. could be 3. were 4. will be/was 5. was 6. to be 7. smell 8. taste 9. are 10. will be

Exercício 2-7

1. We're 2. Here's 3. It's 4. You're 5. You'll, it's 6. I'm 7. He's 8. They're 9. You're 10. It's

Exercício 2-8

1. smooth-haired 2. organized 3. well-informed 4. tall, tan, long 5. sleek, front 6. strapping 7. right, injured 8.loud, pulsing, small 9. angry 10. gesturing, smiling

Exercício 2-9

1. ...is more valuable... 2. ...the most efficient... 3. ...worst. 4. …are the best. 5. …a more difficult piece… 6. …the most enormous… 7. …most legible… 8. ...more tenacious. 9. …is more sympathetic… 10. …most beautiful…

Exercício 2-10

1. well. 2. good. 3. well. 4. good. 5. well. 6. good. 7. well. 8. well. 9. good. 10. good.

Exercício 2-11

1. My friends and I... 2. He and I... 3. ...gave him and me... 4. ...to him... 5. ...from Alex and me.

Exercício 2-12

1. in town/opened 2. against the walls/position 3. inside the carton/bottle 4. between the doors/place 5. on top/left 6. about Larry/tell 7. in the adult school/ class 8. at the park/laugh 9. on TV/program 10. in the fireplace/logs

Exercício 2-13

1. bottles are 2. newspaper is 3. cans were 4. friend is 5. movies are

Exercício 2-14

1. and/*coordenating* 2. or/*coordenating* 3. but/*coordenating* 4. neither, nor/*correlative* 5. until/*subordinating* 6. Because/*subordinating* 7. neither, nor/*correlative* 8. not only, but also/*correlative* 9. and/*coordenating* 10. Since/*subordinating*

Teste do Capítulo 2

1. She and I 2. really well 3. feel well 4. Ted and I share 5. Ted and me 6. is the best 7. I won't leave until you call 8. we're 9. You've 10. Isn't spring...

CAPÍTULO 3

Exercício 3-1

1. Lacey has banked... 2. I have banked at Yardley Trust... 3. I have been writing business... 4. The Tomkins have owned... 5. I have watched baseball...

Exercício 3-2

1. had finished 2. had taken yoga 3. I had never seen... 4. If you had remembered... 5. I had chosen the menu... 6. Bill said "If you had screamed..." 7. I had owned a small car... 8. My niece had participated... 9. I had worked...
10. Eli and Eleanor had eaten

Exercício 3-3

1. ...before I consider stopping 2. before I retire. 3. I will have flown one million miles before I retire. 4. By the time you arrive, I will have baked the cake. 5. ...before you move in.

Exercício 3-4

1. rose 2. will have commuted 3. swelled 4. saw 5. will have left 6. decided 7. filed 8. had picked up 9. went out 10. will have prepared

Exercício 3-5

1. love 2. had read 3. he had started, we started 4. had known 5. we met 6. climbs 7. we walked 8. will have visited 9. we learned 10. he realizes

Exercício 3-6

1. (inside the carton) bottles are 2. (between the doors) newspaper is 3. (against the walls) cans were 4. (among all my classmates) friend is 5. (in the list) movies are

Exercício 3-7

1. I did not see a huge crash... 2. The hamster with the shortest legs... 3. That antique roadster with 50,000 miles on it... 4. The prospective voters completed their registration for the election on the table. 5. You should hang some of your new artwork on the wall. 6. The banana-nut bread in the oven smells wonderful. 7. Ned lined up furniture and boxes under the deck. 8. You probably received a letter in the mail about the dangers of contaminated water. 9. We drove in a red convertible along the endless highway toward the setting sun. 10. With the pliers, remove the filter from the furnace.

Exercício 3-8

1. Mac and I... 2. ...salesperson and her. 3. . . .dinner than she (did)... 4. . . .to Bonnie and her. 5. You and they play. . . 6. ...elections than he (did). 7. . . .give him... 8. ...Cat and he are... 9. . . .him and me. 10. ...more than he (does).

Exercício 3-9

1. My buying a car... 2. Their charging me. . . 3. ...about her choosing... 4. Her staying one extra... 5. Their fighting...

Exercício 3-10

1. ...their cat and themselves... 2. Larry and I. . . 3. Marty asked himself... 4. All of you have to make that decision yourselves. . . 5. ...to the team leader and us.

Exercício 3-11

1. pronome demonstrativo (These) 2. adjetivo (Those) 3. adjetivo (this) 4. pronome demonstrativo (That) 5. pronome demonstrativo (This)

Exercício 3-12

Sugestão de respostas:
1. Who is... 2. The food that... 3. Timothy whom I have known... 4. The medicines that arrived... 5. Who is the new... 6. One... lifts. 7. ...that arrive every afternoon... 8. The puppy that... 9. Everybody... receives... 10. ...received his or her certificate. 11. ...participants received their certificates.

Exercício 3-13

1. (me)/I 2. (I)/me 3. (nothing) anything 4. (me) Cari and I 5. (she) her 6. (her) she 7. (me) my 8. (myself) me 9. (their) her 10. (Whom) Who

TESTE - CAPÍTULO 3

1. had driven 2. will have word processed 3. smelled 4. is 5. We 6. He and I 7. my 8. himself 9. that 10. Who

Teste Parte I

1. b 2. c 3. d 4. b 5. b 6. b 7. c 8. a 9. d 10. d 11. d 12. b 13. c 14. d 15. a 16. b 17. b 18. d. 19. c 20. b 21. b 22. c 23. d 24. c 25. a 26. b 27. d 28. b 29. c 30. c 31. a 32. b. 33. c 34. c 35. a 36. d 37. c 38. c 39. d 40. b 41. a 42. d 43. c 44. b 45. d 46. c 47. b 48. d 49. a 50. c

CAPÍTULO 4

Exercício 4-1

1. ...results. 2. ...state. 3. ...know). 4. ...1 tbsp. of butter and 1 tsp. of salt. 5. ... game. 6. ...the bike." (...shrinking budget.) 7. ...by 6 P.M. 8. Mr. and Mrs. ... lunch. 9. ...Capt. and Mrs. Murphy. 10. ...Rd. ...me.

Exercício 4-2

Parágrafo 1

Scientists have reached important conclusions regarding the connection between children's social disadvantages and their health risks. Doctors considered three main social disadvantages: poverty, low parental education, and single parent household. According to Dr. Ruth S. Stein, children with all three risk factors were twice as likely as children with none to have a chronic health condition such as diabetes, asthma, or mental retardation.

Parágrafo 2

Where does chocolate come from? Actually, it does grow on trees. It all starts with a small tropical tree, the Theobroma cacao, usually simply called "cacao." (It is pronounced ka-KOW. *Theobroma* is Greek for "food of the gods.") Cacao is native to

Central America and South America, but it is grown commercially throughout the tropics. About 70 percent of the world's cacao is grown in Africa.

A cacao tree can produce close to two thousand pods per year. The ridged, footballshaped pod, or fruit, of the cacao grows from the branches and, oddly, straight out of the trunk. The pods, which mature throughout the year, encase a sticky, white pulp and about thirty or forty seeds. The pulp is both sweet and tart; it is eaten and used in making drinks. The seeds, were you to bite into one straight out of the pod, are incredibly bitter. Not at all like the chocolate that comes from them.

It's actually a perfect design. The fruit attracts forest animals, like monkeys, who eat the fruit but cast the seeds aside, dispersing them and allowing new trees to sprout up. (One of my favorite memories of a recent trip to Costa Rica was watching monkeys eating in a "chocolate" tree.) It's hard to imagine why humans ever thought to do anything with the seeds.*

Exercício 4-3

1. ...at 10:00 P.M."? 2. ...to plant flowers?" Elsa asked. 3. ...your insurance card?" 4. ...of ID as well. 5. ...for our appointments?"

Exercício 4-4

Parágrafo 1

My friend asked, "Have you heard about the link of lead exposure to Alzheimer's disease?" She had just read the study from the University of Rhode Island that found a link between early exposure to lead in the environment and the onset of Alzheimer's disease much later in life. The scientists cautioned lead poisoning patients not to fear that their lead exposure would definitely lead to Alzheimer's disease. They said, "There are, after all, many other things that can affect a person between youth and old age, aren't there?"

Parágrafo 2

Do you see the world around you going green? Has your supermarket started charging for bags-either plastic or paper? Will you finally decide to ride your bicycle to the office to help reduce carbon emissions (not even considering the cost of gas)? Did you remember to turn off the lights before you left home? (And if you didn't, will it bother you all day?) Surely, you have switched to energy-efficient lightbulbs, or have you? I guess we can agree that going green is not an easy thing to do, or can we? There's a popular children's song that says it all: It's not easy being green!

---

*Adaptado com permissão de facts-about-chocolate.com.

Exercício 4-5

1. …nuts in it?" Rosa asked. 2. ...harm you!" 3. ...restaurant? I'm starving. 4. …before we leave? 5. …requests!" 6. ...in the car? 7. …mine, are you? 8. …taking Vitamin D. 9. …the game! Isn't that sad? 10. …correctly. Yea!

Exercício 4-6

1. All national elections bring change; the 2008 presidential election was historic in bringing an African-American into the White House Oval Office. 2. We kept hearing people ask, "Did you vote?" 3. Don't you think that this was one of the most important statements uttered by President-Elect Obama: "I will always be honest with you about the challenges we face"? 4. When we went camping last summer, we saw a bear. We wanted to scream, "Run!" 5. When we finally agreed to go (remember my reservations), it was too late in the day. 6. "Wait!" he cried, "There's contamination in there." 7. Chef Antonia said, "I'll be back at 6 P.M. to serve the main course. Don't disappoint me!" 8. If you're really late, you'll find us at 100 Linden St. 9. Address that letter to Newark, NJ. 10. We left a note on the door regarding suspending deliveries. (Anyone would understand not to leave packages while we were away.)

Exercício 4-7

1. Having a new, sleek sports car is still just a dream. 2. This summer, I'm going to paint the house, get estimates for a fence, and lose ten pounds. 3. While I waited for the estimator to arrive, I looked at many paint colors. 4. A friend of mine, a recent graduate, is working hard to write an excellent résumé. 5. Your job, however, will be to finish cleaning the basement.

Exercício 4-8

1. ...August 15, 2010. 2. ...Bend, Oregon. 3. …room,"... 4. Dear Eileen, ... job search, so I'll… My best, 5. ...Andy, …batteries, barbecue, and tent. 6. A detailed, lengthy… 7. March, a month just before real spring, ... 8. ...was, nevertheless, our... 9. …Auden, however, 10. ...meeting,

Exercício 4-9

Parágrafo 1

Founded in 1981 as Students Against Driving Drunk, SADD's focus initially was to combat teen deaths due to drinking and driving. SADD has expanded its mission and name and now sponsors chapters called Students Against Destructive Decisions. SADD now focuses on prevention of all destructive behaviors and attitudes that are harmful to young people, including underage drinking, substance abuse, violence, reckless driving, depression, and suicide. SADD's unique approach involves young people delivering education and prevention programming to their peers through school – and community – wide activities and campaigns responsive to the needs of their particular locations. Since its formation, SADD has spread to all fifty states, Canada, New Zealand, and many other international locations.

Parágrafo 2

Are you ready for a substitute for the mind-bending, compelling puzzle Sudoku? Psychologists now assure us that 10 minutes of talking, visiting, and establishing social contacts boost intellectual performance as much as doing crossword puzzles. A team of researchers asked more than 3,500 people between 24 and 96 years old about their social interactions and tested their memories. One researcher offered, "We found the more the social contacts, the higher the level of mental functioning."

Parágrafo 3

You've heard the 30-minutes-of-exercise-per-day recommendation for some time, but you can't seem to fit that into your schedule. Is all hope lost? No, say the experts. Will short spurts of moderate exercise help your fitness level? If you're doing nothing and you decide to walk briskly five days a week or even three days a week for 30 minutes, you will experience positive results. In addition, you can do the 30 minutes all at once or in shorter segments of at least 10 minutes each. After three months, you'll probably experience lower blood pressure and a smaller waistline.

Exercício 4-10

1. Jim Hanfry, a weekly player, finally won the office lottery. 2. My summer garden always includes squash, tomatoes, and cucumbers. 3. Can we, therefore, consider the matter closed? 4. The oldest theater in town was torn down, and a parking lot was built in its place. 5. Before the cold weather arrives, I turn off the outdoor water spout. 6. You will have driven 1,500 miles by the time you reach Detroit, Michigan. 7. "I understand how you feel about homework," Miss Emry said, "but I still have to assign it." 8. When Lenny arrived, the party became lively. 9. We had accepted the invitation a week earlier, but we cancelled when two of our children became ill. 10. Send us a current, skill-related résumé, and we will schedule an interview for you.

Teste - Capítulo 4

1. John, my friend, will march at the wedding. 2. ...expenses, but I can't," Mona said. 3. ...in Seoul, South Korea. 4. ...met, however, in Nashville, Tennessee. 5. That was on November 25, 2008. 6. Are you my friend, or not? 7. ...your lives!" He screamed... building. 8. ...Muir Woods, a kayak ride, and a mountain-climbing expedition. Whew! That was a long day. 9. ...vacation, we needed a rest.
10. ...global warming, can we, therefore, call...problem?

CAPÍTULO 5

Exercício 5-1

1. …those Olympics; so many… 2. …American winning; my dream... 3. …we had lost, I watched… 4. …the weekend; a week later... 5. …Pacific region; meanwhile, Russian...

Exercício 5-2

1. …gas tank; so we… 2. …gifts; but when… 3. ...right lane; but cars... 4. …needed them; but… 5. …blood; yet we…

Exercício 5-3

1. ...time; nevertheless, we... 2. ...door; otherwise, you'll... 3. ...decision; therefore, we… 4. …expected; however, you still... 5. ...an expensive houseplant, ask… needs; moreover,

Exercício 5-4

1. ...work, while Chico... 2. ...only in England; it did not... 3. ...house; however, we... 4. ...cloudy; we cannot... 5. …call me, and I, although still at work, will meet you. 6. …sales now, I can't… 7. ...budget, you know how I feel; therefore, no one… 8. ...left home. 9. …to begin; consequently, we're busier... 10. For the longest time, ...her bedroom; finally, she had an...

Exercício 5-5

Parágrafo 1

1. ...big eater; however, chocolate... downfall. 2. ...good for me, but how much... "for my health"? 3. ...that I love (add almonds and it's even better). 4. ...that pleasure; my waistline... results. 5. ...good it is for me; moreover, I want...

Parágrafo 2

1. ...bulbs; they want 2. ...believe that the growing and killing 3. ...a pound of wheat, it takes

Exercício 5-6

1. ...open for the delivery"? 2. ...are already bored with their Christmas presents," and added, "We'll reintroduce them in a month or so." 3. ...your credit card number." 4. ..your correct card number?" the associate asked. 5. ...tonight?" my wife asked.

Exercício 5-7

1. ...asked, "Are you having… budget?" 2. "Do you have a computer?" he asked. "There are websites… money is going," he continued. 3. …said, "Websites have been used... online." 4. "If you're going to use… shopping, please check... measures," my wife continued. 5. "May I... account?" the teller asked. 6. "First I... banking," I told him. 7. He said that was a really good idea. 8. "Let me... own," I... instructor, "then... wrong." 9. "That's... idea," she said, "because... acquired." 10. "Did you know... hysterically?" Fred asked.

Exercício 5-8

1. ... your job: Open the office... mail. 2. ...you leave: Premium Plumbers... Management. 3. ...information: an agenda... bylaws. 4. ...much-too-much information: He was asking... new car. 5. ...buy these: hammer, nails... tiles.

Exercício 5-9

1. ...the following: warm clothes, boots, and raincoat. 2. ...dismisses at 11:45 A.M. 3. ...trip: a tent, bug spray, a flashlight, and easily prepared foods. 4. Dear Professor Keene: 5. Dear Ms. Boxer: 6. ...Dad, 7… after 9:00 A.M... 8. We'll meet at 12 noon. 9. ...following: Prepare your home… 10. ...a choice: We could eat out...

Exercício 5-10

Parágrafo 1

1. ...Hubble Space Telescope; in fact, they… there. 2. ...in 1990, and it has already... span. 3. In addition, it has seen... mission.

Parágrafo 2

1. Hubble entered... 1990s; its advent... Internet. 2. As a result, everyone's... close. 3. However, ...pictures; interestingly, it has generated... instrument.
4. Before Hubble, ...universe; some had said... 20 billion. 5. Hubble did the correct calculations: Our universe... ago. 6. Hubble accomplishments include the following: measuring the age of the universe... expanding universe.

Exercício 5-11

1. ...home's 2. ...wasn't 3. ...its 4. ...*i*'s... your *t*'s? 5. It's... isn't it?

Exercício 5-12

Sugestão de respostas:
1. ...(Can you feel it in your mood?), and we really 2. ...clothes – slacks, shirts, underwear, shoes – when the airline… 3. ...store [California, Washington, and Arizona] and... until Monday" 4. …store (California [wines], Washington [apples], and Arizona [jicama]) and… 5. ...a restaurant – you know what she likes – and we'll...

Exercício 5-13

1. ...shout, "Sound the alarm"? 2. Her mother said, "I agree to finish your work; however, you'll have to pay me for my time." 3. It's not... 4. ...him – your dad – and he agreed... 5. It's warmer... degrees; we can 6. Although I've read through today's newspaper, I'm not ready to throw it away. 7. ...paper – the one you just handed in – shows great effort. 8. ...most people's... 1941; ...1975; ...2001. 9. The train stopped in Atlanta, Georgia; Newark, New Jersey; and New Paltz, New York. 10. ...made in Europe (Italy [Milan], France [Paris], and Denmark [Copenhagen]).

Teste - Capítulo 5

1. …unexpected results: Teens feel… 2. …garage said, "You need... days." 3. …thoughts; use a semicolon… 4. …newest $1 coins; and they will join... 5. …mint said, "We want these… in all transactions," and he added, "They will be given out as change as well." 6. …printed on it: "Do not drive with... in place." 7. ...says that really successful... they want. 8. ...mental functioning: socializing helps; exercising is also beneficial. 9. ...entitled, "Exercise and the Mind," I was bored. 10. ...of American adults: Just three of every ten get enough physical activity.

CAPÍTULO 6

Exercício 6-1

1. …Chicago,… the Windy City. 2. ..."Oh... 3. ...Mother... Chicago 4. …French… World History 101 5. I'm...

Exercício 6-2

1. ...Seattle... Northwest... 2. …Eiffel Tower… Paris. 3. ...War of the Roses... England... 4. Baptist… Buddhism... I… 5. Supreme Deity... Christ, Allah, or Buddha.

Exercício 6-3

1. ...Representative Stephanie Brown… 2. I… "May… 3. ..."Where,... "You'll... 4. ...Officer Kent... 5. I… "You… now,"…

Exercício 6-4

1. Corporal Marylou Ryan… "I... Ford... I'm… 2. Captain and Mrs. Talbott… Memorial Day… 3. Be… *Gone With the Wind*… 4. We took Jack's... an Italian... Saturday... 5. He… Southwest... Maine...

Exercício 6-5

1. Each… Fourth of July… We hire a professional fireworks company. The displays… My son, Matt,… 2. This year, Matt… Alex. We're... Alex... 3. We've… New York... September… I've… Empire State Building. That is first on my agenda. We'll... a hotel… 4. I... *Reader's Digest.* If I had... publisher. 5. In Modem American History II... World War II… Atomic Age.

6. Jeff... Ford Motor Company... 7. Center City. 8. Americans... Declaration of Independence. 9. My children... Chinese and Spanish. 10. "I... "You're... 11. We... Claire McCaskill... Missouri, ... Senate Building. 12. Mr. Reed, senator from RI... 13. "Oh... 14. The American Red Cross... 15. The Jamestown Bridge...

Exercício 6-6

1. ...spring... 2. ...Department... 3. ...Orient... 4. ... *Experience.* 5. ...Friday.

Exercício 6-7

Parágrafo 1

1. The terms... 2. Discussions... a Swedish scientist, Svante Arrhenius... fossil. 3. He further... and temperature gains. 4. Arrhenius... the average surface temperature. 5. This is what... 6. However, Arrhenius...

Parágrafo 2

1. Arrhenius... Thomas Chamberlin... Human... 2. Years passed... 3. Then... natural forces. 4. In fact...

Parágrafo 3

1. This is a new one. Eco-anxiety is taking hold of many many well-meaning consumers. "What is it?" you ask.

Teste - Capítulo 6

1. ...Elmgrove Avenue, east of Wayland Avenue. 2. ..."All... 3. To... Time Magazine... and a Sunday... 4. ...John Singer Sargeant. 5. ...Aunt Polly... 6. ...Forest Camping Supplies, Inc., in Boston. 7. ...I'll...8. ...Robert T. Masters, president of the division... 9. ..."Oh no!... 10. ...*The Last Lecture.*

TESTE PARTE II

1. d 2. c 3. d 4. a 5. b 6. a 7. c 8. a 9. d. 10. d 11. d 12. b 13. a 14. c 15. b 16. b 17. a 18. c 19. d 20. b 21. c 22. a 23. b 24. d 25. d 26. d 27. c 28. b 29. a 30. d 31. c 32. b 33. a 34. a 35. d 36. b 37. b 38. c 39. a 40. a 41. a 42. c 43.c 44. d 45. b 46. a 47. c 48. c 49. d 50. d

CAPÍTULO 7

Exercício 7-1

1. ...hot, and inexpensive. 2. ...truth and provide evidence. 3. ...and soaks the porch. 4. ...calories, and fattening. 5. ...dishes, and sometimes boring. 6. ...suffering, and teaching other... 7. ...equipment, and install... 8. ...ingredients, whip the eggs, and preheat... 9. ...the heat, turn off... 10. ...jazz guitar, and rhythm and blues.

Exercício 7-2

Sugestão de respostas:
1. …my dog, clean the car… 2. ...shrubs, and planning to add another room. 3. …it, and threw it... 4. …second, and breakfast last. 5. …and rainy. 6. …safe, and took care of her own household as well. 7. …faster, and higher in resolution. 8. ...homework, and stays... 9. ...loyalty, and perfect attendance. 10. ...tank, and the children get up on time.

Exercício 7-3

Sugestão de respostas:
1. ...energetic but also punctual. 2. ...truthfully and humbly. 3. …puddles but also jumps… 4. ...neither colorful nor well-fitting either. 5. …flowers or build a deck. 6. …nor willing to sacrifice her career. 7. …not only delicious but also energizing. 8. …shift, or I'll leave the house... 9. …not only busy but also rainy. 10. ...family's rules and doing well in school.

Exercício 7-4

Sugestão de respostas:
1. ...on sale, but the sale… 2. …the area, so he advertised… 3. ...on the grounds, but we couldn't… 4. …stated, then gather... 5. …depot, but he quickly… 6. …at 1 P.M., but heavy… 7. …with you, or stop... 8. …pay, so I'll be… 9. …me $50, and I'll pay… 10. …for the test, yet I feel…

Exercício 7-5

1. When 2. Unless 3. since 4. After 5. though 6. If 7. as 8. Although 9. whenever 10. If

Exercício 7-6

Sugestão de respostas:
1. instead 2. in fact 3. incidentally 4. however 5. next 6. otherwise 7. on the contrary 8. meanwhile 9. as a result 10. incidentally

Exercício 7-7

Sugestão de respostas:
1. then 2. instead 3. consequently 4. furthermore 5. otherwise 6. meanwhile 7. however 8. therefore 9. in addition 10. sometimes

Exercício 7-8

Sugestão de respostas:
1. The buggy tour of Charleston was enlightening. 2. We left the party early because we knew... 3. This is the new hybrid vehicle introduced... 4. This report

analyzes our town water. 5. I suspect that... 6. We were looking for a skilled house painter. 7. While we waited for the train... 8. We sent the paperwork demanded... 9. Hire only certified welders. 10. Store these foods in an accessible place.

Teste - Capítulo 7

Sugestão de respostas:
1. ...start college or go to work. 2. ...was joyous yet tearful. 3. ...reading, and history... 4. ...for the environment, he never did anything to improve it. 5. ...the subject but also footnoting sources. 6. ...before, please suggest something from this menu. 7. Hillary Clinton was the first woman... 8. Our town interviewed for a new town manager. 9. Both options are expensive, 10. ...space, but it...

CAPÍTULO 8

Exercício 8-1

(S) (S) (V) (O) (O) (da prep.)
1. Matthew and I found our seats in the theater.

(S) (V) (O)
2. Late arrivals caused a stir.

(O) (da prep.) (S) (V) (O) (da prep.)
3. On the stage, the main character, Bess, looked fleetingly at the audience.

(S) (V) (O)
4. She continued her dialogue.

(S) (V) (O)
5. The audience members regained their composure.

Exercício 8-2

Sugestão de respostas:
1. ...products, but all... 2. …at 6 P.M., and we'll have... 3. …and newspapers, yet our town… 4. …tomorrow, but my office… 5. …at home, so we've lowered...

Exercício 8-3

Sugestão de respostas:
1. A hurricane threatened the coast; still, we made plans to drive home. 2. If you need me, please call; furthermore, you'll find the doctor's telephone number next to the phone. 3. I've already cleaned my closets for winter; incidentally, I'm saving some perfectly good clothes for you. 4. I'm really low on energy these days; nevertheless, I

keep up with my exercise routine. 5. My children aren't accepting any more gifts; in fact, they're giving extra toys and clothes to charity.

Exercício 8-4

1. …the *Times*; his friend... 2. …to Massachusetts, or we'll stop…
3. …overheated; therefore, we… 4. ...bumper; nevertheless, we…
5. …a week; my friend...

Exercício 8-5

Sugestão de respostas:
1. Because of my excellent advice, Marla and Darren had a great trip. 2. Although many people advised against it, we read the book and saw the movie. 3. When you arrive, we'll have dinner. *ou* We'll have dinner when you arrive. 4. If Daria arrives on time, we'll have time to get to the late movie. 5. After we passed the construction site, the traffic began to flow.

Exercício 8-6

Sugestão de respostas:
1. We have always bought our baby educational toys because manufacturers make extravagant claims about verbal skill building. Researchers have studied the toys; however, they concluded that toys did not increase vocabulary. We buy expensive toys; consequently, we expect them to live up to their advertising. 2. As a result of our walking upright, back problems are common. Degenerative changes in the spine occur because walking upright places a great deal of weight on the lower spine. In addition, in middle age, some other problems can occur since arthritis and other changes affect the disks.

Exercício 8-7

Sugestão de respostas:
1. Ani, who plays the piano, rarely listens to any other kind of music; however, Mal plays no instruments and listens to all kinds of music. 2. We knew the prize was hidden in the house somewhere; nonetheless, even with that knowledge, we couldn't find it. 3. Jake and Leela never told us they were not coming, so even though we had planned carefully, we had much too much food. 4. Halloween never ceases to amaze me; although it appears year after year, both children and their parents exhibit unrelenting enthusiasm. 5. By the time he was fourteen, he had begun a professional career; from the Atlantic City boardwalk to touring in vaudeville, he rose by force of his extraordinary ability to star billing as W. C. Fields Tramp Juggler. 6. While Stephen Douglas maintained a popular sovereignty stance, Lincoln

stated that the United States could not survive as half-slave and half-free states; consequently, the Lincoln-Douglas debates drew the attention of the entire nation. 7. Because of the delays we've experienced, we are no longer using the U.S. mails; hence, you will receive our next catalog via e-mail. 8. When the contaminated water had finally drained out of the pool, the special cleaning crew climbed in and began to scrub all surfaces. 9. As I've told you before, I'm not perfect; nevertheless, I never turn down an opportunity to try something new even if I think I might not succeed. 10. Eighteenth-century cities were not models of cleanliness; furthermore, crime and poverty were rampant while public sanitation was clearly nonexistent.

Teste - Capítulo 8

Sugestão de respostas:
1. The 100-acre Busch Gardens in Williamsburg, VA, is open to the public from March to the end of October. 2. Whenever he professed his love for her, she blushed. 3. I planted the flowering perennial plant that you gave me. 4. Even though I said I wanted to be alone, Jimmy insisted on joining me; consequently, I hated the movie. 5. Her husband, because he is the opposite of a chauvinist, cares deeply about her career; therefore, he even writes her résumé for her. 6. I wore my new black suit and coat to the interview. 7. Itemize all the food in your refrigerator; you'll be amazed at the quantity and variety of things. 8. Except for the pots and pans, I've itemized my entire kitchen. 9. Although he had been walked and fed, the dog barked loudly for a long time; finally, we realized that he was afraid of the dark. 10. My teenage son should have been studying for exams; instead, he was outside playing basketball with his friends.

CAPÍTULO 9

Exercício 9-1

Sugestão de respostas:
1. This year we realized a profit for the first time. 2. They played their strongest people at the beginning of the game. 3. You need to take a shopping list with you. 4. As the next step, build your speed on the treadmill. 5. Use the electric pen to sign the documents.

Exercício 9-2

Sugestão de respostas:
1. That gas station raised the price of gas for the second time this week. 2. Amelia can choose a pet from a recently born litter of puppies. 3. The spring flowers that I planted last month have bloomed. 4. Many people believe that global warming will eventually affect everyone. 5. The new automotive equipment detected the weaknesses. 6. Our

family sees a favorite Christmas movie every year. 7. That agency offers many dogs and cats for adoption. 8. A tall fence will stand between the Corbett and Balise properties. 9. Meteorologists use radar to forecast weather. 10. The house needs new sheets and blankets for all the beds.

Exercício 9-3

1. In a depressed economic climate, how can I prepare for the future? 2. Let's make a deposit before the banks close. 3. If you are in a collision, you should file a police report. 4. You need to look at improving style and clarity in your sentences. 5. After you take time to think about other things for a while, sit down and reread your essay. 6. The first draft is an opportunity to put your words on paper while your creativity is flowing. 7. After the first of the year, each department should review our joint goals. 8. The important topic of the day remains the likelihood of growing food locally. 9. In the middle school, the need for better art supplies exists. 10. Because of the delays we have experienced, we have stopped using that truck company.

Exercício 9-4

Sugestão de respostas:
1. I will invite all your friends. 2. When you decide, let me be the first to know. 3. Do I always have to justify my actions? 4. A long time ago, I concluded that I... 5. We can inspect the house before we move in. 6. We shouldn't move on until we plan for the future. 7. Don't answer unless you are absolutely sure how you feel. 8. I apologize any time I offend someone. 9. Your father believes that you shouldn't drive... 10. I'll help you clean up when you finish the project.

Exercício 9-5

Sugestão de respostas:
Unless you see it in action, this advancement in science is hard to believe. People who are completely paralyzed due to illness or trauma will get help in the future thanks to the new Brain Computer Interface. Scientists can help these patients communicate with others and even use their paralyzed limbs by connecting patients' brains to a computer. Scientists have experimented with several people. Teaching a patient to move with his or her mind is neither fast nor fluid, but it can be done.

Exercício 9-6

1. Don't give new uniforms to employees until the uniforms have name tags.
2. Myrna told Jodi not to go to the PTA meeting because of her terrible cold.
3. Although our new water tank holds 20 percent less than our old one, it cost 30 percent more. 4. My daughter wrote a long report and studied for a spelling test. 5. The chart at the end of the magazine article was the original.

Exercício 9-7

1. Because he is so kind, my neighbor frequently buys my family food. 2. ...and now the nail is crooked. 3. ...played with Priscilla's children. 4. The turkey platter was empty, but we were tired of eating turkey anyway. 5. ...to Jason, and Jason looked unhappy. 6. ...cake shop, she never eats cake herself. 7. ...the tree, the car was not damaged. 8. ...teachers, I realized that the school was not for me. 9. my grandfather, and my grandfather told me his latest health problem. 10. White and Smith made their presentation.

Exercício 9-8

1. The man found his glasses in his desk. 2. The student hung a picture of a favorite music group on the wall of her room. 3. The horse with the brown spots belongs to that rider. 4. The teacher posted the notes covered in class for the students. 5. My old car in the driveway has driven 100,000 miles.

Exercício 9-9

When you take your child to the doctor because the child is coughing and sneezing with asthma-type symptoms, do you really know what's wrong? Up to now, in an office visit, doctors have depended on physical exams, symptoms, and the child's history to explain the illness. Doctors use their best judgment to prescribe antibiotics, but often the antibiotics don't cure the child because the cause of the ailment cannot be pinpointed. Now, however, a new test uses the Virochip, which gives hope of understanding viruses associated with asthma attacks. A new study led by University of California – San Francisco scientists has found an unexpected number of viruses and viral subtypes in patients with respiratory tract infections (RTIs). The technique used in the study may help identify new viruses associated with human diseases and lead to specific strategies for treatment and prevention.

Exercício 9-10

1. repeat 2. refer 3. facts 4. consideration 5. status 6. complete 7. history 8. between 9. in ten years 10. then

Exercício 9-11

1. Juana's mother agreed to bake... 2. Mickey... play was imaginative. 3. Now we need to consider a significant budget cut. 4. I'm looking for a job because I heard that the company I work for is downsizing. 5. The department head said, "We're not..."

Exercício 9-12

1. Your schedule is full, so you won't be going out for lunch. 2. I didn't return the book to the library because I hadn't finished it. 3. We were happy not to leave the house on a rainy day. 4. Now I've decided to adopt a kitten from the local animal shelter. 5. A vacation is out of the question now. 6. Then we still had our out-of-date computers. 7. Between my house and yours is a beautiful park. 8. My car has 80,000

miles on its odometer. 9. Before you offer your opinion, at least get the facts. 10. We're looking for a new store.

Exercício 9-13

1. The carriage tour around Charleston was fascinating. 2. I enjoyed the ride because I love historical architecture. 3. The carriage driver was full of intriguing stories. 4. The highlight of the tour was seeing the outdoor crafts market. 5. Because it was a wonderful tour, I signed up for another one for next year.

Exercício 9-14

Sugestão de respostas:
1. At the end of the season, the team gave a party for its supporters. 2. I bought this TV because it was on sale. 3. I couldn't afford one then. 4. All of the new graduates from the citizenship class met at the school for an awards ceremony. 5. Even though I despise that band's kind of music, I attend their concerts frequently. 6. My favorite part of the afternoon was going through the bead museum. 7. The pen was given to one of the senators after the bill was signed. 8. Complicated computer problems are solved by precise corrections.
9. The voters completed registration forms on the desk. 10. The applicant's status is perfect for our needs.

Exercício 9-15

Sugestão de respostas:
The President gives the Presidential Medal of Freedom each year. Because it is considered so important, it is the highest civilian award in the United States. In 1945, Harry Truman honored people who served in WWII, and John F. Kennedy revived the medal in 1963 on or near July Fourth when it became a yearly tradition to give it. President George W. Bush honored two doctors, one congressman, a retired general, a university chancellor, and a judge in 2008.

Exercício 9-16

Sugestão de respostas:
1. The astronauts will launch from the space center, capture the telescope, service it, and repair it. 2. They will service the Hubble Telescope, upgrade its parts, and replace broken parts. 3. The Hubble was launched in 1990 and has outlived its 15-year life expectancy. 4. Hubble gives us colorful, crisp, and detailed images of the cosmos. 5. Our drama teacher taught us how to stand, project our voices, and move on stage. 6. My son learned how to play the guitar, the trumpet, and the drums. 7. This new car is faster, sleeker, and more fuel efficient. 8. We'll know our new program is working when staff arrive on time, keep their equipment in good repair, and use fewer sick days. 9. The leaves are greener, the grass is more lush, and the flowers are taller than ever. 10. Angie is pleasant and intelligent.

Teste - Capítulo 9

Sugestão de respostas:
1. The preschoolers took a rest period. 2. My friend left before I did. 3. Mr. Bacari recommended that the company hire me. 4. The visitors gave the animals peanuts, and the animals continued to play. 5. Your travel directions were precise.
6. Although the building was old and dilapidated, the city planner decided to use it for students. 7. I took the bus because I had no money for gas. 8. I'm acquainted with and devoted to that charity. 9. The creditors closed the store. 10. The police believe that Wally drove the car.

TESTE - PARTE III

1. c 2. a 3.d 4. b 5. a 6. b 7. d 8. d 9. b 10. c 11. b 12. c 13. a 14. d 15. a 16. c 17. c 18. d 19. b 20. a 21. b 22. d 23. a 24. c 25. b 26. d 27. d 28. c 29. d 30. b 31. c
32. a 33. b 34. a 35. b 36. a 37. c 38. d 39. a 40. d 41. d 42. b 43. b 44. b 45. a
46. a 47.c 48. d 49. c 50. b

CAPÍTULO 10

Exercício 10-1

1. **Span**-ish 2. **Tel**-e-phone 3. to-**day** 4. **yes**-ter-day 5. **pre**-sent 6. con-**ta**-gious

Exercício 10-2

1. impossible 2. illogical 3. irreplaceable 4. uncomplicated 5. unnecessary

Exercício 10-3

1. carelessness 2. noticeably 3. happiness 4. truly 5. famous

Exercício 10-4

1. spotting 2. carelessness 3. developed 4. preference 5. badly

Exercício 10-5

1. occurred 2. referred 3. *não há nenhuma palavra escrita de forma errada.* 4. runner 5. sunning

Exercício 10-6

1. relief 2. niece 3. seize 4. deceived 5. leisure

Exercício 10-7

1. shoes 2. crashes 3. trains 4. heroes 5. stories

Exercício 10-8

1. knives 2. fathers-in-law 3. children 4. radios 5. handfuls

Exercício 10-9

1. supersedes 2. Proceed 3. preceded 4. secede 5. exceeds

Teste - Capítulo 10

1. irresponsible 2. misspelling 3. pianos 4. planting 5. biographies 6. referring 7. Mothers-in-law 8. thieves 9. thinner 10. truly

CAPÍTULO 11

Exercício 11-1

1. fawn 2. grave 3. Down 4. just 5. lead 6. bark 7. exact 8. dear 9. peak 10. bear 11. trip 12. order 13. bats 14. left, left 15. wave

Exercício 11-2

1. aisle 2. basses 3. does 4. palette 5. carat 6. sow 7. they're 8. you're 9. pallet 10. caret

Exercício 11-3

1. principal 2. pare, pear 3. stationary 4. It's 5. currants 6. plane, ascent 7. capitol 8. Too 9. Peace, past 10. counsel

Exercício 11-4

1. chute 2. fined 3. kneading 4. mince 5. sale 6. peace 7. scene 8. soul 9. waive 10. whine

Exercício 11-5

1. ehFEKT 2. SEPret 3. ALternit 4. myNOOT 5. INvallid 6. RECKORD 7. WOWND, WOOND 8. reKORD 9. proDOOS 10. EKSKYOOS

Exercício 11-6

1. anxious 2. loose 3. emigrated 4. quiet 5. altogether 6. except 7. would have 8. should have 9. fewer 10. advice

Exercício 11-7

1. personal 2. lose 3. morale 4. continually 5. allusions 6. all right 7. illusion 8. moral 9. loose 10. Climatic

Teste - Capítulo 11

1. palette 2. tale 3. personnel 4. formally 5. basis 6. their 7. Your 8. latter 9. moral 10. too

TESTE - PARTE IV

1. c 2. d 3. b 4. c 5. a 6. d 7. c 8. b 9. b 10. a 11. c 12. d 13. a 14. c 15. d 16. b 17. b 18. a 19. d 20. d 21. stationary 22. pared 23. Their 24. principal 25. counsel 26. too 27. broke 28. scent 29. whole 30. rote 31. whether 32. SEPret 33. CLOS 34. eager 35. regardless 36. annoys 37. number 38. advice 39. illusion 40. continually 41. loose 42. quite 43. tail 44. all right 45. emigrated 46. moral 47. personal 48. altogether 49. Your 50. adapt

EXAME FINAL

1. a 2. a 3. b 4. c 5. c 6. d 7. c 8. d 9. a 10. b 11. c 12. b 13. d 14. a 15. c 16. d 17. b 18. b 19. a 20. c 21. d 22. c 23. b 24. a 25. d 26. b 27. b 28. a 29. d 30. d 31. b 32. c 33. a 34. c 35. d 36. b 37. d 38. a 39. c 40. b 41. c 42. b 43. d 44. c 45. d 46. c 47. a 48. b 49. b 50. a 51. c 52. d 53. d 54. c 55. a 56. b 57. a 58. c 59. b 60. d 61. b 62. a 63. c 64. b 65. d 66. a 67. b 68. d 69. b 70. a 71. c 72. d 73. c 74. b 75. c 76. c 77. a 78. b 79. d 80. d 81. a 82. b 83. c 84. a 85. d 86. b 87. b 88. c 89. c 90. a 91. d 92. c 93. c 94. a 95. c 96. a 97. b 98. b 99. d 100. c

ÍNDICE REMISSIVO

A

B

C

R

S

T

U

V